アメリカン・カルチュラル・スタディーズ〔第二版〕

ポスト9・11からみるアメリカ文化

ニール・キャンベル/アラスディア・キーン 著
徳永由紀子・橋本安央・藤本雅樹
松村延昭・田中紀子・大川淳 編訳

AMERICAN
CULTURAL
STUDIES

萌書房

目　次

アメリカン・カルチュラル・スタディーズ〔第二版〕

——ポスト9・11からみるアメリカ文化

イントロダクション

国際情勢の中心にいるアメリカ合衆国は、世界規模の「対テロ戦争」に明け暮れており、二〇〇一年九月十一日に起きた同時多発テロの余波に、局面を大きく左右されている。「アメリカ」という国を研究することにおいて、おそらく過去をさかのぼってみても、いま以上に重要な時期はなかったであろう。現代において、アメリカ史上これまで広く用いられてきた、「国家」、「帝国」、「祖国」、「自由」、「愛国心」といった概念には——ジョージ・W・ブッシュ（George W. Bush）大統領の政治戦略を批判する見地から異議を唱えられたり、彼の支持者に賛辞されたりしながら——新たな意義や解釈が付与されてきた。アメリカ研究は、国家や複雑な国際関係を形成してきた、そしていまなお形成しつづけている言説を論評し、検証することができるような、こうした一連の議論の焦点の場となる可能性を秘めている。国民国家の衰退を主張する声とは裏腹に、世界でもっとも影響力をもつ国家として、自国の国境を守り、一方で他国の国境警備に従事し、——本書において議題の中心をなすものであるが——新しい帝国主義のかたちを定義づけているアメリカを念頭におくことは、国際情勢を議論する際に、不可欠であると思われる。したがって、本書でとりあつかうアメリカン・カルチュラル・スタディーズは、学際的かつ国際的な観点から、アメリカ文化を多角的に探究する。それによって、アメリカや学際研究に関してあまり知識をもたない学生に、その両方の分野にたいする関心をもたせることが、本書の目的である。本書は主として二十世紀と二十一世紀の問題に焦点をあてるが、適切であると思われる場合には、たとえば「地域」や「アフリカ系アメリカ人」をめぐる章のように、十九世紀以前の題材も含まれる。それによって、重要な文脈や継続的感覚を提供するためである。

例外的な場所、あるいはアメリカとはなにか

アメリカ合衆国の文化や歴史を研究分野とする学問として、アメリカ研究が生まれた一九三〇年代以来、いくつ

かの鍵となるテーマがその焦点となってきた。ひとつはマイケル・デニング（Michael Denning）がこの学問の根幹をなす問題としてあつかった、「アメリカンとはなにか」というテーマである。これはしばしば異なったフレーズで表現されるが、この問いかけは、アメリカの国家アイデンティティの意味と、アメリカと他国をわかつ違いに関わるものである。ドナルド・ピース（Donald Pease）の言葉をかりれば、この問いかけにたいするこれまでの個別的回答は、「国家のナラティヴ」――つまり「国家のメタナラティヴにおいて鍵となるような用語を暗唱することをつうじて」、国家に首尾一貫したアイデンティティ感覚をあたえ、すなわち「合衆国の国家共同体を生みだすようなイメージ」をあたえてくれるような、合意された諸原則、価値観、神話をめぐる物語――という形式におけるアメリカ的経験の独自性、すなわち「例外的」な特性を定義づけてきた。しかしながらその一方で、アメリカ合衆国の「アメリカらしさ《アメリカンネス》」を検証する営みは、アメリカの歴史そのものの内部に深く根差したものでもある。一七八二年に初めて、J・H・セント・ジョン・ド・クレヴクール（J. H. St. John de Crevecoeur）によって投げかけられた、「では、この新人類であるアメリカ人とは何者なのか」という有名な問いかけは、アメリカ的アイデンティティの問題をあつかうアメリカ人や他国の人々による社会的および政治的な論評の中で、何世代にもわたり、繰り返し言及されてきた。一八三〇、四〇年代におけるアレクシス・ド・トクヴィル（Alexis de Tocqueville）から、フレデリック・ジャクソン・ターナー（Frederick Jackson Turner）などのアメリカ史創始者を経て、デイヴィッド・リースマン（David Riesman）、クリストファー・ラッシュ（Christopher Lasch）に代表されるポスト第二次世界大戦期の文化学者にいたるまで、かなりの数の論文によってアメリカの性格が定義されてきたのであった。したがって、「アメリカ例外主義」、アメリカ文化と他文化の差異の感覚を探究するアメリカ研究は、アメリカの国家としての自己規定にたいする深い関心から生まれたものなのである。かりに検証の結果、かつて考えられていたほどアメリカ文化と現代における他の社会に違いがみられないという結果が出たとしても、アメリカ文化の特徴は、国家アイデンティティをめぐる永続的な問いに耐えうるものである。実際ある批評家が主張しているように、アメリカにおけるアメリカの特殊性にたいする議論の求心性自体が、アメリカ的アイデンティティの基本的な構成要素となっているのである。ルパート・ウィルキンソン（Rupert Wilkinson）によれば、「アメリカ的特性を探究することは、その特性に含まれている」のだ。

それと同時に、国家の物語が首尾一貫していることや、アメリカ合衆国の純粋な歴史を考慮に入れないイデオロギー的枠組みとしての本質化されたアイデンティティ概念にたいして、異議を唱える人々もいる。「アメリカ例外主義」にたいする批判は、国家の差異を定義しようとしてきた過去の多くの試みに含まれる、ふたつの中心的な弱点に注目してきた。第一に、国家アイデンティティの問題を、ある本質的な単一性に縮約する傾向である。そうすることによって、アメリカを解釈する際に、特定の集団や伝統の歴史に過度の重要性が付与され、その代償として、他の集団の歴史が結果として忘れられ、あるいは周縁に追いやられているのである。第二に、アメリカ社会を他国から切り離し、内側から研究する傾向にあったことである。そうすることによって、アメリカが他国の社会と共有する、あるいは比較的な見地を生みだすことを可能にするアメリカの歴史が、軽視されてきたのである。

第一の批判に注目すれば、国家アイデンティティを法則化することがいかに困難であるかが明確になる。四〇年以上も前から激しく議論されるようになったことであるが、アメリカ人の特徴は、調和や同意というよりも、不調和や対立にあるのだ。画一化されたアメリカ文化の伝統的概念を検証すると、それはアメリカ人がこれまでどのような存在であったのか、あるいは本来どのようにあるべきなのか、という問題についての部分的かつ選択された見解であり、白人、男性、中産階級、異性愛者などの見地にあたえられる特権的立場に基づいたものにすぎない、ということが明るみに出る。アメリカは、対立の少ない、圧倒的に調和している性格を特徴とする、階級をもたない社会として、自己を提示してきたが、それはただたんに、歴史学者や文化学者が、階級やエスニシティ、ジェンダーといった、アメリカ内部に深く根づいた不調和を示す社会的要素に重きをおいてこなかったことに起因している。後者の要素が適切に認知されるやいなや、一貫した国家アイデンティティという伝統的概念の内側に、適切なかたちでそれらを収容することが、少なくとも一層困難になっている。アメリカ人は統一されている一方で、けっきょくは同様に分裂している、と主張されているのである。権力が作用することで不和が隠蔽されているために、統一が可能になっているだけなのだ。アメリカ社会の特定の集団や観点による支配は、他の集団が従属的であり、アメリカ的アイデンティティを形成するうえで役割をほとんど担わない存在であるという事実を曖昧にしてきた。だが、一九九〇年にエリザベス・フォックス＝ジェノヴィーズ（Elizabeth Fox-Genovese）が記しているように、「この二〇年間、特権化された少数の人々の文化が、多種多様なアメリカ人特有の信条や風習を正確に象徴しているといった、自己満足の思いあがりにたいする抵抗が大きくなってきている」。このように、アメリカ的アイデンティティの構成は、もはや特権化された少数の集団に依拠するべきではないのだ。アメリカ人には、「男性と同じように女性も含まれている。白人と同様に黒人もいる。富裕層と同様に貧困層もいる。プロテスタント教徒と同様に、カトリック教徒やユダヤ教徒もいる。アメリカは多岐にわたる国民的、民族的背景を有する国なのである」。

　第二の批判は、異文化間の比較にたいして注意を払わず、アメリカ文化を内側から分析してきたアメリカ研究の傾向に焦点をあてている*1。つまり、アメリカ文化と異文化の共通点というよりは、むしろ異なる点を強調しようとしてきた流れがあるのだ。この方針は、アメリカはある特別な使命を果たさなければならない、という長く保持されてきた信条を助長してきた。その信条とは、――「荒野への使命」や「明白な運命」（Manifest Destiny）★1というような――過去においては宗教的、経済的、あるいは人種的な文脈において強引にこじつけられてきたものなのだが、冷戦およびそれにつづく世界規模の「対テロ戦争」における自由主義諸国の先導国としてのアメリカのイデオロギー的役割によって、新たに勢いが増している。この議論は、過去のアメリカの紛争を控えめにあつかう傾向とリンクしている。というのも、ジャイルズ・ガン（Giles Gunn）が指摘しているように、「アメリカの特殊性にたいする関心が強化されていると思われるところでは、アメリカの文化的複雑性、文脈上の諸関係、アメリカ内部に存する分割状態にたいする批判的理解が弱体化しているようである」からだ。また一方、この傾向は、アメリカ人の用語によってアメリカの国家アイデンティティを説明しようとする、アメリカ文化における明白な特徴に依拠している。フレデリック・ジャクソン・ターナーのフロンティア学説の詳述は、国家内部の状況から、アメリカの発展について解釈をあたえようとした、もっとも世に知られている試みであるにすぎない（第5章を参照）。

「アメリカ例外主義」に関するこれらの多岐にわたる批判は、アメリカ的体験を一般化する際に生じる問題を示唆している。この点は、歴史的かつ文化的分析によって浮かびあがる国家の側面が重要ではない、ということを示唆しているものでもなければ、アメリカの特性に関する広範にわたる文献を退けるものでもない。アメリカ的特性とは、いずれにせよ、時折議論される以上に、地域やエスニシティの問題にたいして敏感なのである。そうではなく、アメリカ文化を理解しようとする学生にとって、国際的かつ異文化間の比較考察と同じように、アメリカ内部の多様性や分割に注意する必要があることを強調するものなのだ。

アメリカ研究とはなにか

国家アイデンティティをめぐる問題含みの性質が、近年のアメリカ研究が問いただす、最重要の問題であるとするならば、次に重要なのは学際研究のプロセスにある。このアプローチにともなう潜在的問題および利点を明確にするために、学際研究という言葉が意味する内容に触れておく必要があるだろう。以下の各章は、議題となるトピックの解釈的な概略を辿るものではなく、むしろアメリカ研究にたいする幅広い発展性を秘めたアプローチを提示することを目的としている。そこで、学際的な問題をめぐる議論によって得られる理解を、ひとつの出発点として定めることにする。

あらゆる学際的な研究計画において中心となるのが、研究対象となるテクストと、その周縁に位置するコンテクストとの関係性である。ここでふたつの重要な論点を検討する必要がある。ひとつはわれわれがいうところのテクストの意味である。文学や歴史や政治に基づく伝統的なアプローチは——支配者階級に属する白人によって正典として確立され、アメリカ文化の真髄を抽出できると考えられた偉大な著作を提示するといったように——、他のテクストを代償にして、ある特定のテクストを好む傾向にある。たとえば、『緋文字』(*The Scarlet Letter*)★2や『使者たち』(*The Ambassadors*)★3のような特定のテクストは、持続的に考察するにふさわしいものであるとされる。一方で、大衆映画や探偵小説のようなテクストは、そうではなかった。なにが正典に含まれるのかをめぐって、近年熱く議論がかわされているが、この点はこのイントロダクションの第一段階でとりあつかう問題と明らかに関係している。緻密な研究対象として、誰にとってのアメリカが、特定のテクスト目録に反映されているのだろうか。重要とされる作家の著作自体が、アメリカ合衆国と同様の多様性を含み、分裂した文化の複雑性を正確に把握しているのだろうか。他より複雑かつ啓示的で霊感的な特質を含むものであるという理由で、特定のテクストが他のそれらより価値があるといえるのか。内部の視点だけでアメリカ合衆国が説明されうるのだろうか。こうした問題に折りあいをつけるために、われわれは、持続的かつ注意深い読みを要求する特定の文学作品や芸術作品の重要性を強調しなければならないと同時に、伝統的にそのようなカテゴリーに含まれてきたものだけに意識を限定することを避けなければならない。その理由のひとつとして、「エリート」や「上位」文化と定義されるものが、時代とともに明らかに変化を遂げてきたことが挙げられる。十九世紀と二十世紀初期のあいだのアメリカにおける文化転換期に関するローレンス・レバイン(Lawrence Levine)の著作は、テクストや作家の重要性が不変ではなく、具体的な歴史的事件の圧力によって変化していくものであることを、効果的に示している。

文化を広い意味において「生活様式」と定義するならば、文化的産物にたいする研究を一握りのテクストに限定することによって、多くのものが排除される事態を招くことになるのは明白である。そこで、近年ではそれとは対立する見解が生まれている。それは「アメリカ人が、アメリカ人の生活を理解するために、アメリカ人について語る物語」を、単純にテクストとしてみなすものである。この定義によれば、あらゆる文化的産物が分析対象になる。そのような研究計画において、特定の物語が、他の物語を差しおいて、一層の説得力と意義深さを兼ね備えているという質に関わる判断には、依然として議論の余地があるといえるだろうが、一方で幅広い文化のさまざまな側面を関連づける可能性がおおいに広がっていくだろう。多種多様なテクストを精読の対象として開いていくことにも、驚くべき成果を生む可能性があるのだ。物語を精緻に読み解き、いかにそれらが他の物語と文化的に調和するのか、あるいは衝突するのかを考察することによって、大衆的な分野に属するような――精緻に分析する価値があり、表面上「シリアスな」作品と同様に、探究的で複雑な――特定のテクストが浮かびあがるだろう。したがって、本書において、われわれは十九世紀の古典作家からトニ・モリスン（Toni Morrison）に及ぶ定番の作家による作品の重要性を強調しつつ、他方で、大衆文化、写真、芸術、音楽、映画といった他の典拠からの資料とそれらを比較対照させている。さらに、異なるテクスト同士のあいだに関係性をみいだすことによって、新たな――それ自体の中に読みと解釈の可能性を秘めた――テクストが生みだされるという議論も可能であろう。

テクストの概念に再定義の余地があるとすれば、コンテクストや「歴史」の概念も同様にそうである。文化理論が歴史学にたいして示唆するものは、注目に値する。記録された歴史は――フィクションと同じように――読者に向けて出来事を演出するために、構想され巧みに書きあげられたものであるということを、われわれに喚起させてくれるのだ。経験に基づく過去への真実の探求という、歴史の伝統的な観念は、方法論的かつ認識論的問題点にたいする、疑問を挟まない無邪気なアプローチであるとして、批判を受けるのである。しかしながら、このような批判の多くは、間違いなく議論を引き起こす。というのも、それらは仮説に基づく学説を作りあげる際、近年の歴史研究が展開する、広さと深みを兼ね備えた高度な知識を意図的に無視する傾向にあるからだ。そして皮肉にも、それらは時として、自分が土台を削りとった、過去に関する特定の解釈や模範的歴史解釈に依拠している。[*2] だが、こうした傾向にあるとはいえ、歴史学に基づく近年の研究における中心的な要点を認識することは依然として有効である。というのも、それらは歴史と他の人文学との接続を促す——学際研究への扉を開く——方法を提示するからである。[*3] 以上のポイントは、次のようにまとめることができよう。

1 「過去」と「歴史」のあいだには、決定的な差異がある。

2 歴史は最終的には歴史家によって作られる。歴史家の定義とは、専門的な歴史学者だけではなく、過去を理解しようとすることに関心をもつ人々も含んだものである。たとえば、アメリカの歴史家フレデリック・ジャクソン・ターナーは、西部史の物語を確立し、それによって、一地方の性質だけではなく、国家全体の性質を構築するものを説明しようとした。

3 言説としての歴史は、ひとつの構築物にすぎず、そこからすべての過去を理解することはできない。過去とは、全体として、あまりにも巨大かつ多様であるため、いかなる記述であっても、単独では概括的に把握することができない。

トニ・モリスン（一九三一―）。主にアメリカ社会における黒人の姿やアイデンティティの探求をテーマに数々の作品を世に送り出してきた女性作家。二〇一二年五月、文民で最高位の勲章である「大統領自由勲章」をオバマ大統領から授与された。

4　したがって、過去についての多岐にわたる議論や解釈によって、歴史は構築されるのであり、われわれはそのさまざまな歴史をつうじて過去に辿りつく。そして過去を認識しようとする試みにおいて、われわれはこれらの多種多様な歴史を比較検討しなければならない。われわれが真実であることをたしかめるために照合することができるような、過去についての正確かつ不変の歴史的記録は存在しない。ゆえに、ジャクソン・ターナーのような歴史家によって作られた伝統的な男性中心の歴史解釈と対比して、フェミニストやエスニックの新しい歴史を検討しなければならない。

5　歴史は過去の部分的な解釈であるため、他の物語と同じように、圧力を受けやすい。つまり歴史は、慣習や規則に則って記述され、明示的であれ暗黙のものであれ、さまざまな語りの装置を援用する。歴史家は、隠喩、反復、擬人化、閉包〔文学作品における一連のプロットに完結性をもたせること〕等、一般的に小説家の領域に属するものと思われている戦略を用いて情報を伝達する。もちろん、歴史家が参照する記録文書についても、同様のことがいえる。

6　これらのナラティヴには、互いに対立する性質が含まれる。つまりそれらは絶えず変化する相互関係の中に成り立っている。ある特定の時代において、ある特定のナラティヴが優位を占めることができたのは、それがその時代における支配的な文化形式や政治体制を表現していたからである。その時代の支配的文化に編成されなかったために、他のナラティヴは構築されず、あるいは沈黙を強いられた。かくしてつい最近まで、アメリカ先住民やアフリカ系アメリカ人は、彼らの正式な声を否定するプロセスによって、歴史の中で沈黙を強いられてきた。

7　歴史は歴史家が記述するが、歴史家自身が特定の社会的文脈に属しており、彼らの洞察や解釈、判断の中には、彼らが批判する概念的範疇によって形成されるものもある。

8　アメリカ史はグローバルなシステムの一部を成すものであり、個別に考察できるものではなく、超国家的な視点から解釈されるべきである。

ここまでくれば、疑問の余地のない国民文化や国家アイデンティティという概念に関する問題が、どのテクストを精査する価値のあるものとみなすのかという、方法論的問題と絡みあっており、同様にこれらのテクストが歴史研究のプロセスと連結していることがわかるだろう。資料としてのテクストを、ある範囲にまで――たとえば、大衆文化や上位文化、想像に基づく資料や記録資料、小説や映画や歴史を含む範囲にまで――開くことによって、国家アイデンティティとその構造に関する問題も、同様に開かれることになり、われわれは伝統的な学問領域を超えて、既存のものに代わるオルタナティブな言説を、分析の焦点として定めることができるであろう。

批評的アプローチ

本書を構成する各章にみられるアプローチと用語を、さらに詳しく説明しておく。われわれの意図として、各章を構成する重要な概念をいくつか概観し、それぞれのアプローチに一定の解説と文脈を補足するところから始めることにする。本書ではそれらを特定の文脈に沿って説明しようという試みがなされている。また、注釈とリーディングリストによって、各章のプロジェクトをつうじて本書で端緒についたプロセスを継続する方法を提示している。また、各章において、これらの批評的アプローチを応用することで、ここで整理されたものについて詳しく述べることになることも、強調しておきたい。

神話とイデオロギー

約束の地やターナーのフロンティア学説のようなアメリカの国家神話は、ジョン・ストーリー（John Storey）によれば、ある種の特質と属性を承認することによって、「われわれ自身の存在の調和を試みるものである」。これらは、「国家の特性」と国家的野心を——これらの信条を全国民が共有していると示唆することによって——定義づける試みにおける中心的役割を担っていた。これまでのアメリカ研究は、このような神話的枠組みを辿り、探究し、さらにそれらを明確にすることを助長すらしてきた。R・W・B・ルイス（R. W. B. Lewis）の『アメリカのアダム』（*The American Adam*）や、ヘンリー・ナッシュ・スミス（Henry Nash Smith）の『ヴァージンランド』（*Virgin Land*）に代表される研究書は、楽園的、あるいは荒野《あれの》といった特殊な概念を強化することによって、アメリカの神話的感性を明確に述べようとしたテクストの典型である。ある意味において、魔術的に問題や矛盾を解消するために、世界を説明可能なものにすることを、神話は目的としている。クロード・レヴィ＝ストロース（Claude Levi-Strauss）は次のように指摘する。「神話的思考は、対立関係を意識することに始まり、それらを解消に導くようにつねに推移する」。ロナルド・ライト（Ronald Wright）は、「神話は過去の和解である。それによって自明の原型が創造され、国民に宿命として認識されるまで、強化される」と述べている。

このように、神話は文化と呼ばれる物語なのだ。神話は世界の複雑性を説明し、矛盾を解消してくれる。そうして世界はより簡略化され、生活の営みはより快適なものとなる。たとえば、アメリカが「未開墾地《ヴァージンランド》」、つまり荒野であるならば、先住民がいようがいまいが、開拓者は自由にそこを文明化し、占有することができるのである。ロラン・バルト（Roland Barthes）はそのような自己満足にたいして警鐘を鳴らし、用心深く自発的に「明白な偽り」を審問するよう、われわれに想起させる。ジョン・ストーリーが指摘しているところであるが、「バルトによれば、神話とは、現状を擁護し、社会の支配的集団の価値観や関心を促進する、観念や慣行の集合体として理解されるイデオロギーのことなのである」。絶えず変化する複雑な歴史の変遷に、「自然律」や「不変性」を付与することによって、神話は過去を改変する、とバルトは考える。神話とは「政治的色彩を排除したスピーチ」である。それはまるでスピーチに含まれている複雑性がえぐりとられ、「いうまでもなく」とか「当たり前のことだが」といったものしか残っていない、つまり政治的論争や差異がはぎとられた、簡略版のようなものであるからだ。

かくして、神話はイデオロギー的である。なぜなら神話は、特定の世界のイメージがテクストや慣習をつうじて伝達され、増大してゆくあり方に関わるものであるからだ。テリー・イーグルトン（Terry Eagleton）が指摘するように、イデオロギーとは――社会的権力の維持と再生産を幇助するようなやり方で――われわれの日常生活に内在し、それを特徴づけ、幅広い社会の権力構造とわれわれを結びつけるような、感情、価値観、認識、信条の諸様式なのである。このようなイデオロギー的神話はアメリカのいたるところに存在し、国民の国家に関する思考や著作、歴史や生活がかたちづくられているのだ。それゆえに、それらは審問され、批評される必要があるのである。たとえば、アメリカを新しいエデン、新生の地、伝道の地、約束の地としてみなす考え方は、アメリカ史をつうじてさまざまなかたちをとって永続している。これらの神話とイデオロギーを精査することによって、過去が、すなわち特権階級にとって特定の好ましい解釈を構築し、付与してきた権力の系譜が、結果として浮き彫りになるのである。しかしながら、これはたんなる是正ではない。というのも、実際に、文化を一連の動的なイデオロギーの力としてみなすことが効果的であるならば、「神話」は「真実」と対立しうるものであることが暗示されるだろうからだ。この意味において――神話もイデオロギーも、ともに「アメリカ」を構築する言説形成の一因であるからこそ――これらの概念を、慎重に「言説」の概念と関連づける必要がある。

学際研究

「学際研究」という用語は、各学問の——溶解、混合、対立を生みだす——境界線上に視座をおくことを示唆しており、標準化され、承認された、公式のアメリカ文化の周縁に属する状況と関連するものである。これらの立場は、純理論的なものであれ、現実のイデオロギー的なものであれ、議論を活性化させる生産的な可能性を含んでいる。このような「境界」や「周縁」からの見地は、アメリカのような文化を考察するうえで、新たな切り口を提示してくれる。世界が定義づけられ、秩序化され、きちんと設計されているような中心を超えて、ポール・ジャイルズ（Paul Giles）が称するところの周縁に押しやられた「他者のレンズ」をつうじて、異なった視点でみることが可能となるのである。このような視点には、主流派たる、支配的なアメリカ文化によって排除され、周縁化された人々の視線が含まれる。ホミ・K・バーバ（Homi K. Bhabha）の言葉をかりれば、この境界線において、「方向感覚の喪失、錯綜、探求的な不断の運動」を生みだす変化が生じるのだ。「現実」にたいする既存の安定した感覚が疑問に付され、「現代世界において、アイデンティティを主張する際についてまわる、人種、ジェンダー、世代、公的機関の位置、地政学的場所、性的指向といった、主体の位置にたいする意識」にとって代わられたからである。アメリカ文化の境界線上には、多文化的であり、多角的であり、超国家的である視点があり、そこで新たな観点が生まれるのであり、「想定され、押しつけられたヒエラルキーとは無関係な、差異を維持する文化の雑種性の可能性」をつかみとることが可能になる。文化の雑種性という問題については、エスニシティや多文化性と関連づけて、後に議論することになる（第2章を参照）。

多数の文化、慣習の体系や信条の合流点、あるいは、シェリー・フィッシャー・フィシュキン（Shelly Fisher Fishkin）が呼ぶところの「交差点」としてのアメリカは、広大な境界あるいは「接点」としてみることができる。メアリー・ルイーズ・プラット（Mary Louise Pratt）の言葉をかりるならば、そこでは「異種の文化が互いに接触し、絡みあい」、「相互関係によって――つまり、共存、相互作用、知性と慣習の連結によって――またその関係性の内部において、複数の主体が構成されているのである」。学際研究は、探求の方法として境界を相互に連結させ、同様に越境もするのであり、支配的な声を問い直し、聞いてもらうために苦闘する他者の声を認め、耳を傾け、そして正しく理解するための適切な方法論を提示する。

多文化的、多角的

カルチュラル・スタディーズ批評は、社会の主流派から排除された、権力構造の周縁にいる集団――女性、少数民族、同性愛者など――によって推進されることで、大きな発展を遂げてきた。そのような新しいアプローチから探求することで、――たとえばポストコロニアル研究の切り口から――特権階級によって構築されてきた旧体制は審問に付され、また抵抗を受けることとなった。例として挙げるならば、多文化主義、すなわち、健全な文化は信条や慣習の多様な体系をもった多岐にわたる人種によって形成されるという考え方は、支配と抑圧の関係性や社会の固定観念の分析を促し、支配にたいする抵抗と、自己規定と差異の主張の必要性に焦点をあててきた。同様に、フェミニズム研究において、女性とアメリカにおける少数民族とのあいだに多くの結びつきがみいだされ、権力関係の分析がなされた(第6章であつかうアドリエンヌ・リッチの議論を参照)。また、フェミニズ

アメリカの女流作家ケイト・ショパン(Kate Chopin 1851-1904)。彼女の代表作『目覚め』(*The Awakening* 1899年)では、女性を抑圧する社会的観念、いわば男性中心の体制からの脱却が主なテーマとなっている。ショパンが掲げる女性像は20世紀におけるフェミニズム運動が主張する独立した女性像へと受け継がれる。

ム研究は、ただ正反対の事物を提示し、複雑かつ精査されるべき地勢を認めない――白か黒かにはっきりとわけるだけの――単純な思考方法を乗り越える、新たなアプローチに向かうための再考と見直しと学際的探究を推進した。このような地勢によって、ミシェル・フーコー（Michel Foucault）が「手なずけられた知」と呼ぶものに、すなわち、複雑な社会領域として認識されるべき、周縁に追いやられ葬られた文化に、声があたえられるのである。フーコーは、「学問的な知」と、「全員が合意することのない」「大衆的」で「地方的、地域的、弁別的な知」を結合させる必要性を強調する。この結合の中にこそ、われわれがアメリカと結びつけようとしている多層的な文化の思潮の全体像が、より明確に浮かびあがるのである。こうした新たな社会運動が育成した多元的な文化観によって、テクストへの挑戦的なアプローチが可能になっている。誰が語るのか、誰が規定するのか、誰が操作するのか、また誰がこれらのプロセスに含まれ、あるいは排除されるのか。このような新しい問題を議論する必要性が、ここで求められているのだろう。J・C・デズモンド（J.C. Desmond）とV・R・ドミンゲス（V. R. Dominguez）が指摘しているように、アメリカ研究は「単眼的な視座を超え、同時に生じる幾多の見地によって屈折させられる視座に移行する」ような、「他の『領域』との動的関係性の中で定義される『領域』をめぐる学術形態をとらなければならないのである」。

注（＊＝原注、★＝訳注）

＊1　これについてG・ガンは説得力のある言及を展開する。（Gunn, G. "American Studies as Cultural Criticism." *The Culture of Criticism and the Criticism of Culture*. Oxford: Oxford UP, 1987.）を参照。

＊2　この傾向に対する、近年の文化批評や文化理論からの批判として、A・マーウィック（Marwick, A.. "Introduction." *The Arts, Literature and Society*. Ed. A. Marwick. London: Routledge, 1990.）を参照。

＊3　K・ジェンキンズ（K. Jenkins）は近年の著作の正確な概観を提示している（Jenkins, K. *Re-thinking History*. London:

Routledge, 1991.)。

★1 「明白なる運命」という言葉は、十九世紀におけるアメリカの領土拡張を「天命」とみなすことによって正当化しようとした、ジョン・L・オサリヴァンによって唱えられた。第4章の訳注★1も参照。

★2 ナサニエル・ホーソーン（Nathaniel Hawthorne）（一八〇四―六四）の一八五〇年発表の代表作。十七世紀アメリカ入植期のニューイングランドを舞台とし、姦通罪を犯しadulteryを意味する「A」の印を身につける処罰を受けるヘスター・プリン（Hester Prynne）を取り巻く物語。入植期における教会中心のピューリタン社会に潜む光と影を、心理的かつ幻想的に描写した小説。

★3 ヘンリー・ジェイムズ（Henry James）（一八四三―一九一〇）の一九〇三年発表の小説。婚約者の息子をアメリカに連れ戻すために、ヨーロッパに渡るマサチューセッツ出身のランバート・ストレイザー（Lambert Strether）を取り巻く物語。アメリカとヨーロッパというトランス・アトランティックな文脈で物語は展開され、旧世界ヨーロッパを旅し人々と出会うストレイザーの心理を通じて、新世界アメリカに脈々と流れる、宗教的かつ道徳的に抑圧されたピューリタン社会の価値観を問題としてあつかっている作品。

参考資料リスト

Bakhtin, Mikhail. *Rabelais and His World*. Bloomington: Indiana UP, 1984.〔ミハイール・バフチーン『フランソワ・ラブレーの作品と中世・ルネッサンスの民衆文化』川端香男里訳、せりか書房〕

——. *The Dialogic Imagination*. Austin: U of Texas P, 1990.〔ミハイル・バフチン『ことば対話テキスト』新谷敬三郎・佐々木寛・伊東一郎訳、新時代社〕

Barthes, Roland. *Mythologies*. London: Paladin, 1973.〔ロラン・バルト『神話作用』篠沢秀夫訳、現代思潮社〕

Bhabha, Homi K. *The Location of Culture*. London: Routledge, 1994.〔ホミ・K・バーバ『文化の場所』本橋哲也・正木恒夫・外岡尚美・坂元留美訳、法政大学出版局〕

Eagleton, Terry. *Literary Theory*. Oxford: Blackwell, 1983.〔テリー・イーグルトン『文学とは何か――現代批評理論への招待』大橋洋一訳、岩波書店〕

Foucault, Michel. *Power/Knowledge: Selected Interviews and Other Writings1972-77*. London: Harvester Wheatsheaf, 1980.

Levine, Lawrence W. *Highbrow/lowbrow: the emergence of cultural hierarchy in America*. Cambridge MA: Harvard UP, 1988.

Levi-Strauss, Claud. *Structural Anthropology,* New York: Basic Books, 1963.〔クロード・レヴィ＝ストロース『構造人類学』荒川幾男・生松敬三・川田順造・佐々木明・田島節夫訳、みすず書房〕

【映画】

Wenders, Wim. *Der Scharlachrote Buchstabe.* 1973.〔ヴィム・ヴェンダース監督『緋文字』〕

第1章

新たなる始まり——アメリカの文化とアイデンティティ

はじめに

スチュアート・ホール（Stuart Hall）によれば、文化アイデンティティとは「歴史と文化の外部にある、変わらない、固定された本質的なもの」ではないし、「私たちがそれに向かって絶対的な意味で最終的に回帰することができるような、一回性のもの」でもない。そうではなく、「歴史と文化の言説内部において形成された、記憶、幻想、語り、神話をつうじて構築される」ものなのだ。だからこそ、かつて存在していたが、いまでは失われてしまった真正なるものとは違うのであり、それを単純に定義づけたり「再発見」したりすることなどできないのである。したがって、文化アイデンティティという概念に取り組むということは、それを構築している輪郭と言説を検討する営みであり、その内部においてさまざまな意味が存在することを承認することであるといってよい。アメリカとは、さまざまなアイデンティティが混ざりあい、衝突する場であり、寄せ集めであり、多様なる存在である。アメリカは新しい自己をつねに生産し、再生産しつつ、そうして古い自己を変容させている。したがって、特定のひとつの価値観に根差したような、閉ざされた、単一のアイデンティティといったものがアメリカに存在すると主張することなど不可能なのだ。しかしながら、明確な境界線に囲まれているような、固定され、明快に規定された覇権的なアイデンティティ概念を好むアメリカ人がいることも、たしかである。南部でもルイジアナでもボストンでもかまわないが、たとえばそのような場所にたいする地域アイデンティティ的感覚や、星条旗にたいして、深い敬意を払いつつ、白人であり、男性であり、異性愛主義の人々こそが、「アメリカらしさ《アメリカンネス》」の標準的尺度なのだと考えたがる人もいよう。だが、こうした姿勢は全員に共有されているわけではなく、国家全体を代表するわけでもない類の、イデオロギー上の立場である。実際のところ、アメリカにおいてはいかなる信念体系や価値体系も共有されえないし、全員を代弁することもできないのであって、まさにそこが要点なのである。さまざまな登場人物や出来事が出揃う小説や映画と同じように、アメリカは複雑で多面的なテクストとして解釈されなければならない、すなわち「読まれ」なければならないのだ。アメリカの内部には、多種多様な物語を語る声がいくつも存在する。この種のテクストにつきものであるが、そこには緊張やドラマ、矛盾がある。そして実際のところ、そうしたものがアメリカ的アイデンティティと呼ばれうるものを構築するのである。[*1]

ポストモダン思想、ポスト構造主義思想の始まりは、この種の知識と取り組み方法を認めたうえで、あらゆる「メタ」レベルのナラティヴや「大きなナラティヴ」にたいして、すなわち万人のために話すのだとか、すべてを説明するのだと主張するような、全体化を目指す物語にたいして、不信を突きつけるところにあった。アメリカは例外的である。アメリカの歴史は神によって定められており、既定の進路を歩む運命にある。そうした主張をするならば、それは支配的なメタナラティヴ、すなわち「主人の物語」をつうじて、アメリカを限定的で「閉ざされた」テクストとして読むことになろう。支配的で、体系立てようとするような、単一の意味を探し求めるよりも、たとえ分離を引き起こそうとも、テクストを紡ぐ糸を構成するさまざまな物語を追いかけることのほうが重要なのだ。テクストとは、織物《テクスチュア》の隠喩なのだから。アメリカはそうした糸で構成されている。その糸は、多様であり、互いに異なり、首尾一貫しており、対照的で、競いあい、交差をしつつ、分離をし、衝突しつつ、溶けあって、お互いのあいだを縫うように進み、形成しつつ、変形しつつ、寄り集まりつつ、ほつれている。そうした営みを、すべて同時にやっている。

もちろんこうした一連の比喩は、ある一定のところまでしか有効ではなかろう。私たちは、現在のアメリカという「テクスト」が形成された、歴史的、政治的領域がもつ特質を認識せねばならないからだ。ある種の物語が他の物語よりも好まれて、それらより強い地位と権力を手に入れている。その一方で、あざ笑われたり、消去されたりした物語もある。アメリカでは伝統的に、男性であり、白人であり、異性愛主義である者による物語や歴史解釈が突出してきたのであり、かくしてそれらが表象の支配的な政治形態と呼んでもよいもの、すなわち支配的なイデオロギー文化を形成し、アメリカの「国家アイデンティティ」を定義づける傾向にあったのだった。

　近代の外観的特徴たる、産業化、都市化といった現象が、きわめて急速に進行したために、国民に共通する目的、国民に共有された信念、国民の一体感といったものを中心に据えて、生産と経済成長を発展させることを目的として、全体的かつ統一的な国家像を明晰に表現しようとする動きが促進されたのだった。実際のところ、このように意見の一致をみることなどなかったのだが、それにもかかわらず、国民をアメリカ国家に結合させる一手段としての「人種のるつぼ」という概念が、幅をきかせていたのである。しかしながら、近代および近代的価値が疑問に付され、アメリカにおける民族固有の歴史、周縁に追いやられてきた者の歴史、マイノリティの歴史が頻繁に再発見されるにつれて、こうした偽装的な統一概念は修正を迫られることになった。「多からなる一」という標語は、今日のアメリカにとって、以前よりも激しい議論の対象になっている。ある水準において、部分を溶かして普遍的な全体に統合することが可能であることを示唆するものであるからだ。実際問題として、部分に相当する人々が、独自性を維持し、融合しないことを望んだり、第5章で議論されるように、たとえばメキシコ人であってかつアメリカ人であるというような、多様なかたちで複数の文化に所属しつづけることを選ぶような場合、この標語は問題になるのだ。アメリカ的アイデンティティに関するさまざまな因習的言説のあいだには、緊張関係がある。そしてまた、「アメリカ」が人民や世界と等価であるとみなすような価値観の核を構成する、申し立て、神話、観点に関わる複雑な体系がある。国家アイデンティティをめぐるこのような見解が適切なのか、安定的なものなのか、そうした疑問を付して抵抗する、対抗的な言説も存在するのである。以下において、国家アイデンティティという神話の鍵となる要素のいくつかが検討され、その他の対抗的な言説が、アメリカ文化の中で作用しているさまが示される。

とりわけ意図的にさまざまな典拠から選択したために、以下の事例は、アメリカが始まりと「夢《ドリーム》」という概念にどのように関わってきたのか、およびこれらが左右両派によって、永続性をもった、対立しあうさまざまなアイデンティティ概念を創りだす際に、どのように利用されてきたのか、そうした側面に関する多様な観点を提供してくれるだろう。

アイデンティティをめぐるアメリカの夢《アメリカン・ドリーム》――『グレート・ギャツビー』

フランシス・スコット・フィッツジェラルド（Francis Scott Fitzgerald）の『グレート・ギャツビー』（*The Great Gatsby* 一九二六年）は、アメリカン・ドリームが有する力と、生きた経験としてそれを探求することに内在する問題点の双方に気がついている。絶え間なき前進、自己創造、達成、成功といった理念が、物語の語り手ニック・キャラウェイの視線をつうじて、ジェイ・ギャツビーという人物の中で徹底的に演じられているのだ。この小説は、アイデンティティという問題をめぐる、そしてとりわけ「夢」の存在を信じたいという誘惑をめぐるものである。その「夢」は、ギャツビーがかつて結婚直前で別れた女性、デイジー・ブキャナンを手に入れたいと願う姿に示される。ジョナサン・ラザフォード（Jonathan Rutherford）によれば、デイジーとは、「『失われた起源』に回帰したい、母親ともう一度一体化したい、始まりに戻りたいという、果てしなき欲望」を包含する存在なのだが、それでいて、このような夢がすべからくそうであるように、彼の手に届くことはなく、決して獲得できない女性である。

「過去は繰り返せないんだ」
「繰り返せないだって?」ギャツビーは信じられないとでもいうかのように叫んだ。「もちろんできるに決まってるじゃないか」

ニック・キャラウェイ版のギャツビー物語から明らかになるのは、アイデンティティに関する数多くの矛盾であり、そしてその矛盾こそが、「アメリカ」という概念の中心にあるという点である。ニックが語りをつうじてギャツビーの生い立ち《ヒストリー》／歴史を構築するのと同じやり方で、アメリカも、それぞれの世代によって創りだされ、創り直されてきたのである。ニックの物語をある水準からみれば、アメリカ文化の建国神話のひとつである、ゼロからの再出発、新たなる始まりにたいする信仰を敷衍したものであるといってよい。ニックによれば、ギャツビーの由来は「プラトニックな自己概念」にあり、それはすなわち「ギャツビーをして、十七歳の少年が考えがちな」、希望と「ロマンティックな心構え」に溢れている、「ジェイ・ギャツビーという類の人物を創りださせた」、自己形成の過程なのだ。ロナルド・レーガン（Ronald Reagan）も一九八〇年、アメリカ的アイデンティティの核となる神話として、自己創造という概念を想起させることが目的でもあるかのように、「われわれはアメリカ人と呼ばれる人類の新たなる血統を組み立てたのだ」と述べている。ニックにとって、ギャツビーは同種のアメリカ的イデオロギー原理を体現する存在となり、彼はギャツビーをつうじてアメリカをめぐる自分自身の「歴史」を記録するのだ。しかしながら、この「歴史」の特徴は、そこに内在する矛盾、両義性、複雑さにある。ニックの物語を読むにつれて立ち現れるのは、アメリカおよびアメリカ的アイデンティティを考察する際に、私たちが必然的に疑念と疑問の対象に挙げるものである。

　自身が語る物語を閉じる際、ニックは誰もいないギャツビー邸に舞い戻る。彼はタクシー運転手が自分の友人の話として語るギャツビーの「物語」に耳を傾けることを拒み、少年が階段に落書きした猥褻な言葉を消そうとする。それはまるで、読者の耳に聞こえてくるものが、ニックの物語でしかないことを、私たちに想起させるためではないかと思わせよう。小説の結末部にて、他者の声を排除するというこの営みは、物語全体にたいしてニックが遂行してきた制御方法を永続化させるものなのだ。この歴史は、すなわちこのギャツビーという人物は、ニックの視線をつうじて材料を流しこまれ、ギャツビーにたいする全面的な信頼と、ニックが彼の中にみいだしたいと願っているもの——すなわちアメリカの夢《アメリカン・ドリーム》のことである——によって鍛えられた、鋼鉄のようなものである。ロマンスとぼんやりとした空想の典型的な時間帯である月灯りのもと、[★1]ニックは心の中で、ウエストエッグのギャツビー邸が可能性というみずみずしいヴィジョンに置き換えられた、別の時代に回帰する。「人類の最後にして最大の夢」が可能であるように思われた、「かつて、オランダ人水夫の眼に映った花咲く島——みずみずしい緑の新世界」に回帰するのだ。ニックにとってこの夢は、コロンブスのような冒険者とギャツビーを結びつけ、人類が「驚異を求める能力とつりあうもの」に直面した、「歴史上最後の瞬間」を象徴する。それはおおいなる夢を包みこみ、新たなる自己と新たなる始まりを創りだすことが可能であるほど大きな場所に、人類が物理的に到着した瞬間であったのだ。[*2]ニックには——それはギャツビーが追い求めたものでもあるが——あらゆることがいまだに可能であり、過去という感覚は失われておらず、繰り返すことができる、取り戻すことができるという信念があった。しかしながら、ニックがこの同一視を読者に示すまさにその瞬間、それは疑問に付される。あと少しで手に入れることができるはずであったこの夢は、「すでに彼の後ろにあった」のだから。そう

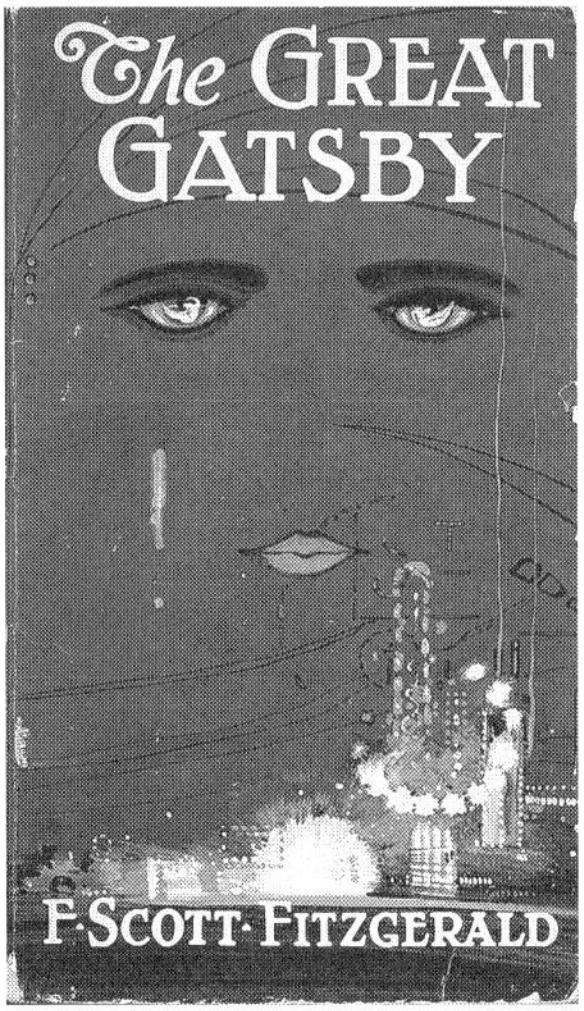

初版当時、ほとんど無名であった芸術家フランシス・クガート（Francis Cugat）による、『グレート・ギャツビー』ペーパーバック版の表紙。小説が完成する前にできあがっていたこの装幀を、フィッツジェラルドは当初おおいに気に入り、作品の中にこのイラストのイメージを書き込んだという。

して「流れに逆らう小舟」のように、過去の記憶の中で抱くしかない、未来を追い求めつづけんとするやむなき衝動が、探求せんとする精神が、あとに残されることになる。
『グレート・ギャツビー』の原文は、「過去」という語で幕を閉じるのだが、この言葉は私たちに、作品がもつ時間感覚と歴史感覚の二律背反的在りようを想起させる機能を果たしている。私たちがギャツビーに関して知ることが許される内容を制御しつつ、ニックは彼の物語を保護するのだが、それにもかかわらず、ギャツビーの仕事上の付きあいや知りあいをめぐるサブテクストの中に、彼の夢を取り囲んでいる「汚れた埃」が感じられるのだ。ニックはあるところで、ギャツビーに関して、次のように認めている。

自分がむかしの暖かい世界を喪失し、ひとつの夢だけを追い求めた人生にたいする高い代償を支払ったのだと、〔ギャツビーは〕感じていたにちがいない。新しい世界は、現実感をもたぬ物質界であり、そこでは哀れな幽霊どもが、空気のようにさまざまな夢を吐きだしつつ、意味もなく周囲を漂っているのだ。

ここにおいて新世界は、夢は夢でも別種のヴィジョンとしての夢であり、作品をつうじて「灰の谷」という荒地が象徴しているような絶望感に覆われた、希望のない、路頭に迷ったサイクルにとらわれている。ニックですら、自分が「内部の人間でもあり外部の者でもあり、尽きることのない多様な人生に魅かれつつ、同時にそれに反撥している」と考える。フィッツジェラルドがほのめかすように、人はみな、自分自身を創りだしたい、創り直したいと思っている。そしてアメリカ人がそれをもっとも望んでいる。だからこそ、数多くのアメリカ人がそうした目的と信仰を胸に抱きつつ、かの地を目指して旅してきたのだ。しかしながら、彼らの夢がかなわなかった理由は複雑である。アメリカ文化は単純な神話ではなく、権力、階級、人種、ジェンダーといったさまざまなイデオロギーに基づいて構築されているのだから。

ギャツビー自身の人物造形に体現されているような、複数のアメリカ的アイデンティティにたいする『グレート・ギャツビー』の強い関心は、アメリカン・ドリームと新たなる始まりという概念をめぐるところにある。アメリカ文化では再三再四、更新《リニューアル》は可能であるという信仰と並行するかたちで、こうした発想が事実なのかという疑念や疑問も提示されてきたのである。しばしば解釈されてきたことであるが、更新可能という信仰は、約束された地とか、新しいエデンとして、アメリカを神話的に記述する姿勢に関連する、無邪気で浅はかな夢なのだ、と。この「新しい」大陸は、はじめからやり直したい、旧世界の悪弊をすべて正したいという、人類最後のおおいなる希望を提供してくれるように思われていたのだ。このような主張が真実であるという誤解はすぐに解けたのだが、アメリカ文化における構造上の神話として、いまなお生き残っている。

フィッツジェラルドの小説がもつ、まさに「アメリカらしい」ところが、アメリカらしさという概念の内部にある葛藤や矛盾とおおいに関係していよう。この概念の内側で、アメリカ的な不確かさと分割のドラマが演じられているかのようである。マーシャル・バーマン（Marshall Berman）による近代性の定義にあるように、『グレート・ギャツビー』は、「私たちが有しているもの、知っているもの、私たちそのもの、それらのすべてを約束すると同時に、破壊するぞと脅かす」世界を提示している。それは「分裂と更新、闘争と矛盾、曖昧と苦悩」の世界なのだ。ニックの語りに窺われる、暗い瞬間、そしてその時一瞬きらめく夢、それら双方を経験することは、「率直な詩人、未来、緑の灯り」であるギャツビー自身に体現される、こうした矛盾に陥ることである。マイケル・ホルクウィスト（Michael Holquist）の言葉をかりれば、「他方において、彼のもっとも深遠なる信仰告白とは、過去は『もちろん』繰り返すことができるということである。彼は静止の預言者なのだ」。静止と未来とのあいだのこうした緊張関係は、この小説に満ちている、そしてアメリカ的アイデンティティが多様と統一、同化と分離、個人主義とコミユニティ、定着《ルート》と道筋《ルート》に取り組むさまを示唆するような、矛盾と衝突の網目の一部である。それは叩きあげの人である「ギャツビー」自身が、東部と西部、旧世界と新世界の双方の属性を有しているところにも窺えよう。

たぶん、ここが天国なんだ――『フィールド・オブ・ドリームス』

アメリカが有する夢の風景に関する、そして新しさ、始まりという概念から生まれたアメリカのアイデンティティ感覚に関するフィッツジェラルドの検証は、アメリカの文化表現における重要な主題となった。理想主義や「夢」に焦点をあてた、個人の勇気、忍耐、決意は、「アメリカらしさ」を表現する際の、弾力性をもった強いより糸になったのである。フィル・アルデン・ロビンソン（Phil Alden Robinson）監督の映画作品『フィールド・オブ・ドリームス（夢の野球場）』（*Field of Dreams* 一九八九年）は、ロナルド・レーガン政権が約束したが、果たすことのなかった驚異の感覚を再燃させつつ、可能性という概念を包含する作品である。一九八〇年代、九〇年代におけるいわゆる「文化戦争」の論争において、アイデンティティ・ポリティクス、複数文化主義、合衆国の歴史記述に関する諸問題が、いわゆる政治的正しさに関する散漫な応酬、論争にしばしば埋めこまれたかたちで表面化したが、この作品はある程度、そうした議論に二律背反的に反応している。リン・チェイニー（Lynne Cheney）[★2]、E・D・ハーシュ（E. D. Hirsch）[★3]、アラン・ブルーム（Allan Bloom）[★4]たちは、アメリカおよびアメリカの過去に関する特定の既成知識に背いているとして、新しい形式による歴史教育を攻撃し始めた。一九八八年にチェイニーが述べたように、歴史教科書のあるべき姿として、「二十世紀初頭の教科書のように、魔術的な神話、寓話、英雄譚といった物語をたくさん収録している」必要があり、「バックグランドがどれほど多様であろうとも、私たちが共通に理解していると感じることができるように、共有できる象徴」を提供しなければならないのだ、と。国家アイデンティテ

映画『フィールド・オブ・ドリームス』（一九八九年）の原作である、カナダの小説家W・P・キンセラ（W. P. Kinsella）による『シューレス・ジョー』（*Shoeless Joe* 一九八二年）のペーパーバック版表紙。マジック・リアリズムの傑作でもあるこの小説は、アメリカ野球の歴史と悲劇を追いかけつつ、一九一九年のワールド・シリーズにおける八百長疑惑のために永久追放されたジョゼフ・ジェファソン・ジャクソン（Joseph Jefferson Jackson）や、（映画版とは異なり）野球好きという隠遁作家J・D・サリンジャー（J. D. Salinger）などが登場し、主人公の農夫レイ・キンセラが造成した「夢の野球場」に、導かれるかのように集まってくる。「シューレス・ジョー」というジャクソンのニックネームは、スパイクがあわないために裸足でプレーしたという、マイナー時代のエピソードに由来する。

ィを構築するためには、「英雄的」で、単一方向的なものとして、歴史を表現するのがもっともよいとするチェイニーの信念は、「アメリカ史それ自体の複雑な現実」を主張する、複数文化主義的記述がますます強調されつつあった現実に、まったく合致していなかった。大雑把にみれば自由主義的ではあるものの、『フィールド・オブ・ドリームス』は、「英雄的」な夢を追いかける個人と家族という、原理主義的イデオロギー装置を讃える点で、チェイニーの保守主義に相通じるところがある。この映画は、ピューリタン的、共和主義的伝統のより糸に由来する、アメリカ思想における特定のひとつの伝統に属するものである。それはすなわち、リチャード・H・キング（Richard H. King）の言葉をかりれば、「神によって選ばれたことにたいする信仰、そして『丘の上の町』（a city upon a hill）[★5] あるいは自作農民の『美徳の共和国』における本来の共同体的美徳装置」に起因する、「美徳と責任の言説」という伝統のことである。主人公レイ・キンセラ（ケヴィン・コスナー）は、トウモロコシ畑から、「きみがそれを造れば、彼はやって来る」というお告げを聞くのだが、このアイオワの一農夫と土地が映画に関わりをもつことは、きわめて適切であるといってよい。レイはトウモロコシを掘り返し、そうして経済的安定を捨て去る。映画のエンディングでようやく明らかにされることであるが、彼は自分が喪失している生きる感覚とつながっているのではないかと信じつつ、野球場を造成する。その理由を探る手がかりは、彼自身の父親が果たす役割である。

親父が老けていくことが、ぼくには絶対に許せなかった。親父にも夢があったはずなのに、それを実現しようともしなかった。いろんな声が聞こえただろうに、耳を貸しもしなかった。ぼくの知っているかぎり、親父が自分の意志でやったことなんか、なにもない。ぼくは親父のようになりたくないんだ。

レイは「親父のようになるのが死ぬほど怖い」という。父親は過去の人であるが、アメリカン・ドリームに浸透している神話的な回帰言説とは異なって、取り戻したい、繰り返したいような過去ではない。そうでなく、父親は廃棄物のシニフィアンであり、夢を実現したのではない、夢に破れたシニフィアンなのである。さまざまな人物がレイの周囲に集まってくるが、彼ら全員がそれぞれ過去のある側面と和解する必要があるとでもいうかのように、映画はこうした人々が抱く、ばらばらの夢の糸をたぐり寄せる。最終的に、過去から幽霊として戻ってきた父親と、レイは和解するのだが、そうして『フィールド・オブ・ドリームス』は、一九八〇年代が破壊した、家族、友情、個人主義、革新主義（一九六〇年代がつねにその評価基準である）、夢といった価値観を、観客に想起させる。

みんなやって来るよ。子どものように無邪気になって、過去を懐かしむんだ。お金はあるけど、こころの平和がないんだ。だからゲームを観る。魔法の水に身体を浸すような感じでね。顔から手で払いのけなければならないぐらい濃厚な想い出が、そうして甦ってくる。野球場、野球のゲームは、ぼくらの国の歴史の一部なんだ。失われた善きことが、もう一度甦る可能性を示してくれるのだよ。

これは登場人物の一人がレイに語りかける科白であるが、もちろんここにはギャツビーにまでさかのぼる類のつながりがある。野球場に戻ってきた裸足《シューレス》のジョー・ジャクソンは、一九一九年のワールドシリーズにおいてスキャンダルを仕掛けた咎で永久追放になった選手であるからだ。フィッツジェラルドの小説において、同じワールドシリーズで八百長工作をしたとされるのは、ギャツビーの友人メイヤー・ウルフシャイムであるが、彼は堕落した起業家であり、個人主義の闇の側面、さかしまの夢を表象していよう。ギャツビーが語るように、「彼はチャンスがあることに気づいただけなのだ」から。『フィールド・オブ・ドリームス』が、一九六〇年代の対抗文化と、ニック・キャラウェイが懐かしむ、本来の「驚異を求める能力」の双方に窺われるような、過去の価値を更新する営みをつうじて対比させせんとしているのは、ウルフシャイムのような貪欲と権力なのだ。道徳的多数派である焚書派の人々や、レイの農場を差し押さえようとする銀行を批判することで、かくて映画は物語が左右両派によって専有可能になるような手法を強調する、大きな意味での自由主義的行動指針と接続する。だが、腐敗してきたのはアメリカのゲームであり、アメリカの野球なのであって、映画は野球を象徴的に、更新されねばならぬあらゆるものを表象する目的で利用する。ロビンソン監督も、「〔野球は〕かつて失われた、アメリカのより善きものに関する象徴なのです」と述べている。

強力に感情に訴えつつ、『フィールド・オブ・ドリームス』はポピュリズム的、神話的、伝統的な価値観を、すなわち土地が有する吸引力や、丘の上の町というピューリタンの夢を（レイの白い家屋は、映画において終始、目立っている）、善とヴィジョンのシニフィアンとして反復する。レイが暮らすコミュニティの人々は、彼を小馬鹿にするのだが、彼の夢が有する個人の力から造られた、レイのヴィジョンたる野球場に、最終的に集まってくる。そのヴィジョンがもつ価値観は、家族、家庭、土地、勤勉、挫けぬ信念に重きをおいたものであり、それはまた、一九六〇年代を可能性の時代として鋳造し直し、和解を語り、「文化戦争」論争における保守派的意見とは相容れないが、複数文化主義的未来像の共有に向かって前進する。映画のエンディングにおいて、カメラが空に向かって移動するが、その最後の視覚的イメージは、中西部を横断しながら野球場に向かう無数の自動車のヘッドライトに照らされた、夜の野球場である。この野球場はアメリカの心臓部にある心臓なのであり、いま一度満たされた「故郷」なのだ。車を運転する人々は、その心臓の、更新せんとする血液であり、それぞれの夢に向かって押し寄せる血液である。そうして新たなる自由主義的コンセンサスの中で、黒と白を、老いと若きを、都市と田園を、結合させるのである。

対抗文化《カウンターカルチャー》の夢

一九五〇年代、六〇年代の対抗文化による、主流文化にたいする革新的な批判は、人々がよすがとするアメリカの可能性を体現する営みが、反主流派によるオルタナティブな声として、いまなお存続していることを示した興味深い実例である。対抗文化的批判者たちは、夢の形象が企業の「組織人」に乗っ取られており、新たなる始まりの有する価値が、消費文化や大統領政治のスローガンに変容していると感じたのである。主流社会を批判し、攻撃せんとする反逆者として登場した、ビート・ジェネレーション★6の数多くの作家たちの作品には、アメリカ的アイデンティティを、商品のような生産物ではなく、可能性を宣言したものとして矯正せんとする、断固とした決意の姿勢がみうけられる。アレン・ギンズバーグ（Allen Ginsberg）は次のように述べている。

物質主義によって狂ってしまった現在のアメリカは、おのれの権威の偽りのイメージを擁護するために、世界と戦う支度をしている。そこはもはや、ホイットマンの僚友たちの、野性的で美しきアメリカではない。一人ひとりが精神的に自立していることこそが、かつてのアメリカの姿であったはずだ。

失われてしまったこのアメリカは、ヴィジョンが狭量になりつつある「権威」にたいする異議として、発見し直されねばならないし、創り直されねばならないのだ。存在することの諸条件を規定する、覇権的な支配権力にたいするギンズバーグの表明は、ドナルド・メリアム・アレン（Donald Merriam Allen）がいう「現実にたいする、固定化した普遍的独占権」をつうじた夢《ドリーム》の現在を、明快に述べている。「アメリカは発見されるであろう」。アレンはたしかにそうも語るが、ギンズバーグなどの芸術家たちにとって、それは枠組みを更新することをとおした発見なのであり、現状の覇権に奉仕するしかないような、静止状態にたいする挑戦をとおした発見なのだ。マイケル・マクルーア（Michael McClure）はこう述べている。「私たちは〔アメリカを〕新しくしたいと思っていたし、創りだしたいと思っていた。声を求めていたし、ヴィジョンを求めていたのだ」。この言葉遣いは、新たなる始まりという神話的概念を想起

ビートの仲間たち（1956年）。中央がアレン・ギンズバーグ、向かって右端がロレンス・ファーリンゲッティ。背景に写っているのは、サンフランシスコにある独立系の書店兼出版社、シティ・ライツ・ブックストア。ファーリンゲッティはこの書店の創設者の一人でもある。ギンズバーグの第一詩集『吠える』（*Howl and Other Poems*）は、この写真が撮影された年にシティ・ライツから出版されたが、内容が猥褻であるとして、裁判沙汰になった。

させよう。帝国主義的権力や、土着の土地の征服者、マイノリティの抑圧者としてではなく、変化することが可能な場として、アメリカの理想主義を讃えたものなのだ。アメリカを新しくせよ、彼はそう叫ぶのである。こうした批判者たちにとって、アメリカには救済するに値する、たんなる修辞的ではないものがあったのだった。

対抗文化が求めたものは、「驚異」の感覚を更新することと、対立的な政治学の双方であり、ヴィジョンとアクションの双方であった。したがって、この点に関していえば、対抗文化はきわめてアメリカ的な伝統の系譜に位置づけられるものであったといってよい。詩人ロレンス・ファーリンゲッティ（Lawrence Ferlinghetti）は、「驚異の再生」を求め、「本当にアメリカを発見してくれる人」を求めつつ、この空間に本来そなわっている潜在的可能性を認識する精神が、アメリカ的生活の中で失われ、それを認識しそこねている点を強調した。発見されねばならなかったのは、貢献できるものを数多く有しているきわめて重要な集団を、排除ないし周縁に追いやってきた、支配的ではあるが限定的でしかないアメリカ的アイデンティティが隠蔽してきたものなのだ。そうした意味で、対抗文化と併走するかたちで、あるいは対抗文化の内部において、それまで周縁化されてきた、その他のオルタナティブな声（アフリカ系アメリカ人、アメリカ先住民、女性、同性愛者等）が立ち現れ、複数のアイデンティティをさまざまに表明し、定義づけようとしたことは、きわめて意義深いといってよい。

かくして、対抗文化的テクストとして読まれることが多い、重要な映画作品『イージー・ライダー』（*Easy Rider* 一九六八年）の中で、登場人物の一人ハンソン（ジャック・ニコルソン）は、「ここはかつて、どえらい国だった。いまじゃ一体なにが起きているのか、さっぱり見当もつかん」という。映画全体をつうじて、現代世界の不寛容と腐敗とは対照的な、永遠の神話的西部としてきわめて頻繁に提示されるような、うろ覚えでしかない黄金時代にたいする郷愁のイメージが提出される。この映画の価値体系は、一貫して矛盾しているのだが、土地や家族といったある種の伝統的イメージに、本来以上に価値をみいだしていることはたしかである。それは一九八〇年代後半に、

『フィールド・オブ・ドリームス』が描いたものと、ほぼ同じであるといってよい。アメリカ人とメキシコ人が混ざっている家族（和解と希望のもうひとつのイメージなのだろうか？）と座って食事をしながら、ワイアットは自分たちがあとにしてきた躁病的な町の外部にある、永遠性、全体性というヴィジョンを祝福するかのように、「土地を耕して生きること」が正しいのだとコメントする。映画の前半部分で描かれるドラッグ文化は、オルタナティブな認識がアメリカのヴィジョンを作り直したり、アメリカの価値観に疑問を付すプロセスの一部であるという見解を支持しているが、それは映画における西部の風景、および先住民たちの聖なる文化を利用しているところにも示唆されていよう。彼らの旅路の多くは、ユタ、ニューメキシコといった先住民の土地を経由する。モニュメントバレーやタオス・プエブロの場面もあり、聖なる土地そのものに埋葬された「人民」にたいする言及もある。新たなるアイデンティティと、一般的に容認されている時代の文化にたいする挑戦を、映画が試験的に描いているのだと明言することが目的でもあるかのようだ。たしかにこの作品は、支配文化にたいする（コミューンのような）オルタナティブを用いているが、なにひとつ納得のいくものはない。いかなる意味での抵抗も、究極的にはワイアットとビリーという個人の姿に封じこめられ、そうして二人は映画のエンディングで破滅し、消去されるのである。『フィールド・オブ・ドリームス』の結末部のショットを連想させつつ、カメラが最後に燃えあがる炎の破壊場面の上方に向かって移動する際、変わることは不可能であるように思われるのだ。『フィールド・オブ・ドリームス』には再生と可能性の感覚があるが、『イージー・ライダー』のエ

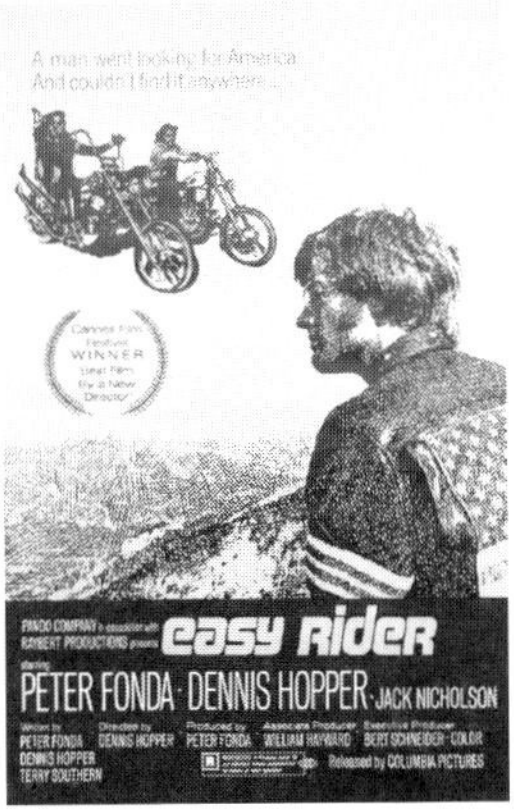

映画『イージー・ライダー』公開当時のポスターには、「男はアメリカを探しに行った／そしてどこにも見つけることができなかった……」（"A man went looking for America/And couldn't find it anywhere. . ."）というキャッチコピーが用いられている。主演ピーター・フォンダが着る革ジャンの背中には、星条旗が縫いこまれている。

ンディングにあるものは、恐怖と死、オルタナティブにたいする否定である。

一九六〇年代は、アメリカン・ドリームの陳腐なイメージとの対話を開き、希望を抱きつつそれを創り直し、包括的に拡張しようとした時代である。ソーニャ・セアズ（Sohnya Sayres）によれば、「経済的側面とは別物である、ユートピア的側面を強調すること」が、そのための手段であった。フレデリック・ジェイムソン（Fredric Jameson）が論じるように、アメリカの一九六〇年代は、「『従属的な民衆の自己意識に到達する』ために不可欠な存在となった、精神が植民地化された第一世界の人々、すなわちいわゆる『マイノリティ』、周縁に追いやられた人々、女性たち」を巻きこんだ、植民地主義にたいする大きな地球規模的反応の一部であったのだ。初期の「夢《ドリーム》」のヴィジョンから排除され、歴史の中で沈黙を強いられてきた集団が、アイデンティティと国家という概念を更新《リニューアル》させる際に、なんらかの役割を果たそうとしたのである。チカーナの革新主義的フェミニスト、グロリア・アンサルドゥーア（Gloria Anzaldúa）が述べるように、「私たちは闘いにおいて、自分たちが一人ではなく、分離しているのでもなく、自律的でもないのであって、私たちが——白、黒、異性愛、同性愛、女、男が——結ぼれあい、相互に依存しているということを、認識するにいたった」のだ。更新を求める闘争は、多様ではあるが互いにつながっているものなのである。そうした認識にいたる様子を、アメリカの神話的言葉遣いで表現することも、いまなお可能であろう。「女たちよ、旅の危険と領域の大きさに怯えてはなりません。前を向き、森の小道を拓くのです」。「話さないことを学ばないこと」において、詩人かつ小説家のマージ・ピアシー（Marge Piercy）が述べるように、アイデンティティを一致や統一という紋切り型の神話に貶めるためではなく、壮大かつ多様であるものに本来の余地をあたえるために、女性およびその他の排除されてきた集団は、アイデンティティを探求し、それを創り直したのだ（第6章を参照）。

多様性、差異、ヴィジョンの見直し

ここまでみてきたように、アメリカにおいて、アイデンティティは絶え間なく変遷する領域である。アメリカ的アイデンティティとは、固定と静止ではなく、差異と多様性を認識する際の、重要な一要素として、絶えず更新されるものなのである。その特徴は、更新のプロセスとしてのヴィジョンの見直しにある。アドリエンヌ・リッチ(Adrienne Rich)によれば、「見直しとは、振り返り、みずみずしい眼差しでみつめ、新しい批評的方向性から古いテクストに入りこむ営みなのです」。有色人種、フェミニスト、革新主義者たちの声がアメリカ文化の周縁からやってきて、完全に合衆国の外に出た結果、アドリエンヌ・リッチが言及する「想定」は、検証され、検討し直されることになったのだが、これは新たなる始まりという神話を徹底的に解釈する行為に内在する過程であろう。D・H・ロレンス(D. H. Lawrence)などの指摘と同様に、フランスの批評家ジル・ドゥルーズ(Gilles Deleuze)が議論するように、アメリカは「脱領土化」、すなわち線や境界線を横断する運動性と関わっており、新しい土地に逃げることを怖れず、あるいは馴染んだ土地をあとにすることを怖れないのだ。ドゥルーズは、「新しい大地」を創造する際の、「出立、生成《ビカミング》、通過」にたいするアメリカ人の情熱のことを記述している。

運動という営み自体が、更新したい、アメリカ人に「なりたい《ビカミング》」という欲望に似ていよう。絶え間ない「通過」とは、アイデンティティが物事の成り立ち上、固定されるものではなく、真正なるアメリカ人をひとつの永続的な本質として定義づけることが可能であるような、アイデンティティの最終地点に辿りつくことなどないということを示唆している。ドゥルーズは、アメリカ人が落ち着きがなく、流動的であるという事実に言及しつつ、先に用いた表現でいえば、アイデンティティの「道筋《ルート》」こそが、アメリカの「多様性」を物語る証拠なのだと指摘する。つまり、「互いに類型化することができない」、「項や要素ではなく、互いに分離できない諸々の関係の集合の『中間』にあるものこそが重要である」ような、「線や次元の集合」という「多様性」を指摘する。

これはきわめて重要なところである。アメリカ的アイデンティティの本質を、単一で固定された「アメリカらしさ」に類型化することができないような、複数からなるものとして示唆しているからである。かてて加えて対照的に、ドゥルーズの言葉を繰り返せば、「互いに分離できない諸々の関係の集合」として認識するのがもっともよい、動的なものとしてとらえているからだ。結ぼれと対話という含意が、ここに立ち現れてくるだろう。画一化して閉じこめるよりも、多様性から得られるアメリカの文化アイデンティティという概念のほうが、文化的差異にたいする態度と調和するのだ。ジョナサン・ラザフォードが述べるように、「マイノリティを全体論的、有機的な文化的価値概念に『同化』させる時代は過ぎ去ったのである」。その際つねに念頭においておかねばならないのは、いかなる意味においても、本物のアメリカらしさという概念に基づくものではなく、「単一的」に決められた価値観や歴史に基づくのでもなく、差異を認識することを基盤として、新しい文化アイデンティティを定義せねばならないということである。ラザフォードはこうも述べる。「私たちは『ひとつの経験、ひとつのアイデンティティ』に関して、その裏側を——すなわち破裂と断絶が存在すること、そしてそれが〔アメリカの〕『独自性』を構成しているのだということを、承認しないかぎり、正確に語りつづけることなどできないのだ」。こうした再交渉は、「国家」や「アイデンティティ」、「文化」といった大きな概念を固定化することが、絶え間なく再検証され、挑戦を受けるような現代文化において、アイデンティティを議論する際に不可欠なものなのである。諸々の定義は暫定的なものでしかないのだ。キャロル・ボイス＝デイヴィス（Carole Boyce-Davies）が指摘するように、「私たちが刻まれている言説にある限定的な術語を解明しようとするのであれば、〔諸定義は〕新しい分析、新しい疑問、新しい理解を必要とする」のである。

新たなる始まりというアメリカ的感覚は、いったん脱神話化されたが、いまだに文化実践や文化アイデンティティを探求する際に、本物の重要な意味を帯びうる。それは自己を辿り、「多産的な国際国家」を編成するいくつもの筋道を追いかけ、その筋道を再訪し、「意味を新たに審問する」ことを目的とした新しい観点から、それらを再定義しつづけるような、果てしなき努力でもある。だからこそ、コーネル・ウエスト（Cornel West）がいう「差異をめぐる新たな文化政策」が、ある程度必要なのだろう。それはすなわち、「新しい縁故、姻戚、コミュニティといった類のものを、帝国、国家、地域、ジェンダー、年齢、性的指向を横断するかたちで構築するために、人間の特質と社会の特性を徹底的に掘り起こすことで、個性と民主主義という尊い理念を永久的に探求することを肯定する」ものなのだ。

結論　徹底的に掘り起こす——『真実の囁き』

ジョン・セイルズ（John Sayles）監督の映画作品『真実の囁き』（*Lone Star* 一九九六年）は、メキシコとの国境近くにある、文字どおりにいえばアメリカの土地で幕を開ける。映画の冒頭にて、砂漠に埋もれていた白骨死体、フリーメーソンの指輪、保安官の徽章が発見される。「コロナド探検調査」[★7]が言及されることで、映画にとって、植民地時代が重要であるさまが手際よく示され、それがこの国境地帯にある、フロンティラ（境界）という名のコミュニティの現在における生活に、いまなお関連していることもほのめかされる。「この地域では長年にわたり、かなりの数の争い事があった」ことを、観客は知らされる。だが、「ある場所に住むのであれば、その場所のことをなにがしか学ばねばならないのだ」。こうして「埋もれて」「忘却された」過去を考古学的に蘇らせつつ、映画の主題は場所の記憶、そしてそれらと公式の歴史の関係にあることが明示され、同様に、記憶と物語を掘り起こし、場所に関して「学ぶ」ことをつうじて、映画の批評性と広がりが示される。『真実の囁き』という物語は――ヒスパニック、アフリカ系アメリカ人、アングロ・サクソン系、女性たちの物語である――オルタナティブとしての埋もれた声と、過去に関するさまざまな異説を、多文化的に重ねて層を形成させつつ、ジョン・セイルズ流の「差異をめぐる新たな文化政策」の内側で、記憶と歴史の関係を検討し直すための枠組みを提供してくれる。実のところ、メアリー・ヘレン・ワシントン（Mary Helen Washington）が一九九七年のアメリカン・スタディーズ協会会長挨拶において、『真実の囁き』のことを「預言者的寓話」であると言及しつつ、次のように述べている。すなわちこの作品は、過去において「言語、政策、歴史観といったものの差異が一致に向かうような、鎮静作用をともなう運動になること」が許されず、現在においては「多文化的な瞬間を、緊張、闘争、不快、不一致の瞬間として提出している」ようなアメリカという地域を研究する、新しいアプローチを提供してくれるものである、と。

　このように『真実の囁き』は、つねに存在する地政学的な意味での南西部の国境から、一元的ではなく複雑な接触地帯であるコミュニティ内部において交差する、多様な生活をつうじて引かれるものにいたるまで、さまざまな境界線を検証する。映画の中心的な語りをつうじて、サム・ディーズは自分の父親の「伝説」を脱神話化する。そうして自身の家族史を暴露し、父親とメキシコ人女性メルセデス・クルスの秘密の関係も暴露することになる。最終的に近親相姦の問題が発覚するのだが、血と歴史が別個の単純なものではなく、複雑に混成しているような、相互に結ぼれるセイルズのコミュニティにたいする隠喩が、そうして提示されるのだ。この場面は、閉鎖されたドライブイン・シアターの中で展開するのだが、ここにおいてサムの恋人（異母兄妹でもある）ピラーが、きっぱりと過去と縁を切り、新たに始めることを要求する。「私たち、ゼロからやり直しましょう。他のことは全部、歴史なんかも全部、どうでもいいわ。アラモの要塞のことなんか忘れなさい」。時の流れによって荒廃した空白のスクリーンをみあげながら、ピラーとサムはみずから進んでそこに自分たちの新たなるヴィジョンを「投射」する。そうしてオルタナティブなアイデンティティを想像力の中で創りだしつつ、自分たちの生活にある日常の境界線や制限からの、伝統的な「逃避」の場としての映画の役割を、進んで引き継ぐのである。『真実の囁き』が幕を下ろすとき、映画的体験に本来的に内在する、潜在的な可能性を、生活そのものにまで推し進めることが可能になるのだと――すなわちアイデンティティ、コミュニティ、国家といったものを想像力の中で再構築するところまで推進することができるのだと、セイルズは示唆している。

映画『真実の囁き』公開当時のポスター。監督のジョン・セイルズは、インディーズ作品を数多く手がける高名な映画作家であり、代表的な作品に、『ブラザー・フロム・アナザー・プラネット』（*The Brother from Another Planet* 一九八四年）、『エイトメン・アウト』（*Eight Men Out* 一九八八年）などがある。役者として、本土復帰直前の沖縄を描いた、幻想的な日本映画『ウンタマギルー』（一九八九年）にも出演している。

かつてセイルズは、このように語っている。「アメリカ文化は単一の言語や単一の人種で成立しているのではありません。それはつねに、寄せ集めであったのです」。決断すべきこの瞬間、サムとピラーは「道徳的見解の境界線を横断することを選択し」、新しい「家族」の可能性を肯定するのだ、と。二人の移住という運動性と、「規則」や社会のタブーを破ろうとする意志、それらの端緒が開けたことから示唆されるのは、セイルズが根本的にアメリカ的であるとみなしている、対話をする、混成的な寄せ集めに他ならないものが必要なのだということを、より多くの人が認識しているという点である。保守派の歴史家や理論家から連想されるような、アイデンティティと国家に関わる一次元的概念の類に、直接的に反応することが目的でもあるかのように、セイルズはサムとピラーに「第二の人生」をあたえる。それはひとつの場所に根差した愛着心によって形成されるのではなく、運動と移住から鍛造されるような、反本質主義的アイデンティティとしての人生である。

かくしてセイルズのこの作品は、記憶を回復し、フロンティラの複数的な歴史を再構築することで、過去の影に隠れるのではなく、過去とともに生きることについて、そして固定化され、定着した本質《ルート》ではなく、複数形の道筋《ルート》のプロセスとしてのアイデンティティについて、選択することが可能であるような、理解と和解の地点に辿りつくのだ。

注（＊＝原注、★＝訳注）

＊1 アメリカにおける主流文化の周縁から声を出す、これらの「他者」たちが、本書において着手されるヴィジョンの見直しにとって不可欠な存在となるだろう。

＊2 『鳥たちが聞いている』（*Field Notes: The Grace Note of the Canyon Wren* 一九九四年）、『極北の夢』（*Arctic Dreams* 一九八六年）などの環境文学的作品で知られる現代作家、バリー・ロペス（Barry Lopez）は、実際にフィッツジェラルドの言葉遣いを用いて、「ぼくにとって大切なのは、驚異を求める能力をともないつつ、物語の中に入り込むことです」という自身の信念を表明している。

★1 十九世紀作家ナサニエル・ホーソーンの古典小説『緋文字』の序文をふまえた表現。夜の帳《とばり》が月光に照らされることで、事物は異質なものとなり、現実世界とおとぎ話のあいだにある「中立地帯」が生まれてくる。それこそが、ロマンスという真実探求の場なのだと、ホーソーンは述べている。

★2 元アメリカ副大統領リチャード・ブルース・チェイニー（Richard Bruce "Dick" Cheney）の妻で、極右主義者として知られる。

★3 教育学者、リテラシー研究者。本来は英文学者であったが、思想的には保守主義の立場にあり、ポストモダニズム批評にも批判的であった。のちに教育学に関心を移し、たんなる形式的な記号読解技術だけでなく、背後にある一般的知識がなければ読み書き能力の向上にはつながらないとする、文化リテラシー理論を構築した。

★4 『アメリカン・マインドの終焉』（*The Closing of The American Mind*）で知られる政治哲学者。

★5 「丘の上の町」という言葉は、「マタイによる福音書」のイエスの説教で述べられる章句。ウィンスロップはこの聖書の章句を引用することによって、全人類の目が注がれる「丘の上の町」、すなわち「全人類の模範」となる使命を強調した。

★6　主として一九五〇年代に、対抗文化の先駆的な文芸運動を展開した若者たちのこと。代表的な人物に、アレン・ギンズバーグ、ジャック・ケルアック（Jack Kerouac）、ウィリアム・バロウズ（William S. Burroughs）などがいる。「ビート」には、「無一文」、「（麻薬・マリファナの）粗悪品」といった意味内容があるが、自分たちは本来あるべきアメリカの姿から見棄てられた世代であるとして、現実のアメリカ大量消費社会に魂の堕落をみてとった。のちに「至福」という意味内容も付け加えて、黒人音楽に精神の解放を重ねあわせ、ジャズのライブとともに即興のポエトリー・リーディングをおこなったことでも知られる。

★7　スペイン領ニュー・ガリシア（現在のメキシコのハリスコ州、シナロア州、ナヤリット州）の知事であったフランシスコ・バスケス・デ・コロナド（Francisco Vásquez de Coronado）は、一五四〇年から一五四二年にかけて、黄金を求めて、現在のアメリカ合衆国南西部に相当する地域を探検した。その目的は達成されなかったが、のちにアリゾナ、ニューメキシコを開拓、布教する際に有用となるさまざまな知識を、スペインにもたらした。

参考資料リスト

Anzaldúa, *Gloria. Borderlands/La Frontera*. 1987. San Francisco: Aunt Lute Books. 2007.

Deleuze, Gilles and Claire Parnet. *Dialogues*. 1977. New York: Columbia UP. 1987.〔ジル・ドゥルーズ、クレール・パルネ『対話』江川隆男・増田靖彦訳、河出書房新社〕

Fitzgerald, F. Scott. *The Great Gatsby*. 1925. New York: Scribner. 2004.〔フランシス・スコット・フィッツジェラルド『グレート・ギャツビー』村上春樹訳、中央公論新社〕

Ginsberg, Allen. *Howl and Other Poems*. 1956. San Francisco: City Lights Books. 1996.〔アレン・ギンズバーグ『ギンズバーグ詩集』諏訪優訳、思潮社〕

Kerouac, Jack. *On the Road*. 1957. London: Penguin. 1998.〔ジャック・ケルアック『オン・ザ・ロード』青山南訳、河出文庫〕

Kinsella, W. P. *Shoeless Joe*. 1982. Boston: Houghton Mifflin. 1999.〔W・P・キンセラ『シューレス・ジョー』永井淳訳、文春文庫〕

Lawrence, D. H. *Studies in Classic American Literature*. 1923. London: Penguin. 1990.〔D・H・ローレンス『アメリカ古典文学研究』大西直樹訳、講談社文芸文庫〕

Rich, Adrienne Cecile. *On Lies, Secrets, and Silence: Selected Prose 1966-1978*. 1979. New York: Norton. 1995.〔アドリエン

ヌ・リッチ『嘘、秘密、沈黙。』大島かおり訳、晶文社）
上野俊哉・毛利嘉孝『カルチュラル・スタディーズ入門』ちくま新書、二〇〇〇年
『現代思想一九九八年三月臨時増刊号　総特集スチュアート・ホール』第二六巻第四号、青土社、一九九八年
諏訪優『ビート・ジェネレーション』一九六五年、紀伊国屋書店、一九九四年
本橋哲也『カルチュラル・スタディーズへの招待』大修館書店、二〇〇二年
吉見俊哉『カルチュラル・スタディーズ』岩波書店、二〇〇〇年
【映画】
Clayton, Jack. *The Great Gatsby*. 1974.〔ジャック・クレイトン監督『華麗なるギャツビー』〕
Hopper, Dennis. *Easy Rider*. 1969.〔デニス・ホッパー監督『イージー・ライダー』〕
Robinson, Phil Alden. *Field of Dreams*. 1989.〔フィル・アルデン・ロビンソン監督『フィールド・オブ・ドリームス』〕
Sayles, John. *The Brother from Another Planet*. 1984.〔ジョン・セイルズ監督『ブラザー・フロム・アナザー・プラネット』〕
Sayles, John. *Lone Star*. 1996.〔ジョン・セイルズ監督『真実の囁き』〕

第2章

エスニシティと移民——いくつもの世界のはざまで

エスニック・アメリカ――「莫大な収穫」[*1]

アメリカとは、みずからの意志で移住した者、意に反して移住した者、および先住民から成立する、エスニシティが複雑に入り混ざった国家である。こうした人々を中心にして、宗教、忠誠心、国家的自尊心をめぐる諸問題が、渦を巻いてうごめいている。[*2] アメリカにおけるエスニシティという概念には、すべからく緊張した二律背反的要素がともなうのだ。「ひとつの同質的な『アメリカ』共同体」が存在することは可能である。そのような思いが強いために、「自分の祖父母はエスニックだったが、私たちは違う」といった議論をしたがる人もいるぐらいである。

しかしながら、同化という概念が自明のものとして仮定しているのは、すべてのエスニック集団は特定の信念や価値観を共有したうえで、はじめてアメリカの国家アイデンティティに組みこまれることができるということであり、それこそが、それまで信じてきた伝統の体系より優先されてしかるべきなのだ、ということである。同化とは、民族の差異を否定し、かつてのさまざまな文化実践を忘却して、アメリカに同化する《アメリカニゼーション》ことを最優先する概念なのだ。

そしてまた、同化政策とは、多種多様な集団が社会的関心やアメリカ社会のイデオロギー上の基盤とは無縁の存在にならないように、ただひとつの言語が歩哨の装置として支配すべきであることを強調するものでもある。かくしてヨーロッパ等の諸国からやって来た移民から、アメリカ先住民、アフリカ系アメリカ人にいたるまで、誰もが「アメリカらしさ」という概念定義の許容範囲内に収まるまでは、脅威の対象とみられてきたのだった。さもなくば、全面的にアメリカから排除されたのである。このような同化という立場からの見解が重視してきたのは、すべての国民に民主主義と平等を保証する手段として、人々は国家に順応しなければならないし、国家は同質的でなければならないという点であった。追って検討するように、先住民の場合、部族文化と白人文化の差異が同化の許容範囲をはるかに超えていると考えられたために、同化政策の代わりに保留区制度が採用されたのであった（アフリカ系アメリカ人については第3章で検討する）。

しかしながら、近年エスニシティをめぐる議論は、一九六〇年代以降、複数文化主義にたいする関心が高まったことで、ひとつの中心的、統一的なアメリカこそが国家の絶対的な唯一無二の定義であるという立場から、文化多元主義へと移行してきている。こうした考え方が浸透するにつれて、多種多様なエスニック集団が、かつての自文化にたいする忠誠心やアイデンティティとの絆を失うことなく、アメリカ人としての共通のつながりを互いに共有できるようになっている。公民権運動の展開とともに、民族の自尊心や文化の多様性といったものが、国家にとっての大切な活力源であり、合意のうえで順応せずとも、自己定義と文化的自律が可能であるとの認識が高まったのである。[*3] しかしながら、昔の価値観を捨てさせて、エスニックを同化させようとする要求と、複数の、多文化社会という新たな感覚に向かおうとする牽引力とのあいだの緊張関係は、そうそう消え去るものではなく、本章が検討するように、それはエスニックの文化形式にとっておおいに重大な関心事になっている。一九八八年、ピーター・マリン（Peter Marin）は「すべての家族がもつ世代的遺産、ある種の残留物、灰のようなもの、すなわち『幽霊のような価値観』」、過去の「切れ端とこだま」のことを記している。だが、アメリカにおけるエスニック・アイデンティティの展開において、ますます重要になってきたのは、まさしくこうした「幽霊のような価値観」なのだ。それらはもはや否定されるものではなく、文化の活力と文化的主張の拠り所なのである。それらをつうじて、数多くのアメリカ人が、エスニックでありかつアメリカ人として、生産的な複数のアイデンティティを達成できる、建設的で力をあたえてくれる手段を発見したのだ。こうしたアメリカ人は、アイデンティティのひとつの型に服従するのではなく、ふたつの（あるいはそれ以上の）アイデンティティのあいだを往来し、さまざまな言語、習慣、伝統、価値観を有している。以下において本章で検討する作品の多くにみられるように、エスニシティにたいするこのような雑種的視点は、さまざまなかたちで国家内部における自分自身の立場やアイデンティティを獲得するために格闘してきた、先住民からユダヤ系アメリカ人にいたるテクストの多くに、共通して流れるものである。

アメリカ先住民――同化と抵抗

フレデリック・ジャクソン・ターナーの「フロンティア学説」によれば、アメリカ先住民とは「文明」が衝突してきた「未開状態」の境界線であり、アメリカの「国民性の合成」を邪魔する障害物であったのだが、「インディアンの原始的生活」は、その後「より豊かな潮流」に取って代わられ「消滅した」のであった。これはすなわち同化政策が、先住民という存在と両立できなかったことを意味している。彼らの伝統と慣習が、新たなるアメリカ的主体に溶けこむには、あまりに異質で異なっていたからだ。かくして先住民との闘争は、ツヴェタン・トドロフ（Tzvetan Todorov）の言葉をかりれば、「自分に固有の価値観を一般的な価値観と同一視し、私と宇宙を混同する、要するに、世界はひとつなのだと確信している自己中心主義」に基づいた、イデオロギー上の差異をめぐる戦いであったのである。この文脈において、同化政策とは帝国主義的な価値観の押しつけであり、アメリカ人であるという概念が意味しうるものを、さまざまなかたちで、特定かつ狭い範囲で定義づけようとする試みであったといえるであろう。

文化的権力を有する立場にあったアメリカ白人は、先住民のことを、人種的に劣っている子どもじみた野蛮な存在であり、支配文化の「よりよい」生活に根本から適応させ直す必要があると決めつけた。こうしたステレオタイプに基づいて、先住民にたいする態度が形成されることになる。それは彼らを殲滅させようという合意形成に、おおいに貢献した言説であった。たとえば一八三四年から三五年にかけて、ジェイムズ・ホール（James Hall）はこう述べている。先住民の部族組織は「無秩序的な体系」の状態にあり、ひとつの土地に定住して政体をおくよりも、「休まず放浪する」ほうを好んでいるのだ、と。このような「非アメリカ的」な活動をやめさせるために、彼らを一箇所に集めて囲いこみ、教化し飼い慣らして統制すべきである。なぜならば、「インディアンはいつも狼のように飢えており、当然のことながら、いつも獰猛である。インディアンを飼い慣らすには、飢餓にたいする圧迫を取り除いてやらねばならないのだ」。同じくエルウェル・オーティス（Elwell S. Otis）も、一八七八年にこう述べている。先住民には「道徳、善性、美徳」が欠けており、「行動規範としての一定の法規が必要だとは、わずかたりとも考えない。彼らは自分の動物的欲望に導かれるだけで、現在以外のことはほとんど考えず、財産というものも知らないし、労働にたいする動機づけなどもちあわせてもいないのだ」。こうした「欠落」は、すべて「あらゆる部族組織に広く浸透している共産体制的精神」と関連しており、したがって、ターナーのいうフロンティアの「新たな産物」たるアメリカ人の中で創りだされた特性とは正反対のものなのだ、と。先住民の文化は、当時形成されつつあったアメリカの国家アイデンティティにたいする挑戦を意味していた。彼らの文化はすでにして「非アメリカ的」であり、土地の共有制を信じており、部族の風習を信じ、大地が聖なるものであると信じ、私有財産制度に猜疑的であったのだった。

保留区政策の目的は、先住民を体系的に教育し、「文明化」して、アメリカ的生活様式を営ませることにあった。社会計画者フランシス・アマサ・ウォーカー（Francis Amasa Walker）は、先住民を狂人や犯罪者と同等にみなし、保留区とは収容所や監獄といった施設に準ずる場所であると考えた。社会の本流から切り離し、隔離しなければ、彼らをきちんとした習慣や所有権、自己信頼、そしてこれらと同様に正当とされているその他もろもろの価値観を身につけるよう監督し、命令し、訓練することなどできないのだ、と。ミシェル・フーコーが狂気の問題をめぐり、収容所とは労働や教育を含めた「諸責任の体系」が規範になる場であると論じているが、それと同様に保留区も、均質的なイデオロギーを強情なインディアンに教えこむ、「厳格な矯正訓練」の場になるよう意図されていたのである。収容所の場合と同じように、保留区に収容された者は「未成年者に姿を変え、そこで新たな教育制度を適用し、彼らの思想に新たな指針をあたえなければならない。彼らを手なずけ、励まし、仕事をあてがってやらねばならない」のだ。「民族の画一性」を作りあげるのが、保留区制度の裏に隠された狙いであった。「インディアンを殺し、人類を救え」という哲学のもとで一八七九年に開校したカーライル校のようなインディアン学校の設置についても、同じことがいえるであろう。これらはともに、脱インディアン化、「ひとつの国、ひとつの言語、ひとつの国旗」というイデオロギーのために機能したのである。

部族の再刻印——エスニシティを綴る

アメリカ先住民の伝統における物語は、いつだって、部族を結合し、そこに連帯感と継続性を付与する機能を果たしてきた。こうした特質は長きにわたり、歴代政府によるインディアン政策によって薄められてきたのであった。先住民の語り部、レスリー・マルモン・シルコウ(Leslie Marmon Silko)は、物語るということは自分の人生において本質をなす構成要素なのだと説明している。「ひとつの物語はあまたの物語の始まりにすぎないのであり、物語が本当の意味で終わることは決してないという意識」は、生き延びることを旨とする民族の特性を想起させるものなのだ、と。彼女にとって「物語ることは、代々受け継がれてきた継続的なもの」であり、それを「地理的なもの〈土地のこと〉とわけ隔てることなどできないのです」。現在と生者は、土地において過去と死者に結びついているのだから。一貫して継続的に物語る中で、「私たちの誰しもが、過去と同じ、この場所にいるのです。言語とは、私たちが過去や死者のあいだをとおり抜け、彼らとともにあり、ふたたび彼らと一堂に会する手段なのです」。一八九〇年代の交霊舞踏教《ゴースト・ダンス》★1は、白人が姿を消して、すでに亡くなっているすべての先住民がバッファローを引き連れて姿を現し、ユートピアにおいてふたたび生を営むという来世観を、生者に結びつけ直そうとする試みであった。物語も同様に、語るという行為をとおして、部族の生き血を循環させ、支配的文化による先住民的生活の否定に抗い、それらが不在を創りだしたことに抗うような、可視的な主張をする機能を果たしている。ジェラルド・ヴィゼナー(Gerald Vizenor)の言葉をかりれば、先住民の語りの多くは、こうした「不在と犠牲の語り」に抵抗しているのである。

一九六〇年代になると、フレドリック・ジェイムソンが指摘するように、「精神が植民地化された第一世界の人々、すなわちいわゆる『マイノリティ』、周縁に追いやられた人々、女性たち」の誰しもが、「集団による新しい声で話す権利」を発見し、「自己と他者、中心と周縁というヒエラルキー的立場が強引に反転された」のであった。一九六〇年代の支配的白人文化内部におけるアフリカ系アメリカ人の闘争とともに、さまざまなエスニックの諸文学——とりわけ先住民やチカーノ〔メキシコ系アメリカ人〕の文学——も蘇る。一九六一年の「インディアンの決意宣言」とは、彼らがアメリカ社会に「飲みこまれている」現状を語ったものであり、自分のことは自分で決定し、現存する土地を保護し、連邦政府からの援助を継続することで、「教育的、経済的、精神的にもっと豊かな生活」を営むことができるように要求したものであった。国家インディアン青年会議(NIYC)やアメリカ・インディアン運動(AIM)を含む一九六〇年代の運動は、インディアンの諸権利がますます縮小されることに異議を唱えた。一九六四年、NIYCの議長メルヴィン・トム(Melvin Thom)は、「私たちはアメリカ的生活の主流に押しこまれることを望んでいません。本当の意味でインディアンを援助しようというのならば、文化的価値観の多様性という点を考慮に入れねばならないのです」とも述べている。

一九六九年までの一般的な現状では、「政府から特に許可が出ないかぎり、インディアンはなにをするのも許されない」というのが、保留区にたいして望ましいとされていた。しかしながら、土地の使用権剥奪にたいする抗議行動である「フィッシュ・イン」[★2]や、一九六九年にアルカトラズを占拠して開墾しようとした抵抗運動、一九七三年のウーンデッド・ニーや一九七五年のオグララにおける対決のように、直接行動の数はますます増加し、先住民のあいだで抵抗心と怒りの念が増大していることが示される。こうした抗議運動はなによりも、「過去において罠にはめられた官僚主義政治の迷路」の中でも「インディアンの声が失われてはいない」ことを強く主張するものであった。受動的および能動的な政治的抵抗活動とともに、想像力から生まれた論争文学をつうじても、「インディアンの声」がますます根気強く主張されるようになる。ジェラルド・ヴィゼナーの議論によれば、こうした語り部は「ポストインディアンの戦士」なのだ。彼らは他者のために語られ、他者によって支配されてきた「インディアン」という段階を経て、いまや「かつて彼らの祖先が馬上でみせたのと同じ勇気を文学において振りかざし、敵と対峙しているのであり、歴史を生き抜いてきたという新たな意識でみずからの物語を紡ぎだし、あからさまな支配者的態度と対決している」のである。ヴィゼナーの作品は、言語による魔術を織りこみつつ、「物語の中に新たなる部族の存在を創りだし」、「あからさまな態度をとる聖典を乗り越えて、支配者の手による監視と文学に対抗する」。「私たち」、すなわち支配的な白人文化は、「原始的な生活スタイルを放棄しない」インディアンの「ご機嫌をとって」きたが、「私たちと一緒に市民」になるようもっと促しておくべきだった。そのように一九八八年に語ったのは、ヴィゼナーが「あからさまな態度の主人」と呼ぶ、ロナルド・レーガンであった。しかしながら、レーガンのような人物が永遠に語り継いできているこうした物語に、ヴィゼナーのエスニック物語は対抗するのである。ヴィゼナーは部族の活力から生まれた「悲劇的な叡知」のことを、「解放と歴史を生き抜いてきたことを語る苦しみの声として、犠牲者になることを断固として拒否する先住民の物語や文学がおかれた状況」を語っているのだ。

レスリー・マルモン・シルコウの小説『儀式』（*Ceremony* 一九七七年）は、こうした悲劇的な叡知を縮図的に語るものである。この作品は、物語こそが「私たちの唯一の所有物である」という想起で始まる。「物語が破壊されれば」、先住民は「無力」にならざるをえないのだ、と。しかしながら物語が生き残り、語り継がれているかぎり、先住民は自分たちの伝統や歴史、アイデンティティを保持しているのであり、土地において自分のルーツを想起できる。そしてそこから彼らの自己意識が構成されるのである。テイヨという中心人物は、戦争に敗れ、インディアン学校の中で白人の流儀を身につけるよう「訓練」される。だが彼は、自身を癒すために、白人社会において自分がどのように作りあげられてきたのか認識することができるような、新たなる地平へと旅に出る。彼は学校での日々を思いだし、科学の教科書に書いてあった世界についての説明が、部族の物語と矛盾していたことを想起する。だが彼は、「学校でいろんなことを教えられてきたにもかかわらず、部族の物語のほうが真実であると感じたのだ」。「どこをみても、物語からできている世界しか、おばあちゃんが太古の昔の物語と呼んでいたものしか、彼にはみえなかった」からである。テイヨは部族の中で学び直し、癒しを受け、「盗まれた土地の上に建設された国家」の「嘘の向こう側」をみとおすことができるようにならねばならないのだ。

　反駁と抵抗という、こうしたさまざまなパターンから、さまざまなかたちで以前の自身の伝統を同化させたり矮小化しようとする圧力に直面せざるをえなかった、エスニック・アメリカンの数多くの体験を学ぶことができよう。先住民は「国家の建設」に立ち会う中で、ほとんど民族大虐殺《ジェノサイド》に近い状況に直面したが、それを生き抜くことで、合衆国内部において自文化を表現し直し、広く外に訴えている。つねに不安で曖昧な立場にあるにもかかわらず、彼らのエスニック・アイデンティティが不可視の存在になることはなく、その文化と歴史はいまなおそれぞれの世代に語り継がれている。ヴィゼナーが記しているように、「先住民は、数多くの他者たち、自然、インディアンが優位を装うことに我慢がならない人たちとの『対話的関係』の中で、自分たちのアイデンティティを創りだしているのです」。

移民と同化

先住民が経験したことは、同化理論、すなわち「人種のるつぼ」的発想を、極端なまでに現実に応用した結果の証左である。デイヴィッド・テオ・ゴールドバーグ（David Theo Goldberg）によれば、同化理論は多くの場合、「かつての文字どおりの自分、主体性といったものを――しばしば公的なかたちで――放棄することを意味していたのだ。名前において、文化において、そして可能なかぎり、肌の色においても」。彼らの経験はまた、エスニック・アイデンティティが巨大な「国家」の内部においても、活動的な共存要素として維持することが可能であるという側面も示していよう。実のところ、彼らのエスニシティは、ヨーロッパ的な北アメリカの文化伝統とあまりに違いすぎるため、先住民を同化させることは不可能であると考えられたのだった。したがって、先住民の代わりに既存のアメリカ文化に統合しようとする注意と努力の目が向けられたのは、移民たちにたいしてであった。

溶けこむという同化主義的メタファーは、ユダヤ系イギリス人イズレイル・ザングウィル（Israel Zangwill）による一九〇八年の作品、『るつぼ』（*The Melting Pot*）と題された戯曲の中に現れた。この作品は、さまざまに異なる背景や宗教が「アメリカ的人種のるつぼ」の中で統一される可能性を賞賛したものである。原作のエンディングでは、沈む太陽を背にしたロウアー・マンハッタンと自由の女神の風景という、文字どおり、黄金の大地のイメージが用いられている。

デイヴィッド　（この光景をみつめながら、預言者のごとく高揚して）これは湯だまりの周囲で燃え滾《たぎ》る、神の炎だ。（彼女の手を離し、下を指さす）おおいなるるつぼがあそこにある――聴け！　とどろき泡立つ音が聞こえないか。

あそこであんぐり口を開けているではないか。（東を指さして）――世界の果てから無数の巨大な旅客船がやって来て、港で人々を船から降ろしているぞ。ああ、なんとも素晴らしきや、この沸き立つ感動！　ケルト人も、ラテン人もいる、スラブ人もチュートン人も、ギリシャ人もシリア人も――黒人も黄色人も――。

ヴェラ　（やさしく彼に寄り添うように）ユダヤ人も、ユダヤ人以外も――。

デイヴィッド　すべての人々がここに集《つど》い、人民の共和国、神の王国を建設するであろう。あらゆる人種が仕事と希望を求めてやって来るアメリカの栄光を思えば、ローマやエルサレムなど比較になろうか！

ザングウィルのこの戯曲は、一九〇八年という、アメリカ移民史上重要な時期に、首都ワシントンで初演された。一八八〇年代以降、ヨーロッパおよびその他の諸国を離れて合衆国にやって来る移民の数が膨大に増加した結果、移民の出身国に変化が生じたのである。すなわち一八八一年から一八九〇年のあいだの移民数は四九六万六〇〇〇人、一八九一年から一九〇〇年のあいだは三七一万一〇〇〇人であったのが、一九〇一年から一九一〇年になると六二九万四〇〇〇人にも増加したのだ。この頃になると、イギリス、ドイツ、スカンジナビアなど、すでに確立されていた地域からの移民に加え、オーストリア＝ハンガリー帝国、イタリア、ロシアといったさまざまな地域から、数多くの市民が合衆国にやって来たのであった。そうしてアメリカに大挙して押し寄せて来る移民の質が明らかに変化したために、彼らがアメリカ社会やアメリカ的

1916年に上演された、イズラエル・ザングウィル原作『るつぼ』の舞台用パンフレットの表紙。「人種のるつぼ」という表現を生み出すことになった作品だが、この表紙は、作品の主題をほとんど文字通りに視覚化したものであるといってよい。

1933年当時のエリス島（Ellis Island）。マンハッタン南端の海上には、自由の女神があるリバティ島に並んで、この島が浮かぶ。1892年から1954年までの間、移民入国管理所があり、ここは数多くの移民たちにとって、「アメリカの玄関口」のような場所であった。多い時期には1日5000人もの移民が到着したという。

価値観におよぼすであろう影響をめぐり、重大な議論がさかんに交わされるようになる。こうした一連の「新」移民は、みずからの文化的、社会的、政治的慣習を携えて合衆国にやって来るのだから、彼らをアメリカ的生活に同化させるのは、主として北ヨーロッパや西ヨーロッパからやって来た、以前からいる移民よりもはるかに困難であると主張する者もいたのである。「新」移民を脅威とみなす発想は、合衆国が無制限に移民を受け入れることから生じる影響問題を一九一一年に調査した、四一巻からなるディリンガム委員会報告書に記されている。この報告書によれば、「旧」移民の価値観や慣習の起源が共和政体にあるのにたいし、「新」移民は支配的立場にあるアングロ・サクソン的伝統にたいする挑戦[★3]とおぼしきものを携えて、合衆国にやって来たのである。かくして、移民を制限せよという主張は、ますますあからさまに人種差別的トーンを帯びてくる。詩人トマス・ベイリー・アルドリッチ（Thomas Bailey Aldrich）の一八九二年の作品から言葉をかりるならば、新移民は「野蛮で雑多な群集」であり、「得体のしれない神や儀式、凶暴な情熱、聞き慣れぬ言葉」や、「私たちの雰囲気とは異質である、脅しのような噂」を、アメリカにもちこんでくるのみならず、アメリカの人種的同質性を脅かすように思われたのだった。「おお、自由よ、白い女神よ！」とアルドリッチは訊ねる。「門戸を開いたままにしてよろしいのでしょうか？」。この問い立ては、十九世紀末から一九二〇年代初頭にわたり、

「否《ノー》」という返答の立場から議論されることが多くなる。アメリカの文化アイデンティティのみならず、人種アイデンティティも、かつての先住民の場合と同じように、無制限に移民を受け容れる「混成」状態によって脅かされるのだと、数多くの人が感じていたのだ。アングロ・サクソンが人種的に上であるとするこうしたヒエラルキー的視点は、「あらゆる国家と人種」が「アメリカの栄光」に歓迎されるのだとしたザングウィルの想定とは正反対の方向に進むものであったが、移民を無制限に受け容れることで経済的安定が脅かされるのではないかという商業上、労働上の指導者の恐怖心に鼓舞されて、さらに一九一七年、アメリカが第一次世界大戦に参戦するにともなって生じた国家アイデンティティをめぐる論争もその後押しをして、最終的には移民にたいする恐怖心が国家中に浸透したのであった。その結果が一九二一年の移民制限法であり、一九二四年の割当移民法であった。これらは南ヨーロッパ、東ヨーロッパやアジアからやって来る望ましからぬ集団が、これ以上侵食してこないよう、アメリカの人口におけるアングロ・サクソン的要素の保護をあからさまに意図したものである。したがって、一九二〇年代の移民諸法の内部には、国家的に望ましい人種混合に関する想定があり、新旧双方の移民が多数派文化に適応することが望まれるような諸条件があったのだった。

現在のエリス島は、移民博物館として施設が保存され、観光客もフェリーで立ち寄ることができる。

　人種のるつぼというモデルには、民族によって程度は違えど、誰もがアメリカ社会において自身を高め、経済的な機会をとおして地位を向上することが可能なのだという想定があった。そうした機会を最大限にするにはどうすれば一番よいのかという点については、さまざま

エリス島移民入国管理所で、身体検査を受ける移民たち。彼らの胸にはどのような想いが去来していたのだろうか。

に異論があったようだが、それを実現するのが自由市場の力をとおしてなのか、それとも連邦政府の介入や社会改革をとおしてなのかという問題に関しては、意見が決裂することはなかった。すなわちアメリカ人を分断する価値観ではなく、アメリカ人が共有している価値観を強調する不可変のプロセスとぶつかるならば、昔ながらの民族にたいする忠誠心は抑制されねばならないということである。

そうした中で言語の問題は、つねに異論が噴き出る領域だった。一九二〇年代に移民諸法が成立する直前の一般的な認識では、複数の言語が使用されるという状況は、地域レベルにおいて継続してもかまわないが、英語があくまで公共文化の言語として維持されるべきであるといったものであった。十九世紀は国家全体にわたり、多くの州、郡、地域の校区において、少なくともなんらかのかたちで英語以外の言語教育体制が整えられていたが、二十世紀初頭に移民制限運動が展開するにつれて、こうした傾向は消えてゆく。その代わりに、英語が文化統合に不可欠な根幹であるとの主張が、ますますなされるようになるのである。一般的には民間産業と市や州の行政機関の双方が、こうした主張を強化する役割を担っていた。そこには言語と望ましき社会的、政治的な言動とは密接につながっているという意識が明確にみうけられよう。たとえばインターナショナル・ハーヴェスター社という会社では、主としてポーランド人の労働力にたいして、初級英語教育をおこない、英語を浸透させていた。それは次のようなものである。

口ぶえがきこえます。急がなくてはいけません。
こうじょうにいく時間です。

私は服を着がえ、仕事のじゅんびをします。
さぎょうをはじめるあいずの口ぶえが吹かれます。
昼食をたべます。
その時間より前にたべるのはきんしされています。
仕事をやめるあいずの口ぶえが吹かれるまで待ちます。
もちばをきれいにかたづけます。
ロッカーに服をしまいます。
家にかえらなければいけません。

同じくデトロイト教育委員会も、一九一五年に地場産業との共同プログラムに乗りだした。人口のおおよそ四分の三が外国生まれだったり、両親が外国生まれであったり、主として外国語を話しているといった地域の現状を、二年以内に英語の都市に変革しようというものである。そこで採用された政策には、次のようなものが含まれていた。すなわち英語を話さない労働者には、夜間学校にかようことを雇用の条件とする。英語を学ぼうとする労働者が一番先に昇進し、自宅待機《レイ・オフ》を命じられるのは一番最後であり、職場復帰をするのも一番最初であるといった特恵的雇用政策が採られる。そして英語を話さない労働者が夜間学校にかよえば、特別賞与があたえられるといった、英語研修奨励計画の実践である。同じ時期、州政府は明確な国家的言語アイデンティティの防衛手段として、公立の教育機関が果たす役割を重視していた。たとえば一九一九年に、コネチカット州の同化政策《アメリカニゼーション》課が、「アメリカは統一国家ではなく、多言語が話されるような下宿屋になる怖れがある」という議論をしている。この問題を解決するひとつの手立ては、次のような学校を促進させることである。

国家と同じように人種のるつぼたる学校。私たち国民の生活で重要な要素たるアメリカ的精神《アメリカニズム》が、ここで形成され、作りあげられる。私たちの枠組みたる国家理念全体を、若きアメリカの精神に繰り返し教えこむのだ。アメリカの歴史や慣習、法規、言語とともに。（同状第五号、一九一八年十月）

しかしながら、一九七〇年代になっても、異論のない国家的言語アイデンティティをめぐる戦いが、終焉とははるかに遠いところにあることは明らかだった。黒人文化の重要性を取り戻し、主張し直そうというアフリカ系アメリカ人の試みに鼓舞されて、他のマイノリティ集団も、自分たちが英語社会において周縁に追いやられているという感覚をはっきりと口に出して表明し、自分たちの言語遺産がいまなお継続して活力を保っているのだと、力説し始めたのであった。

差異のるつぼ

現代アメリカにおけるエスニシティとは、「多元的、多次元的、あるいは多面的な主体概念」であり、この概念において「人はさまざまなものになることができるのである。こうした個人的感覚は、多元主義という、個人よりも大きい社会精神にとって、ひとつのるつぼでありうる」。マイケル・フィッシャー（Michael Fischer）のこの言葉は、それぞれの多様なエスニシティから新しい国家に溶けこむことで、アメリカ人が創りだされるとした、初期の「人種のるつぼ」的概念を想起させるが、階級、人種、宗教、ジェンダーのすべてがエスニシティと相互に関連しているような、差異や多元主義にたいして開かれたるつぼであるとしている点で、それを修正したものである。フィッシャーによれば、基本的なレベルにおいて、「エスニシティとはふたつないしそれ以上の文化伝統のはざまで相互に照射しあう過程のことであり」、「人間的な態度を支え、回復させるのは」、こうした豊穣なる「貯蔵庫なのだ」。エスニック文学が「原型的にはアメリカ文学である」とするワーナー・ソラーズ（Werner Sollors）の名高いコメントを受け、多種多様なエスニシティをそれぞれの伝統や文化実践、文化表現と混合させていく中で、「再活性化して息を吹きこみ直す」可能性を、フィッシャーはさらにつづけて宣言する。過去の分離主義的精神性に退却するのでなく、彼は「アメリカ人であるという意識の織物」を、「現在と未来にたいする新たな観点を生みだす対話」が創りだされるプロセスとみなすのである。たとえばフィリップ・ロス（Philip Roth）、ソール・ベロー（Saul Bellow）、バーナード・マラマッド（Bernard Malamud）のようなユダヤ系アメリカ作家の作品は、ユダヤ人とアメリカ人の間の「衝突」として機能しつつ、彼らの言葉をつうじて新たな思考を保存し、加工し直し、創りだす。それと同時にこれらユダヤ系作家は、異なる文化伝統のはざまで「相互に照射しあい」、混ざりあったりつながったり、異議を唱えたり受容したりするのである。ここにおいて重要なのは、エスニック文学とは移民や民族移動という伝統から生まれた動的なものであるということであり、そしてまた、伝統や文化が継続した結果の産物でもあるという点である。こうした二重性は生産的なものなのだ。それがあるからこそ、アメリカ生活の内部において彼らが相互作用する中で、豊穣なる多様性が可能になるのである。

　アメリカに関して想像される伝統的なイメージは、そこが約束された地であり、新参者が旧世界での苦難を反故《ほご》にして、やり直しのできる場所だというものである。ルイス・アダミック（Louis Adamic）はそれを次のように表現している。「そこはおおいなる、驚くべき、そして多少は空想的な場所であった——黄金の国——ある種の楽園——ひとつではなく、さまざまな意味における約束された地——思考が及ばないほど巨大な場所であり、言葉がみつからないほどぞくぞくするような、爆発的で、他とは比較することもかなわぬ場所であったのだ」。新旧を問わず、移民たちの物語は、こうした神話が生みだした緊張感に反応して取り組んでおり、エスニック・アメリカンによる、「思考が及ばない」ものにたいする対処法の問題を、具体的に示している。次にみていくように、ユダヤ系アメリカ人のテクストにも、さまざまな神話がみうけられるのだ。

移民の物語——ユダヤ系アメリカ人

アメリカの移民傾向において、ユダヤ人はとりわけ突出した民族である。ユダヤ人は一八八〇年以降、偏見的法規や民族大虐殺の結果、東ヨーロッパからアメリカ合衆国にわたってきたのだった。彼らはアメリカこそが迫害から逃れ、誰からも邪魔されることなくみずからの宗教を実践できる場所なのだと心に描いた。新世界という言葉の響きは、約束された地をめぐるユダヤ信仰に共鳴するものでもあり、彼らにはみずからのおおいなる夢がアメリカで実現できるのではないかと思われたのだった。そのためユダヤ人の作品には、アメリカをめぐる神話概念に関するものが多く、一所懸命に働いて、いばらの道を歩みながらも、決して希望を失わず、最後に夢を実現するといったストーリーが、その典型的な特徴として挙げられる。たとえばメアリー・アンティン（Mary Antin）が一九一二年に発表した『約束の地』（*The Promised Land*）のような、初期移民による報告や自伝の中に、アメリカにたいする典型的な賛美の表象が窺われよう。

そう、私たちには約束された地があり、数多くの人々が西を向いていたのである。だから大西洋が彼らのためにアメリカとヨーロッパを分断していたのではなかったとしても、さすらいびとたちはモーゼの杖がもたらしたものと同じようなおおいなる奇跡の力で、大西洋の荒波を乗り越えたのだった。

救済という宗教上の夢と、ふたつの世界を創造的に混成させることを可能にしてくれる、「第二の生」としてのアメリカの可能性に関わる希望を、彼女はこうして接続する。「私の過去はすべて荘厳であり、私の未来は輝かしい」。古いものと新しいもの、過去と未来のあいだの緊張関係は、彼女にとって強みであり、可能性の拠り所と解釈されるのだ。しかしながらその一方で、それが移民のジレンマの象徴となった人たちがいたことも事実である。慣習、宗教、家族などをとおして旧世界と結ぼれつつ、どうすれば自分はアメリカ人になることができるのだろうか、と。教育や「同化」の過程が再活性化の拠り所であると考えるアンティンとは異なって、数多くの人々が、アメリカでは村の安全も確保されておらず、祖先の過去もない不安定な場所だと考えていたのだった。社会歴史学者オスカー・ハンドリン（Oscar Handlin）は、村や土地が「諸関係の複雑な円環の中心点であり、地位を示す第一次的な指標」であると述べたうえで、アメリカにおいてこうした安定的基盤を失い、都市部で新しく生活を始めることは、「脚のない男が周囲を這いつくばってもどこにも辿りつけない」ようなものだと指摘している。哀しい別れを告げて新世界に移住したり、あるいは村の外部の人々と混ざりあうことで、昔ながらのコミュニティに根を下ろしてきた感覚が脅威に晒されるのではないかと感じる人もいた。アンジア・イージアスカ（Anzia Yezierska）はそれを、「身体から生命を引き裂く心の準備をする」ようなものだと記している。しかしながら、こうした経験に苦しみ悩んだ人がどれほどいたとしても、それが自由の証しであり、アメリカにおいて新たにアイデンティティを構築できる、解放の可能性なのだと考える人もいたのである。村の支配が及ばない外部には、さまざまな挑戦があった。苦労と勤勉をつうじて達成される、いわゆるのちのアメリカン・ドリームと同義のものである。ハンドリンの言葉をかりれば、「一人の人間の生命は、労働や苦労、血をもって作付けされるのだろうが、そこから穀物が成長し、収穫もあるのだ」。かくして移民たちが経験したことは、アメリカのある種支配的な物語、すなわちハンドリンによって大言壮語的に擁護された議論を確立し、強化したのであった。ハンドリンはこのように語っているのだ。

「かつて、新しいものは古いものではなかった。だが、新しいものと古いものとは関連している。新しいものが生まれるために、古いものは死ななければならないのだから」、と。

ウッディ・アレン（Woody Allen）の映画の中には、緊張、中心との交渉、文化の意味といった一連の主題が数多くみうけられる。とりわけ『ラジオ・デイズ』（*Radio Days*）という一九八七年の作品は、移住後の混乱が残っている移民コミュニティの内部において、アメリカでよりよい暮らしを送りたいという願望が、世代間で異なるものの、それを乗り越えんとする様子を描いたものである。映画の冒頭、中心人物がロックウェイでの少年時代を思いだして語り始めることで、彼の家族が紹介される。少年は、魔術がかかった力で社会に秩序を回復し、世界を正義へと導く「仮面の復讐者」という、統一を謳う「アメリカ」のラジオ番組の冒険物語に心を引き寄せられながらも、「パレスチナにあるユダヤ人の故郷」のために寄付を募るようヘブライ学校やラビ[★4]にいわれるという「現実」の問題とのはざまで、引き裂かれる。彼にとってパレスチナとは、たんに「エジプトの近くにあるところ」ということ以外なにも意味しない。少年は、寄付で集めたお金で、「仮面の復讐者の指輪」という、自分自身の欲望の対象を買うほうがよいのだ。この行為がばれてしまい、少年はラビの前に連れていかれるのだが、この場面においてふたつの世界の混乱がコミカルに示唆されていよう。すなわちラビの薄暗くて禁欲的な世界と、対照的にぞくぞくするほど興奮するラジオの冒険物語の世界とのはざまでの混乱、「規律」の要求とは対照的な、あからさまに奔放であるアメリカ主流文化とのはざまでの混乱のことである。少年はラビのことを（「ローンレンジャー」[★5]を参照しつつ）「嘘をつかないインディアン」と呼び、意図的ではないにせよ侮辱したことがあったが、彼はそのラビの罰と両親の罰のはざまで、文字どおり挟み撃ちにされるのだ。しかしながら、実にコミカルなこの作品の妙味は、文化的な意味での緊張を観客に提出するその効果にある。とりわけアメリカが規律正しき信仰を意味するのではなく、両親が抱いている夢のような希望を意味するのでもなく、ラジオの冒険物語やニューヨークのロマンスを意味する場である少年にとっての文化的緊張を、私たちに語りかけてくるのである。

移民たちの緊張した体験は、アンジア・イージアスカの作品においても十分に表現されていよう。彼女は「新しき黄金の国」の夢と、ユダヤ人強制居住区域《ゲットー》の中で「閉じこめられた状態」のはざまでもがき苦しむ女性を描いている。彼女の作品における旧世界は、さらにジェンダー的拘束とも関連しており、それは父親とトーラー（ユダヤ律法）という双子の権力を連想させるものである。彼女にとってアメリカに逃げることは、自己定義に課されたこうした制約から逃れる可能性でもあるのだ。主として自伝的である彼女の物語は、（メアリー・アンティンと同じように）教育を受け、（ユダヤ人以外の人と）結婚し、そして成功するといった主題を結びつけることで、いくつかの点でアメリカを賞賛してはいるものの、移民の視線をつうじてアメリカを理想化することは慎重に留保している。彼女より後に出てくる作家バーナード・マラマッドが、『アシスタント』（*The Assistant* 一九五七年）の作中人物ボーバーに「教育を受けなければ道に迷う」と語らせているのと同じように、彼女の作品においても教育が、新しい生活を創りだす鍵として描かれている。イージアスカはある物語の中で、ウォルドー・フランク（Waldo Frank）を引用してこう語る。「私たちはみんな、アメリカを探して前進する。そうして探し求める中で、私たちがアメリカを創りだすのです。私たちの探求にともなう特性が、私たちが創りだすアメリカの本質になるのです」、と。こうした点から、探求と創造という双子の要素が示唆されよう。彼女の物語では、登場人物が最初は夢をとおしてアメリカを思い焦がれ、その後、現実にアメリカで暮らす中でさまざまなことを経験するうちに、次第に憧れの思いが薄れていく、そうした状況が描かれる。それは夢をもちたいという「飢え」であり、――しばしば恋人としてイメージされるように――アメリカに抱きかかえられたいという「飢え」である。だが、イージアスカの物語が感傷に浸って我を忘れることはない。彼女の物語は、移民たちが苦労する様子やアメリカにたいして幻滅する過程も映しだしているのである。「われにあたえ給え、疲れ果てし者、貧しき者、自由なる息吹を求めて集《つど》いし者を」というエマ・ラザラス（Emma Lazarus）の自由の女神にたいする言葉にわざと反駁するかのように、イージアスカの作品世界に登場する移民は、新世界のユダヤ人街《ゲットー》で罠にはまり、息を詰まらせ拘束され、教育を受け、一所懸命に労働することでみずからを高めようともがき苦しむ。しかしながらイージアスカは、新しい集団が加わって混成することで、アメリカはいつだって作り直すことができる国なのだともいう。彼女が提案するのは、同質的な「死んだリズム」よりも、「空を飛ぶ力」であり、出来あいのアメリカにとりこまれることに抗い、自分自身の手でアメリカを作ることなのである。フランクがいうように、アメリカを創りだす営みは、それを探し求める過程にあるのだから。エスニック・アメリカンが有している「未使用の才能」を、国家全体が繁栄するために開花させねばならなかったのだと、イージアスカは論じるのだ。だが、さまざまな偏見が、いつも社会を分断しているのだ、と。最高傑作のひとつである「石けん水」（"Soap and Water"）という作品において、彼女はアメリカの主流社会を「洗濯済みの世界」とする。彼女が洗濯屋の労働者として、いつもそこを清潔にしているのだと。「実際のところ、汚れた私が、彼らがきれいでいられるようにしているのです」。ところが現実には、経済、階級、権力をもたないせいで閉じこめられているために、彼女が描く登場人物は絶望的であるようにみえる。しかしながら、教育を受けることで、そこから脱出する道をみつけるのである。教育が提供してくれるのは、「声」であり、「私の魂の中で新たに生まれた宗教」である。彼女はその「声」のおかげで、彼女に地位はあたえず見かけからしか判断しない、「清潔な社会の代理店」に抗うことができるのであり、抗う力が得られるのである。握りつぶされ「生かされない」状況に嫌気がさしたイージアスカは、個人的な達成と教育の問題を、社会変革というもっと一般的な可能性に結びつける。彼女のアメリカ観によれば、労働と教育によって個人が高められれば、公的領域も変えることができるのである。彼女の言葉をかりれば、「私が変わり、世界が変わった」のだ、と。

フィリップ・ロスの初期作品で描かれるのは、アメリカにおけるエスニックの生活にたいするもっと皮肉な視点である。エスニシティやコミュニティといった問題に関する彼自身の立場は、他の作家より流動的で、固定されていない。評論家のフィリップ・ラーヴ（Philip Rahv）がアメリカのことを、「赤い肌」〔先住民のこと〕と「青白い顔」〔白人のこと〕のあいだで分断された国家であり、民族ごとの祖先や信仰の系統に沿って分裂した国家であると論じているが、ロスは彼のエッセイを援用しつつ、自分は互いに嫌悪しあうこの両者に同じように共感する「赤い顔」のような人間であると論じている。彼の作品は、現代アメリカにおけるこうした立場やエスニック・アイデンティティの混乱を探究したものである。

　「アイデンティティ」に関してかいつまんでいうと――私に理解できるかぎりでは、人の「アイデンティティ」は考えるのをやめようと決意したところにあるのです。すべてのエスニック集団は、本当は仲良く暮らしたいだけなのに、自分で社会生活をもっと困難にしているだけのように思えます。

ロスのこの言葉に示唆されるのは、コミュニティの中で仲良く暮らすことを犠牲にしてまで民族の差異を強調しすぎることから生じる問題についてである。彼の作品では、しばしばエスニックの区分がますます細分化される様子が描写される。その典型として、『さようならコロンバス』（*Goodbye, Columbus*）という一九五九年の中篇小説をみてみよう。ロスの若きユダヤ人主人公クルーグマンという名前は、ロス好みのはざまにある状態を示すかのように、「賢い《クレヴァー》」と「悪態《カース》」の両方を含意したものである。彼は子ども時代を過ごした昔ながらのニューアークのユダヤ人と、上昇志向にあるショート・ヒルズのユダヤ人という、ふたつの文化のはざまにいるのだが、この小説における場所の使い方に、アイデンティティと帰属をめぐるコミュニティの緊張が提示されており、このテーマは作品全体をつうじて探究される。すなわち〔ユダヤ人という移民コミュニティにおいてではなく、自己の本性を形成する各個人の責任を重視しているという意味で〕実存主義的移民であるニール・クルーグマンは、ユダヤ人コミュニティの内部にある境界線を横断することで、ロスの鋭い意図どおり、どんな人にも差異があり、単一のユダヤ系アメリカ人といったアイデンティティなど存在しないことを立証するのである。「実際のところ、郊外がニューアークより五〇メートル高いところにあるということは、それだけ空に近い感じがして、太陽そのものがもっと大きくみえるし、もっと低いところにあるようにみえ、もっと丸くみえるようなものだった」。庭に埋めこまれている管から「湿度を調節」し、「市民たちが自分の息子たちの将来を設計し」、通りに東部の大学名をつけているような郊外の環境は、「路地の燃え殻のような暗闇」や「死後の世界の甘い約束」を連想させる、昔ながらのニューアークの世界とは対照的である。クルーグマンはそのどちらにも属さず、彼の人生は、「縁にいる」ということで定義されるのみなのだ。目の前にあるふたつのコミュニティのはざまにある縁こそが、彼の居場所なのだから。彼が勤める図書館を訪れて、ゴーギャンの絵画に映しだされた世界に魅了される黒人少年を、ロスはクルーグマンと接続する。二人のエスニック・アメリカンは自分以外の人生に憧れているとでもいいたげだ。しかしながら二人の夢は、絵画の中のポリネシアのイメージと同じように、非現実的で、はるか遠くの手が届かないものである。エスニック集団の内部にも大きな差異があるのであり、単一のコミュニティや決定的なアイデンティティ感覚などありえないということも、ロスは私たちに想起させる。誰もが流動的であり、区分されるものなのだ。ショート・ヒルズに住むユダヤ人が同化したところで、均一になるわけではない。さらなる区分があるだけなのだ。パティムキン夫人に「あなたは正統派なの、それとも保守派のほう?」と訊ねられたとき、クルーグマンは愚直にもこう答えるのである。「ぼくはただのユダヤ人です」。アメリカ人の混合的アイデンティティに関する、コミカルだが鋭い感性をもったロスの意識から、現代アメリカの本質が複数文化的で雑種化したものであるために、現在問題になっている、アイデンティティに関する議論が想起されよう。『さようならコロンバス』の最後で、自分自身の主体とアイデンティティ感覚に悩むクルーグマンは、図書館の窓に映る自分の姿を眺める。そこに照らしだされているのは、一人の個人の全身を整然と映した単一の像ではなく、「崩れた壁に掛かっている棚の上にばらばらに並べられた書物の山」である。単純なエスニック的規範ではなく、差異と抗争によって構成されている以上、ポストモダン・アメリカのアイデンティティは、多面的で不完全なものなのである。クルーグマンとは、散らかっている書物に書かれている多様な物語を映しだした存在であり、単一の主体ではないのだ。この点で、彼はアメリカに似ているといってよい。共存可能で一緒に作用することも可能なのだが、似ても似つかぬ相性の悪い断片がいくつも集まって成立しているものとして。のちにロスが書いた『背信の日々』(*The Counterlife* 一九八六年)の中で、ある登場人物の訊ねる科白が、ここで想起されてこよう。「一、二の違いを許容するのに、いったいなにが我慢できないんだ?」

未来《フューチャー》は混成《ミクスチャー》にある[*4]——人種のるつぼか、モザイクか、雑種性か?

ミハイル・バフチン(Mikhail Bakhtin)は小説言語を研究する中で、「対話的なものとは、ふたつの視点が混ざるのでなく、対におかれたものなのだ」と述べているが、これはアメリカの状況と似ていよう。アメリカとはいつだって、単一のアメリカ的主体やひとつの国家アイデンティティを差異の中から創りだそうとする起動力と、利害、宗教、人種、エスニシティによって異なる別々のコミュニティへと分離しようとする反=起動力との、特殊な緊張の中で存在してきたのだから。しかしながらバフチンは、ある種のタイプの雑種性は、「衝突を引き起こす構造の中で、異なる視点を対立させることで、『自然力を有したある種の有機的なエネルギーと多様な解釈可能性《オープンエンディッドネス》』を存続させるのだ」とも論じている。かくしてバフチンの用法における雑種性とは、「ひとつにまとまり溶けあうが、分離を維持もするような、合体と対立の反定立的運動」(傍点引用者)を意味するものなのだ。アメリカにおけるエスニシティとは、まさにこの対立と合体が混ざりあったものであり、耳を傾けてもらうために戦うさまざまな声が混合したものなのである。その中には抑えつけられ沈黙させられている声もあれば、支配する側の声もある。しかしながら、そこにはいつも表現と影響力をみつけることができる可能性がある。

ホミ・K・バーバ（Homi Bhabha）はこうした言語概念を取り入れて、適応範囲を拡張し、植民地的状況の内部における権力関係を調べている。彼の結論も、アメリカ的体験と関連している。雑種性とは、他者の声、周縁に追いやられた者の声、支配されている者の声が、支配者集団の言語内部に存在することを可能にする。こうした声を完全に管理下におくことは不可能なのだと、彼は論じるのである。それをロバート・ヤング（Robert J. C. Young）は次のように述べている。

> 雑種性とは、文化的差異そのものの形態、すなわち差異化された文化が軋むところから始まる。エドワード・サイード（Edward Said）の言葉でいえば、その「雑種的な対抗エネルギー」が、中心的、支配的な文化規範に戦いを挑み、自分たちの「分離的な閾《いき》空間」[★6]から生みだした力で揺るがし、困惑させるのである。

これは興味深いアメリカ観である。挑戦、「対抗エネルギー」、「揺るがし、困惑させる」ものが、既存の主流文化の支配的規範と絶えず対話する中で存在できるという意味で、雑種的なのだ。さまざまな声や伝統を混合させ、一緒に混ぜあうポストコロニアル[★7]の融合的文化に特徴的なように、雑種性とはふたたび、混合的である「弁証法的発話」としてみなされよう。たとえば先住民が主流文化と混ざりあうといったように。この意味でアメリカを、「ポストコロニアル」な存在としてみなすことができよう。ジェイムソンの言葉をかりれば、アメリカには「精神が植民地化された」他者の声が幅広くあり、それらは権力の支配的言説にたいして溶解と対抗のふるまいをとりつつ、審問し、――いつだって、雑種性という二重の行動をとっているのだから。ヤングはこうも述べている。

クレオール化★8としての雑種化が意味するのは、融合、すなわち新たなる様態が創りだされるということでもある。古い様態から一部が成り立っている新しい様態は、対照的に、「特性をもたないカオス」として、古い様態に対置されるが、それが確固とした新しい様態を生みだすのではなく、むしろバーバがいう、落ち着きがなく、不安定で、間隙《かんげき》がある雑種性に近いもの、すなわち革新的な異種混合、非連続性、永遠に様態を変革しつづけるものを生みだすのである。

アメリカのエスニックにたいするかつての隠喩――「人種のるつぼ」「モザイク」「サラダボール」といったものが、もはやもっともらしく響かないのならば、緊張を集積しているもっと流動的な表象が、曖昧で、相反しており、進行形にあるような、雑種性という概念の中にみいだされるかもしれない。雑種性とは、同一性や溶解に向かうが、同時に混合へと向かっていく創造的な新しいエネルギーとして、差異がきわめて重要であることを念頭においた概念なのだ。

だが、雑種的なアメリカという可能性は、かつての移民が抱いていた夢の変奏にすぎないのかもしれない。ジャーナリスト、詩人のルベン・マルティネス（Ruben Martinez）は、『すべてのリズムで踊れ』（*The Other Side*）において、自分自身の中で戦いをつづける「さまざまな自己が、互いに殺しあうことなく、一緒になってなんらの形態をみつけることで」、「協定に署名して」くれないかという願望を述べている。しかしながら彼は、現代アメリカの現実がこうした和解に反駁しており、和解の代わりに「磔《はりつけ》のような」もので置き換えているとも認識している。「なにかとなにかが出会うたびに、それはひとつの矛盾、ひとつの受難を意味している。相反する記号が果てしなく交戦をつづけている」のだと。こうした状況は、激しい暴動が繰り広げられているロサンゼルスのような都市文化に関していえば、「複数文化の楽園どころではない」のであろう。しかし彼は、なんらかの「新しい主体性」の感覚を追い求める。彼にとっての「新しい主体性」とは、「本当の故郷」を探す中で姿を現すものであり、「北部における南北、南部における南北のように、ふたつ以上のものであるひとつのもの」を探し求める中で意味をなすものなのだ。究極的にいえば、彼のその後の作品『クロスオーバー』（*Crossing Over*）が立証するように、ディアスポラ的であるアメリカ的生活において、理想的で、固定的であるような、約束された地など存在しえないのだろう。しかしながらその代わりに、「『故郷』に辿りつくのと同じぐらい近いところに」、二律背反的であるような、「乱雑におかれたもの」が存在するのだ。

結論——新しいアメリカ人か？

「あなたはどちらのご出身？」
「それがどうしたの。私はいま、ここにいるのよ」

（『しあわせを求めて』より、ある女性の言葉）

フランスの映画監督ルイ・マル（Louis Malle）は、一九八五年、『アラモベイ』（*Alamo Bay*）というフィクション映画を撮っている。この映画は、戦争のために荒廃した母国を捨て、アメリカに逃れてきたヴェトナム移民に悩まされる、ガルヴェストン湾の漁村を中心に展開する。*5 アメリカにおける新しいエスニック集団の問題を映画化したこの作品は、アメリカの歴史をつうじて幾度となく繰り返し立ち現れてきた土着主義的恐怖に関する問題を、さまざまに映しだしている。白人コミュニティはヴェトナム人漁師との競争や、近隣に入りこんできた新顔の人々、馴染みのない習慣に怯えるのだが、ヴェトナム戦争の余波も相俟って、状況はいっそう混乱の度を深めてゆく。さらにクー・クラックス・クラン（Ku Klux Klan）[★9]が関与してくることで、こうした現代的な事件と、アメリカでは以前からあるエスニックや人種をめぐる葛藤が結びつき、アメリカ的生活において、外部の者や、異質な者にたいする深く根差した恐怖心が、いまなお残っていることが示唆される。その一年後、マルはこの映画の相補的作品として、移民たちのアメリカにたいする夢が根強いさまを前面に出した、『しあわせを求めて』（*And the Pursuit of Happiness*）という、新しい移民のドキュメンタリー映画を撮った。この映画はさまざまな文化にまたがった無数のエスニック集団を横断的にあつかったものであり、インタビューやルポルタージュをつうじて、アメリカをめぐる移民たちの希望と失望を具体的にとりあげている。ある場面で、自分自身が移民でもあるマルは、テキサス州ダラスで自分たちの会社を設立した移民の混成集団に出会う。この会社には適切にも、「自由タクシー社」という名前がついている。運転手はクルジスタンやエチオピア出身、支配人はガーナ出身の移民であり、支配人が一三〇人の運転手とのあいだで民主的な取り決めをし、共同所有制度を採用している。この場面が語りかけてくるのは、可能性の場所、あるいは幻想の場所といってもよいのかもしれないアメリカにたいする移民たちの夢を、かつての移民が裏切られてきたであろうにもかかわらず、彼らがいまなお強く信じている様子である。マルの映画は陽気に浮かれたものではないが、そもそもの始まりから人々をアメリカに引きつけてきた信仰の揺れ戻しが現在起きつつあることを示唆していよう。この映画には、タクシー会社の場面と同じくらい啓示的な瞬間がある。あるアジア系の家族が、家の中にヒンドゥー教の仏壇とバーベキュー炉を並置している光景を映したところである。この家の父親がカメラに向かい、自分たちには「ふたつの文化があり」、よりよい新生活を創りだすために、「ふたつのうちから最善のものを選択できるのです」と説明した言葉を、視覚的に提出しているような場面である。アジア系アメリカ作家バーラティ・ムーカジ（Bharati Mukherjee）が、これと似たようなことを指摘している。彼女にとってアメリカとは、自分が「捨てたい過去の一部を捨て去る選択が可能であり、自分のために新しい歴史をまるごと創りだす選択が可能な場所なのです」、と。

二〇〇四年、ルベン・マルティネスは世界中（パレスチナ、ナイジェリア、インド、メキシコ）からアメリカ合衆国にやって来た移民たちをめぐるドキュメンタリーのテレビ番組に基づいて、『新しいアメリカ人』を出版した。その冒頭で、9・11およびその後の「対テロ戦争」以後、「他所者《よそもの》」を見る目が変わってきた様子が概観される。土着主義（nativism）の高まりや、いわゆる愛国者法[★10]の結果にもかかわらず、マルティネスはアメリカ合衆国が継続的に「魅力」を有していることを認めており、そしてまた、「アメリカ人とは誰のことであり、どのようなものであるのかという問いは、いまなお解決していない」と認めている。それは「文化変容」の「進行形にあるプロセス」のことであるからだ。すなわち「古い世界と新しい世界のはざま、諸言語、諸慣習、諸嗜好のはざまのどこかにあるような、大規模な形質転換とは異なる適応のことである。はざまにあるこの空間は、動的であり、移動する」のだから。マルティネスのこうしたコメントは、過度にロマンティックに陥る愚を犯さずに、文化の雑種性という複雑なプロセスから立ち現れる「新しいエスニシティ」の可能性を示唆していよう。しかしながらマルティネスは、闘争、不平等、人種差別、およびこのプロセスに内在し、移住者たちの中に存する隔壁があることを、すぐさま認める。「自分の最善と最悪の姿、自分たちの未来と過去が映しだされているような、鏡」が存在しているのであり、「そのために、私たちは幾度となく、私たちの世界に安定的なものなどなにもないということを想起させられる。私たちが、私たちの全員が、いつも移動中にあるということを、移住者たちが語っているのだ」、と。こうした緊張の中に、力動と隔壁のはざまに、アメリカの未来にたいする挑戦が存している。

『クロスオーバー』の中で、移住者たちを追いかけるメキシコ人の姿を追いかけつつ、ルベン・マルティネスは次のようにも認めている。「彼らは自分たちのルーツの痕跡をはぐくみながらも、国家を超えた、すなわち『グローバル』な文化に参加することができるのであり、実際のところ、その主唱者になることができるのだ。この文脈でいえば、地域的なものはグローバルであり、その逆もまた真なのである」。彼はここに、「新しく立ち現れているアメリカ的アイデンティティ」のひとつの形態を見て取っている。「子どもたちはメキシコ人でもグリンゴー★11でもなく、両方の存在になるのであり、それ以上の存在になるだろう。彼らは世界《グローブ》中から諸文化を吸収しつつ、新しいアメリカ人になるだろう」、と。

注（＊＝原注、★＝訳注）

＊1　J・P・シェントン（J. P. Shenton）、「エスニシティと移民」（"Ethnicity and Immigration"）より。エリック・フォーナー（Eric Foner）編、『新しいアメリカ史』（*The New American History* 一九九七年）に所収。

＊2　本章で取り上げられる問題は、アフリカ系アメリカ人をめぐる第3章の、エスニックの諸関係をめぐる議論にも関連している。

＊3　エスニック・アメリカンは、以下の四つのいずれかに属しているといわれてきた。
㈠　ひとつのエスニック集団に「完全に同一化している人」
㈡　エスニック集団とのつながりを選択している、部分的に同一化している人
㈢　自分のエスニック的ルーツとの関係を絶った、「離脱した人」
㈣　複数の世界のはざまで混成、混合した、「雑種的な人」
こうしたカテゴリーは限定的なものではあるが、アメリカ的アイデンティティの本質と構造をめぐる大きな文脈での議論において、移民集団の立ち位置が重要な問題であることを、たしかに示しているだろう。

＊4　このフレーズは、ワーナー・ソラーズが『エスニシティの発明』（*The Invention of Ethnicity* 一九八九年）において、ヴァージル・エリゾンド（Virgil Elizondo）の作品を論じる際に用いているものである。

＊5　一九七九年、アメリカ合衆国とヴェトナムの間で締結された協定である合法出国計画（Orderly Departure Program）に基

づいて、毎年二万人の家族がアメリカに入国することが認められ、ヴェトナム人の数が増加した。

★1　十九世紀末、北米西部のメシア信仰先住民がおこなった、死者との交流のための宗教的舞踏一団のこと。

★2　禁漁区設定に抗議して、禁漁区内でおこなう集団操業のこと。

★3　本国イギリスでの国教会との宗教的対立が原因で、ピューリタン（清教徒）を中心としたアングロ・サクソン系の人々がメイフラワー号に乗り、新大陸プリマスに上陸したのは、一六二〇年のことであった。ピルグリム・ファーザーズ（Pilgrim Fathers）と呼ばれる彼らを中心に、その後アメリカ植民地文化の基盤が築かれていく。神のもとでは誰もが平等とする彼らの共和制民主主義的理念からすれば、イギリス国教会と同様、教会の権威や君主制を肯定する「新」移民たちの文化は、容易に受け入れることができるものではなかった。第4章訳注★2も参照。

★4　ユダヤ教の礼拝堂、あるいは礼拝の集会を司る宗教者のこと。通例専門機関で特別な教育を受けてから聖職につき、ユダヤ教、ユダヤ人社会の宗教的指導者として説教し、儀式を司り、教会や教育などの仕事に従事する。

★5　家族向けに制作された最初の西部劇である同名作品（ラジオ番組）の主人公の名前。一九三三年、デトロイトで初めて放送が開始され、以後週三回のペースで二一年間つづき、一九五〇年代はとりわけ大人気であった。主人公は一万二二六八四発の弾丸によって約二二〇〇人もの悪童を更正させたが、誰一人として殺さなかったというアメリカン・ヒーローである。相棒である、ステレオタイプ的な若き「インディアン」トントの科白、「白人嘘つき。インディアン嘘つかない」も高名である。

★6　「分離的」とは言語学でいう、シンタックスの次元において特定の表現に従属しないという意であり、「閾」とは心理学や生理学で用いられる、刺激にたいして反応が現れ始める境界点を指す用語である。ここでは従来他者の立場に排除されてきたエスニック集団が、それに抗いみずからのアイデンティティを自由に主張し始めた地点を指す喩えとして用いられている。

★7　二十世紀後半において、いわゆる「第三世界」諸国が西洋による帝国主義支配から独立を遂げたが、こうした旧植民地に残るさまざまな課題を把握するために始まった文化研究のこと。

★8　西洋植民地主義の結果、たとえば西インド諸島などでは、西洋白人とアフリカから奴隷として連れて来られた黒人の文化、先住民の文化が混成する状況が成立した。クレオールとは、本来「植民地生まれ（の白人）」を意味していたが、のちにその植民地で生まれた、本国を知らない植民者を指すようになる。さらに共通言語をもたない白人支配者と黒人奴隷、あるいは奴隷同士のあいだで最低限のコミュニケーション手段として用いられたピジン語が、より広範な社会性を包含するにいたった言語を、クレオール語と呼ぶようになる。そしていつしか植民地で生まれたあらゆるものを、クレオールと総称するようになったのだった。すべてが起源であり、すべてが起源ではないという状況が、不在の現在というクレオールのねじれた特質を生みだしている。本章はそこに雑種性の可能性をみいだそうとしている。

★9　通称3K団。一九一五年にアメリカ合衆国において結成された、黒人、ユダヤ人、カトリック教徒、外国人を排斥する秘密結社のこと。

★10　テロリズムの阻止と回避のために、必要かつ適切な手段を提供することで、アメリカの統合、強化を意図する、二〇〇一年に発効した連邦議会制定法のこと。

★11　中南米ではとりわけ英米人を指す、外国人のこと。

参考資料リスト

Antin, Mary. *The Promised Land.* 1912. London: Penguin, 2012.

Anzaldúa, Gloria. *Borderlands/La Frontera: The New Mestiza.* 1987. San Francisco: Aunt Lute Books, 2012.

Ashcroft, Bill, Gareth Griffiths and Helen Tiffin. *The Empire Writes Back: Theory and Practice in Post-Colonial Literatures.* 1989. 2nd Ed. London: Routledge, 2002.〔ビル・アッシュクロフト、ガレス・グリフィス、ヘレン・ティフィン『ポストコロニアルの文学』木村茂雄訳、青土社〕

Bakhtin, Mikhail. *Problems of Dostoevsky's Poetics.* 原著1963. U of Minnesota P, 1984.〔ミハイル・バフチン『ドストエフスキーの詩学』望月哲男・鈴木淳一訳、ちくま学芸文庫〕

Bhabha, Homi K. *The Location of Culture.* 1994. London: Routledge, 2004.〔ホミ・K・バーバ『文化の場所　ポストコロニアリズムの位相』本橋哲也・外岡尚美・正木恒夫・阪元留美訳、法政大学出版局〕

——.〔ホミ・K・バーバ『ナラティヴの権利——戸惑いの生へ向けて』磯前順一、ダニエル・ガリモア訳、みすず書房〕〔日本語版オリジナル〕

Bellow, Saul. *Dangling Man.* 1944. London: Penguin, 1996.〔ソール・ベロー『宙ぶらりんの男』井内雄四郎訳、太陽社〕

Bellow, Saul. *Henderson the Rain King.* 1959. London: Penguin, 1996.〔ソール・ベロー『雨の王ヘンダソン』佐伯彰一訳、中公文庫〕

Erdrich, Louise. *Love Medicine.* 1984. New York: HarperPerennial, 2009.〔ルイーズ・アードリック『ラブ・メディシン』望月佳重子訳、筑摩書房〕

Foucault, Michel. *Discipline and Punish: The Birth of the Prison.* Trans. Alan Sheridan. 1977. New York: Vintage, 1995.〔ミシ

エル・フーコー『監獄の誕生』田村俶訳、新潮社〕
Greenblatt, Stephen. *Marvelous Possessions: The Wonder of the New World*. 1988. Chicago: U of Chicago P, 1992.〔S・グリーンブラット『驚異と占有　新世界の驚き』荒木正純訳、みすず書房〕
Hulme, Peter. *Colonial Encounters: Europe and the Native Caribbean, 1492–1797*. New York: Viking, 1986.〔ピーター・ヒューム『征服の修辞学　ヨーロッパとカリブ海先住民、一四九二年―一七九七年』岩尾龍太郎・正木恒夫・本橋哲也訳、法政大学出版局〕
Jameson, Fredrick. *The Political Unconscious*. 1981. London: Routledge, 2002.〔フレドリック・ジェイムソン『政治的無意識　社会的象徴行為としての物語』大橋洋一・木村茂雄・太田耕人訳、平凡社ライブラリー〕
Malamud, Bernard. *The Assistant*. 1957. New York: Avon, 1991.〔バーナード・マラマッド『アシスタント』加島祥三訳、新潮文庫〕
Martinez, Ruben. *Crossing Over: A Mexican Family on the Migrant Trail*. New York: Picador, 2001.
——. *The New Americans: Seven Families Journey to Another Country*. New York: New Press, 2004.
——. *The Other Side: Notes from the New L.A., Mexico City, and Beyond*. 1992. New York: Vintage, 1993.〔ルベン・マルティネス『すべてのリズムで踊れ　LAラティーノの鳴動』柳下毅一郎訳、白水社〕
Roth, Philip. *Goodbye, Columbus: And Five Short Stories*. 1959. London: Penguin, 1999.〔フィリップ・ロス『さようならコロンバス』佐伯彰一訳、集英社文庫〕
——. *The Counterlife*. 1986. New York: Vintage, 2005.〔フィリップ・ロス『背信の日々』宮本陽吉訳、集英社〕
Said, Edward W. *Orientalism*. 1978. London: Penguin, 2003.〔エドワード・W・サイード『オリエンタリズム』全二巻、今沢紀子訳、平凡社ライブラリー〕
——. *The World, the Text, and the Critic*. 1983. Cambridge, MA: Harvard UP, 1984.〔エドワード・W・サイード『世界・テキスト・批評家』山形和美訳、法政大学出版局〕
——. *Culture and Imperialism*. 1993. New York: Vintage, 1994.〔エドワード・W・サイード『文化と帝国主義』全二巻、大橋洋一訳、みすず書房〕
Silko, Leslie Marmon. *Ceremony*. 1977. London: Penguin, 2006. レスリー・M・シルコウ『儀式』荒このみ訳、講談社文芸文庫〕
Todorov, Tzvetan. *The Conquest of America: The Question of the Other*. 1987. New York: HarperPerennial, 1996.〔ツヴェタ

ン・トドロフ『他者の記号学 アメリカ大陸の征服』及川馥・大谷尚文・菊地良夫訳、法政大学出版局〕
Vizenor, Gerald. *Fugitive Poses: Native American Indian Scenes of Absence and Presence.* Lincoln, NB: U of Nebraska P, 1998.
〔ジェラルド・ヴィゼナー『逃亡者のふり ネイティヴ・アメリカンの存在と不在の光景』大島由起子訳、開文社出版〕
Yezierska, Anzia. *The Open Cage: An Anzia Yezierska Collection.* New York: Persea Books, 1994.
Zangwill, Israel. *The Melting-Pot: A Drama in Four Acts.* 1908. North Stratford, NH: Ayer, 1994.
今福龍太『クレオール主義』一九九一年、ちくま学芸文庫、二〇〇三年
『越境する世界文学』河出書房新社、一九九二年
小林憲二『アメリカ文化のいま 人種・ジェンダー・階級』ミネルヴァ書房、一九九五年
示村陽一『異文化社会アメリカ〔改訂版〕』研究社、二〇〇六年
正木恒夫『植民地幻想 イギリス文学と非ヨーロッパ』みすず書房、一九九五年
渡辺信二（編訳）『アメリカ名詩選――アメリカ先住民からホイットマンへ』本の友社、一九九七年
【映画】
Allen, Woody. *Radio Days.* 1987.〔ウッディ・アレン監督『ラジオ・デイズ』〕
Malle, Louis. *Alamo Bay.* 1985.〔ルイ・マル監督『アラモベイ』〕
——. *And the Pursuit of Happiness.* 1986.〔ルイ・マル監督『しあわせを求めて』〕
Peerce, Larry. *Goodbye, Columbus.* 1969.〔ラリー・ピアース監督『さようならコロンバス』〕

第3章

アフリカ系アメリカ人——「他者の声は歌わない」

新たな黒人の歴史

公民権運動などの結果、奴隷文化を研究しているアフリカ系アメリカ人と白人の歴史家たちは、奴隷制度による存在否定、残虐行為、束縛が、アイデンティティと文化意識を維持しようとする、奴隷社会における不屈の要求を打ち壊すことはなかったと主張し、歴史の公式見解に疑問を投げかけ始めた。一例を挙げるなら、ジョン・ブラッシンゲイム（John W. Blassingame）は、歌、物語、ダンス、宗教などのさまざまな文化形態により、いかにして奴隷の創造的エネルギーが厳しい束縛に粉砕されることがなかったか、またこれらの手段をとおして、奴隷が自分自身を客観的にとらえ、希望と忍耐を生みだすことができたかを明らかにしている。ブラッシンゲイムは、これらの主張のもつ論争を誘発する特質をほのめかしている。しかし、そのような奴隷の表現が集団としての一体感を促し、その結果、奴隷たちは自分たちのアイディアや価値にたいして白人文化の視座のみに依存していたのではないと彼がのちに述べるとき、彼の論点はさらに明確になる。

主人の文化的支配の外にある活力に満ちた表現経路を辿ることにより、奴隷たちは独自の芸術形態と固有の声を創造することができたと主張し、ローレンス・レバインはこれらの議論を発展させる。奴隷制度とその文化に関するこうした新しい歴史書の中で、声を保持することと言葉の重要性は繰り返し述べられている。新たな歴史は、歌や物語といった表現法が伝える重要な抵抗の流れを示す。これらをとおして、アフリカ人のコミュニティは、束縛され恐怖が間近に存在する奴隷制度の外の世界で自分たちの立場を理解し発言することができたからである。これらの口承芸術の中で過去は死んでおらず、歌手や語り手のパフォーマンスの中では紛れもなく存在する現実であった。アメリカのアフリカ人として、彼らは自分たちが入手できる代替、つまり彼らのアフリカの伝統と新しい宗教の融合から彼ら自身が創りだした代替を手に入れた。ここで大切なのは、「彼ら自身が創りだした」という部分である。その部分はこれらの創造的行為と結びつく自己認識の本質を強調しているからだ。定義は定義される者ではなく定義する者に属するつねなる否定の世界では、そうした創造的行為よって自己主張がなされるのである。

キング牧師が一九五四年に最初に着任した、アラバマ州モンゴメリーのデクスター・バプテスト教会。翌五五年には、バスの席を白人に譲らなかったローザ・パークスの逮捕を契機に、キング牧師はバス・ボイコットを指導し、非暴力闘争を展開していく。

レバインの考える融合は、支配的文化の表現と対話を始めようとする声の力によって、奴隷としてなお有効な人生肯定の価値を維持したアフリカ系アメリカ人にとっての新たなアイデンティティを確立する。黒人と白人の文化が調和する接点をみつけることのできる融合へと向かう歴史のパターンを、レバインはこれら初期の例に明確に認めている。この点でレバインの歴史は、公民権運動におけるマーティン・ルーサー・キング（Martin Luther King, Jr.）のスタンスと結びつく、アフリカ系アメリカ人にたいする一連の特定な議論、解釈と一致している。レバインの提唱するリベラルな姿勢には、深い影響を受けるがそれにたいして黒人社会が完璧に屈服してしまうことのない、より大きな社会と相互に作用する、明確で正当な黒人の文化と意識がある。

すべての奴隷制度の中で、主人の文化にたいする反抗と不服従はすべてに優先する概念であり、集団内部における儀式、歌、物語をとおして先祖の過去を保持する奴隷たちの能力とつねに結びついていた。最近の研究は、主人が異国情緒のあるものとして奴隷の余興を奨励する、奴隷と主人とのあいだのより複雑で曖昧な関係を示唆しているが、奴隷たちはこれを、コミュニティと先祖が信じていたものを維持するための手段として用いていた。この文化の伝達はふたつの短い小説において見事に表現されている。ラルフ・エリスン（Ralph Ellison）の『見えない人間』（*Invisible Man* 一九五二年）でブラザー・タープは、「ここには山ほどの大切な意味がこめられており、われわれが実際に戦ってきた相手をお前が記憶するのに役立つのだ」と語り、奴隷の足をつなぐ鎖の輪を譲りわたす。客体であった者が歴史と記憶を声に出し、闘争の一部としての重要な物語を語っている。二番目に、アリス・ウォーカー（Alice Walker）の『メリディアン』（*Meridian* 一九七六年）の中で、語り部ルービニーの物語は、記憶内容を伝えることの重要性と、そのことが「自分たちの」歴史の書き替えを怖れる白人社会に引き起こす恐怖を思いださせるものとして用いられている。彼女の舌は物語を語ったことにたいする罰として「根元から切り取られ」、かくして沈黙と服従がふたたび押しつけられるのである。

レバインは、つねに警戒を怠らない監視員の目があるにもかかわらず、奴隷たちが語り伝える儀式を継続した方法について述べ、恐怖に満ちたパラドクスのふたつの面をとらえる。彼は、奴隷たちがどのようにして自分たちの叫び声や歌声、儀式の音を外に漏らさないように抑えていたかについて述べている。たとえば、彼らはみつからないように、自分たちの声を消してくれる大きなやかんの中に向かって歌っていたのである。彼らは自分たちの欲したすべてを叫び歌うことができ、そしてその音は外へ漏れることはなかった、と彼は解説している。パラドクスは、自己を表現したいと奴隷たちは願望するが、同時にプランテーション外の世界との純粋な公の接点へ出ていくことができないところにあった。このことは、黒人の声と表現を求める戦いの大切な一面を要約している。いかにして創造的精神と正当な黒人の歴史の主張が、白人である主人の文化のより優勢で力強い声の存在によって抑えつけられることなく広がっていくことができたのであろうか。

これにたいするひとつの答えは、公の領域において力をつけつつあるアフリカ系アメリカ人の存在であった。とりわけ彼らは公民権運動のあいだに、自分たちの声を外に出し、確立した公認の文化と直接絡みあおうとした。実際に、新たな黒人の歴史執筆そのものが、奴隷の証言や物語の使用における公民権以降の自信の証《あかし》となり、抹消しようとする奴隷システムの残酷な試みにもかかわらず、アイデンティティ保持の欲求と抵抗のパターンを示している。とりわけひとつの奴隷体験記が、アフリカ人のことを声に出して語り、西洋文学の中に存在させる必要性を例証するのに役立っている。それはフレデリック・ダグラス（Frederick Douglass）の物語である。声を押し殺すレバインの話とは異なり、ダグラスは外の世界にその恐怖を語るために、奴隷制度により押しつけられた沈黙を脱する方法をみいださなければならなかった。この点で、ダグラスの物語は多くのアフリカ系アメリカ人の文学形態にとって一種の原型となっている。『フレデリック・ダグラスの生涯と時代』（*The Narrative of the Life of Frederick Douglass, An American Slave* 一八四五年）は、解放を言語を使いこなす力と自己主張に結びつけることによって、奴隷制度からの旅路を辿っている。ダグラスにとって解放の過程は、社会の中で自己を表現し定義する能力と密接に関わっている。たとえばこの物語の冒頭部分を考察してみよう。

私は自分の年齢に関する正確な知識をもっていない。それを記したたしかな記録を目にしたことがないのだ。奴隷たちは馬と同様に自分たちの年齢をほとんど知らず、そして奴隷たちをこのように無知にしておくことが、大半の主人たちの願いなのだ。

奴隷制度のもとダグラスの境遇のなにを、このことは暗示しているのであろうか。次の数行で彼は、「話すことができなかった、強奪され許されなかった、なにも知らなかった、私には知る手段があたえられなかった」という否定の言葉をつづけ、この問いかけに答えている。情報の欠如に抑圧され、基本的な人間としてのアイデンティティが奪われることによって、彼は馬以下のレベルにまでおとしめられる。彼は直近の歴史を否定されるが、自己主張の源として、発言する手段をみつけることの重要性を認識する。[*1] ダグラスが最初に心を動かされるのは歌によってである。

私の乏しい理解力をはるかに超える悲しい身の上話が語られた。ひどい苦悩で煮え立つ魂の不満が囁くように語られた。奴隷の歌は心の悲しみを表現し、痛む心が涙によって癒されるときのように、奴隷は歌によって救われるのだ。

のちにアフリカ系アメリカ人の知識人W・E・B・デュボイス（W. E. B. Du Bois）も、「悲しみの歌」によって心を動かされたと書いている。それらの歌は、霧の中隠された道をさまようことで辿りつく、真実の世界にたいする暗黙の憧憬である過去の声と、不思議な精神的遺産に満ちあふれていたからである。一九〇三年の著述でデュボイスはニグロを、自己の存在を意識することなく、来生の啓示をとおしてのみ自分自身に目を向けることを許す世界の一部として認めている。これがデュボイスの有名な、アフリカ系アメリカ人の「二重意識」の定義となった。すなわち彼らは、つねに他者の目をとおして世界をみており、面白がって軽蔑し憐れみながら傍観する世界の巻き尺でみずからの魂を測っているのである。デュボイスは、アメリカ人でありニグロであるという二重性、すなわちふたつの魂、ふたつの思考、不屈の体力のみがばらばらに裂かれることを防ぐ、黒い肉体の中のふたつの相容れない観念について書き表した。

奴隷の歌に促されダグラスが、のちにはデュボイスが、規定された主人の文化の世界に抵抗する叫び声を感知した。主人の文化の世界とは、拒絶、強いられた公共の場での沈黙、残酷な懲戒システムをもつ、アフリカ系アメリカ人にたいしてあたかも成文化されていたような、予《あらかじ》め設定された世界を意味する。ダグラスが書いているように、

「たとえどんなに不公正であっても、奴隷は一言も不満を口にしてはならなかった。主人が喋るとき、奴隷は立ちあがり、耳を傾け、震えていなければならなかった」。

もうひとつの奴隷体験記である『奴隷少女の人生の出来事』(*Incidents in the Life of a Slave Girl* 一八六一年)で、女性奴隷であった著者、ハリエット・ジェイコブズ(Harriet Jacobs)は、発言と行動にたいする主人の管理を明らかにするために、次のようにほぼ同じ言葉を用いている。「私は、彼が私に向かって話すのにふさわしいと考える言葉を聞き我慢しなければならなかった」。ダグラスは、声に出された物語を押し殺すというレバインの言葉を反復するかのように、これらの境界線によって範囲を定められた奴隷にとって、ひとつの処世訓「沈黙は金(黙した舌は賢明な頭を作る)」が導きだされたと書いている。奴隷たちは、語った結果を受け入れるより真実を抑えて、その過程において自分たちが人類の一員であることを証明する。あたかも人類と結びつく唯一の方法が、発言と表現を控えて、口答えの存在しないシステムの中で生活の条件を指図する主人の指導にしたがうことであったかのように。ダグラスは自由と表現の関係を、「彼がもっとも怖れたことは、私がもっとも望んだことであった」と明確に述べる。知識をもち、読み、書き、自己表現することは、主人の引いた境界線から外へ出て、主人が奴隷のために確立し支配する、指図され限定された世界から離れることであった。実際に、アフリカ系アメリカ人にたいして豊かで複雑な人間の曖昧性を否定し、過度に単純化された道化、けだもの、天使のイメージをあたえることを好んだシステムにとっては、いかなる口

デュボイスは一八九五年に、アフリカ系アメリカ人として初めてハーバード大学から博士号を授与された。一九〇五年にはナイアガラ・フォールズで会議を開き、人種差別撤廃運動を推進していく。(木島始他訳『黒人のたましい』岩波文庫、より)

答えでも大きな打撃であった。デュボイスは知識と表現への旅路を、健全な文化の発展にとっては不可欠なものであると考えた。

苦闘している暗い森の中で、自分の魂が目前に浮かびあがり、彼はベールをとおしてぼんやりと自分自身をみた。それでも彼は自分自身の中に、自分の力と使命のかすかな啓示をみた。彼はこの世で自分の場所を得るためには、他者ではなく自分自身にならなくてはいけないのだ、とぼんやりと感じ始めた。初めて、自分の背負っている重荷を分析しようとしたのである。

デュボイスのいう見透かさなければならない「ベール」は貴重なイメージである。歴史を規定し、考えや感情を表現する機会を否定することによって、つねに黒人が何者であり、何者になりえるのかを決定しようとする世界の中で、自己を主張することの困難さをベールが暗示しているからだ。のちにジェイムズ・ボールドウィン（James Baldwin）は、「お前の人生の細部や表象は、お前に関して白人がいうことを信じさせるために意図的に作られてきた。どうか、言葉の背後にある実体にたいして心を開くようにしてくれ」と書いた。

発話、歌、のちには著述による表現が抵抗の手段であり、公の、歴史上の自己を創造する行為であり、それらの力のおかげで制限から記述へ、道化じみた描写と過度の単純化から曖昧で複雑な人間へと、アフリカ系アメリカ人が急速に移行できたのだ。黒人の生活を取り囲む沈黙と不可視の壁を打ち破る必要性をあつかった小説『見えない人間』を書いたラルフ・エリスンは、独特の鋭い意識でこうした考え方を表明した。

歴史は人の生活パターンを記録するのだから、すべてのこと、すなわち重要なことはすべて正しく記録されているらしい。しかし、実際のところかならずしもそうではない。書き記されるのは、知られているもの、見えるもの、聞こえるもの、記録者が重要だとみなすものだけであり、それらは管理する者が自分たちの権力を維持するための嘘であるからだ。

ダグラスやジェイコブズの奴隷物語は、自己の変質に関するものである。誰か他の者の支配と権威の対象であることから、みずからの主体となることだ。ベル・フックス（bell hooks）がマイケル・クリフ（Michaelle Cliff）を引用して述べているように、黒人の体験を所有し、定義し、制限し、黒人にアメリカ国内での十分な機会を否定しつづける者たちにたいして自己主張をすることは、あらゆる障害を克服しなければならない困難な仕事である。

想像力による文化の回復

アフリカ系アメリカ人の表現は、白人の伝統的な歴史本の中ではスペースをあたえられていない黒人体験の脈絡を構成する個人的・文化的歴史を語ることによって、自己を主張する手段を提供している。マルコムX（Malcolm X）が『マルコムX自伝』（*The Autobiography of Malcolm X* 一九六五年）の中で書いているように、学校の授業では、ニグロに関する歴史のセクションはちょうど一段落分しかなく、いかに奴隷たちが怠け者で頭の鈍い意気地なしであったかが語られるだけであった。優勢な文化による言葉の支配に代わって、アフリカ系アメリカ人の文化は、政治的、社会的主張の手段として自分たちの歴史を再建しようと呼びかけ始めた。そしてそれには、マルコムXが知っていた白人版ではなく、自分自身の物語を語り、自分自身の考えを表すさまざまな手法が用いられた。ある者がいうように、「お前たち白人に子どもを教えるための本や学校があるのなら、われわれは物語を語る。物語がわれわれの書物なのだ」からである。記憶を用いることがこの過程の中心となる。記憶には白人の歴史見解から除外され、侮辱され、抹消された物語が含まれていたからである。アフリカの神話、フォークロア、奴隷制度と自由に関するコミュニティの物語、これらは以前からつねにそうであったように、黒人社会の中でのコミュニケーションの代替ルートをとおしての口頭伝承が可能であった。主流である支配的文化の本やマスメディアがこれらの物語にスペースを割くことを拒むのであるなら、そのときは、黒人の暮らしの連続性を表す他の方法をみつけなければならなかった。

ジュリー・ダッシュ（Julie Dash）の『埃《ほこり》にまみれた娘たち』（*Daughters of the Dust* 一九九一年）は、二十世紀への変わり目のサウス・キャロライナの島に舞台を設定し、祖先のアフリカとの結びつきを維持しながらも、新たなる圧力や要求により「本土」の世界に引きこまれつつある、奴隷子孫ガラ[★1]の家族をあつかった映画である。映画は物語を語ること、ひとつの文化的拠り所として民族の記憶を伝えることの大切さを訴える。縫うように進行し急に転換する物語でもって、家族の歴史を物語る話し手であるグリオの役割に、ダッシュは関心を寄せる。[*2]このようにして、彼女はテクストにおける過去・未来・現在からの多くの声により映画を組み立てていく。彼女たちにより自分は目覚め、彼女たちの技法がみずからの映画製作に転移されていると語り、インスピレーションをあたえてくれた者として敬意を払う、アリス・ウォーカーとトニ・モリスンの作品にダッシュは共鳴している。映画のキーポイントで、闘争の意義、過去と伝統を喪失する恐怖が回想と物語により強調される。曾祖母のナナは去りゆくエリ・ペザントに、「死者たちとの接触を保つのは生きている者の務めだ。年長者、家族、ご先祖様を敬うのだ。エリ、ご先祖様を訪ねて導いてもらえ。われわれが何者であり、いかにしてこんなに遠くまで来たかを忘れるのではないぞ」と語る。白人文化によって押しつけられたものではない歴史と信念の枠組みがあたえられるのだから、自分たちの過去との結びつきを保ち、過去の知恵を記憶にとどめるのは各世代の義務である。「ひとつの時代と回想があり、誰かが覚えているものがあり、われわれは内部にこれらの記憶をもっている。お前の大きな夢といっしょにもっていくものをあげようとしているんだよ」。ダッシュの映画は、アフリカ系アメリカ人がアメリカでの自分たちの境遇と力を考慮するように、回復の過程をドラマチックに描く。忘れられた過去を思いだし、文化的イコンとコードを認識、再評価し、自己を再確認するという三つの過程を経るようにとわれわれを促す。

それゆえダッシュは、黒人の文化と表現を求めて、埋もれた歴史の計りしれぬほど貴重な側面を再生してきた先人たちの仕事を継続し更新する。ダッシュの映画と同様に、トニ・モリスンの小説は、主たる教育の中で記録されることも教えられることもなかった歴史の証人となり、伝統的情報源ではしばしば無視される物語を語ることで、アフリカ系アメリカ人を啓蒙することを目的としている。デュボイスの言葉を繰り返し、モリスンは「おそろしすぎて語ることのできない行為にたいして引かれたベールを引き裂く」ことを切望する。奴隷の物語が残した空白を埋め、彼ら抜きで進行していった話の中にアフリカ系アメリカ人をふたたび位置づけるために、彼女は自分の耳にした物語の足りない部分を満たすことを望んだ。彼女は世界の再構成について、すなわち書かれることがなかった内面生活の探求について書く。モリスンの小説は、彼らの歴史を再調査することにより、アメリカにいるアフリカ系アメリカ人を新たな場所に移そうとする。『青い目がほしい』（*The Bluest Eyes* 一九七〇年）の中で、彼女は以下のように書いている。

階級と社会的身分の両方において少数民族であるため、われわれは世間の周縁を動き回っていた。弱点を強化し、衣類の大きなひだにしがみつくか、独力でそこまで登っていこうともがいていたのだ。しかし、自分は取るに足らない存在なのだということこそが、われわれが取り組むことを学んだなにかだった。

『青い目がほしい』のこの部分のように、モリスンはアフリカ系アメリカ人の歴史を語る再建過程をとおして、黒人と白人の両方の読者が若い黒人たちの機会に課せられた制限に気づくように、周縁へ押しやろうとする力と戦う。

彼女たちは政府の土地供与により設立された大学や通常の学校へかよい、白人男性のための仕事を上品に学ぶ。白人の食事を料理するために家政学を、黒人の子どもたちに服従を教える教師になるための教育を、疲れた主人をなぐさめ、彼の鈍った魂を楽しませるために音楽を学ぶのだ。ここで彼女たちはどのように振る舞えばよいのかを学ぶ。要するにファンキー〔黒人風〕であることをいかにしてやめるのかを。恐ろしい情熱のファンキー、本能的なファンキー、幅広い人間の感情におけるファンキーを除去する方法を学ぶのである。

ジェイコブズとダグラスを連想させるこの一節は、ファンキーであることを、はけ口をみつけなければならない一種の自己表現としてとらえる。モリスンがファンクの噴出と呼ぶものは、主人の物語の後ろでベールに覆われていることを拒む、アフリカ系アメリカ人の人生の物語なのである。実際に、これが小説『ビラヴド』(*Beloved* 一九八七年)の前提となっており、そこでは、彼らの過去の暮らしと人種の歴史に関する一定の認識に他の者たちがいたるように、過去が家族の幽霊のかたちをとり、現在へ戻ってくる。

子どもたちに伝えていくのは女性なのだから、女性のコミュニティがこの新たな歴史展望の中心となる。同名のモリスンの小説の中で、幽霊ビラヴドはそのような家庭のひとつに入りこみ、そこの女性グループに、自分たちの暮らしの覆いを取り去り、自分たちの暮らしについて議論させる。この抵抗する記憶の力は、セスとデンヴァーの生活の中へ波のように押し寄せ、プランテーションの監視員である先生の抑圧的、支配的権力に対抗する力をあたえてくれる。彼は文字どおり帳簿に記録することにより奴隷たちの存在を書き留める。奴隷たちの特徴を「動物」と「人間」に分類し、社会的支配の手段として人間性の剥奪をもくろみ、彼らの身体を擬似科学的方法により測定する。自分だけの物語をノートに記入し、他のすべての物語を除外する主人がじっとみつめる状況で、セスは主人の言葉で封じこまれる。「先生はニグロからのアドバイスを受け入れず、最初はショットガンによって、次に彼の思想によってセスを押さえつける。彼は黒人たちが提供する情報を生意気な口答えと呼び、彼らを再教育するためさまざまな訂正を展開していく（そして彼はそれらをノートに記録した）」。先生により記録されたものは、黒人コミュニティが利用することのできる「ファンキー」や「ホームプレイス」のような表現により反抗していかなければならない、黒人の歴史唯一の権威ある物語を暗示している。先生の属する主人の文化に抵抗するのは、「声」と「口答え」なのである。小説の中で「口答え」が再構築された歴史として姿を現すのは、デンヴァーが最初は聞くのをいやがる、彼女の母親、祖母、ポール・D、そしてビラヴドからの物語をとおしてである。これらをとおしてのみ、デンヴァーは社会へと放たれ、さらに彼女の心を癒《いや》すのを助けてくれる黒人コミュニティとふたたび連動できるようになる。祖母のベビー・サッグスが以前彼女に、「知るのだ、そして庭から出ていけ。前進していくのだ」と教えるように、記憶に残すことは未来へ前進する方法であると小説はほのめかす。過去の恐怖の中にとどまるのではなく、自分が誰であるかを知り、より大きな確信をもって前進できるように、彼女は祖先の声を聞かなければならない。庇護《ひご》されたセスの娘という状態から、小説における彼女の最終的な地位にいたるデンヴァーの成長は、ポール・Dが以下のようにいうとき明らかになる。

「さあ、おれの意見を聞きたいのだったら――」
「いらない」。彼女はいった。「自分の意見をもっているから」

「成長したんだな」と彼はいった。

独自の考えと意見をもっているとの主張は、デンヴァーが実際に成長したことを証明する。子どもからの成長だけでなく、小説の最後でビラヴドの幽霊を追い払うために結束するコミュニティ、女性たちの声として述べられるコミュニティの中で、自己に関する新たな知識を得るまでに成長する。

デンヴァーの成長過程は小説の最後で言葉により繰り返される。「彼女は言葉を集め、まったく正しい順序で私に返してくる」。彼女の成長は、視界から避けられ隠されるのではなく、語られ公開の場へもちだされる個々の事項により成されたからである。いくつかの歴史、記憶、知識から、デンヴァーは先生の物語にも、ポール・Dの物語にさえも頼らず、明日を生きるために、彼女の家族の過去から生まれた自己を再構築していく。デンヴァーが庭から出ていくのは無知からではなく知識に基づく未来への第一歩であり、抵抗、自己とコミュニティ再建の積極的なジェスチャーとして、未知のスペースを埋めようとする自発的行動なのである。

鎖の輪——音楽と言葉

もし現代小説が、公共分野におけるアフリカ系アメリカ人の自己認識過程と高まる自信において、ある一定の役割を果たすことができるのであれば、小説以上ではないにせよ、同様に重要なのは音楽の役割である。歌が奴隷たちのアフリカ文化保存に重要な役割を果たし、音楽の形態が発展していくのにしたがい、他の多くのものと同様に伝統が継承されたことをわれわれはすでにみてきた。白人の権力に挑んでいく音楽と言葉の潜在能力は、イシュマエル・リード（Ishmael Reed）の『マンボ・ジャンボ』（*Mumbo Jumbo* 一九七二年）の次の部分に描かれている。

息子よ、ニガーたちは書いているのだ。われわれの神聖な言葉を汚して。われわれから言葉を盗み、ブーギウギーの鉄床《かなとこ》で叩き、磨かれた魔除けみたいに輝かすためにそれらの上に黒い手をのせる。息子よ、汚らわしいニガーがわれわれの言葉をとって使っているのだぞ。

白人のものとしか考えられていなかった言葉を獲得し使用する、そして実際に言葉は力と権威をもって使うことができるのだと証明することは、既成の体制にとって脅威であった。長いあいだ、音楽は黒人コミュニティ内部でかくも力強い表現の源であった。

このことは、力強い個性と集団のあいだで、ジャズ・ミュージシャンが微妙なバランスを保っているのをラルフ・エリスンが描写した次の部分にみることができる。

彼らは音楽の伝統により、肯定的な生活様式を示す望みを目標としてもっていた。そしてこの伝統は、おのおののアーティストがその枠内で自分の創造性を達成するように主張する。彼は過去の最良のものを身につけ、それに自分の個人的見解を加えていかなければならないのだ。

エリスンにとってジャズは、個人として、集合体のメンバーとして、伝統の鎖の輪としてのアイデンティティを定義するものであった。なぜならジャズは、彼らのエネルギーに反応する他者と協力しながら、自己の豊かな創造的表現を容認するからである。『見えない人間』の中でルイ・アームストロング（Louis Armstrong）のジャズは、聞こえない音を漏らし、おのおののメロディは独立して存在し、他のすべての音からはっきりと際だち、自分の意見を率直に述べ、他の声が語るのを忍耐強く待つ。これらの声は、しばしば隠されたアフリカ系アメリカ人の過去への旅路を切り開く。

黒人霊歌を歌う年老いた女性、自分の裸体を競りあう奴隷所有者の集団の前に立ち、私の母親のような声で嘆願する美しい少女。誰かが叫ぶのが聞こえた。「ブラザーとシスターたちよ、今朝の私の聖句は黒さの暗黒性である」。

ここでエリスンがほのめかしているのは、まったく記録されてこなかった歴史全体を伝え、主流である支配的文化ではほとんど表現されることのなかった感情や考えを、聴衆や演奏者が手に入れる手段をあたえる力が音楽にはあるということなのだ。オーガスト・ウィルソン（August Wilson）の劇『マ・レイニーズ・ブラック・ボトム』（*Ma Rainey's Black Bottom* 一九八五年）は、一九二〇年代の実在のブルース歌手マ・レイニー（Ma Rainey）が述べるかたちで、ブルースをめぐる同様の主張をしている。

白人たちはブルースに関してわかっていない。彼らはブルースの音が出てくるのを聞くが、それがいかにして現在のかたちになったかは知らない。彼らはそれが生命の語り口だということを理解していないのよ。気持ちよくなるために歌うんじゃない。人生を理解する方法だから歌うんだ。ブルースがなければ、ここは空っぽの世界になってしまう。そこをなにかで埋めようとしているのよ。

感情や反応を一般に容認された表現形式へ向けていくのだから、さまざまなかたちの黒人音楽は、人生を語り理解し満たすことに関わってくる。ブルースはコミュニティを結束させ、アメリカにおける黒人の生活の社会的構造についてコメントするひとつの方法であった。他のコミュニケーションの道が利用できないのなら、そのときアフリカ系アメリカ人は抵抗と自己認識の手法として、歌、説教などを用いることを身につけた。

歌、物語、説教のようなアフリカ系アメリカ人の伝統は、公民権運動とそれ以降の政治運動の中で、まさしく感情のはけ口となった。地方の教会によりしばしば指導される集会の重要性が増す中で、表現は政治的過程における重要な要素であった。集会は、参加者が決意と同様に恐怖を、理解と同様に怒りを表現し、計画を立て戦略を系統立てることのできる場でありイベントであった。表現は恐怖と怒りを有効な集団行動へと向ける方法となった。黒人の生活はつねにそうであったように、そのような場合に表現はさまざまな道筋をみいだした。説教し表現すること、運動に関わる物語を伝えること、そして公民権運動の推進に文字どおり関わったフリーダム・ソングなどである。これらの表現は公共活動の新たな言語と呼ばれ、それはマーティン・ルーサー・キングの雄弁術の中にもみいだすことができる。キングは聖書の、民間伝承の、奴隷の物語といった多彩な背景に基づきスピーチを組み立てていき、個々の声のもつ力を主張し、観衆をその場に巻きこむ説得力のあるリズムをもった歌のようなパターンを織りなしていく。キングのスピーチには声の融合、すなわち彼が公然と戦い求めた差別撤廃のための活動を彼の表現法と並行させ、多様な瞬間を調和のとれた全体へとまとめることが強く意識されている。たとえば「アメリカの夢《アメリカン・ドリーム》」のような白人アメリカ人の神話であった概念を黒人のものと同程度に利用し、キングはコミュニティのひとつのセクションの希望を、公民権運動における別のセクションの熱望と結びつけた。エイブラ

ロバート・ジョンソン（Robert Johnson）のCDブック・レットより。一九三〇年代に深南部で活躍したブルース歌手・ギタリスト。悪魔との取引で音楽の才能を得たという伝説をもつ。

ハム・リンカン（Abraham Lincoln）の記念碑の下でおこなわれた彼のもっとも有名なスピーチ、「私には夢がある」（一九六三年）は、リンカンを中心に、「正義が水のように流れ落ちる」という聖書のイザヤとアモスの預言、黒人霊歌「最後に自由が《フリー・アト・ラスト》」を統一した、アメリカの新たな包括的声を創造したものである。

抗議やアフリカ系アメリカ人のコミュニティ内でコミュニケーションをとるために、公開演説や政治集会、行進が必要不可欠な手段であった一九五〇年代と一九六〇年代に、こうした力強い声はきわめて重要なものであった。この新たな自信とキングの眼にみえる働きは、成長過程にあった黒人音楽産業、とりわけ一九六〇年にベリー・ゴーディー（Berry Gordy）により設立されたタムラ・モータウン★2と対比することができる。あからさまに政治的ではないにせよ、黒人企業の成功例と黒人演奏家のあたえる衝撃は、政治において進行中であったゆるやかな変化と共鳴していた。公民権運動と劇的な社会的変化のより広い文脈の中では、マーサ・リーヴズ（Martha Reeves）の歌、「ダンシング・イン・ザ・ストリート」は解放への呼びかけであった。「世界中に大声で呼びかける、新品のビートを迎える準備は整っているかい」と。モータウンがタンバリン、手拍子《クラッピング》、声のかけあい《コール・アンド・レスポンス》、助言的歌詞といったゴスペルの伝統を、より大きな表現の自由と融合したことは、モータウンや他のソウルシンガーが黒人文化を声に出し表現するのに寄与する基盤をあたえた。ジェイムズ・ブラウン（James Brown）が歌ったように、「大声でいうんだ（自分は黒人で、自分は誇りをもっているのだと）」。

他にも政治は言葉のもつ力を発見しつづける。たとえば、服役中にマルコムXは読書から始めスピーチの力へと進んでいき、自己表現と解放のあいだの関係をみいだした。「読書をとおしての知識の発見がそうであったように、刑務所で群衆に向かって話すことは爽快《そうかい》であった」。マルコムXの言葉遣いはキングの声を融合させるスタイルより直接的であり、キングが神学校で学んだ説教のテクニックはなにひとつ用いていなかった。マルコムの声は、大声をあげて抗議することでものごとを達成することができるのだと、彼が早くに学んだ貧民街の貧しさから生まれたものであり、彼はモータウンというよりジェイムズ・ブラウンのように、単刀直入に力強く話しかけるのである。

私はこのアメリカのシステムの犠牲者として語っている。私はアメリカの夢《アメリカン・ドリーム》などまったくみることはない。私が目にするのはアメリカの悪夢《アメリカン・ナイトメア》である。この二二〇〇万人の犠牲者たちは目覚めつつある。彼らの目を開こうとしている。彼らはみているだけであったものについて考え始めているのだ。

語調と単語の選択は明らかに異なったメッセージを示しているが、それでもなおコミュニティ内部でのコミュニケーションの手段として、声のこのうえない重要性を示している。マルコムXにとって声は、人種的幻想の流布《るふ》と月並みな考えや虚言を吹き払うため、ありのままの生の真実を伝達しなければならない。彼は同じスピーチでつづけて、公民権運動の新たな解釈を要求する。すでに自分が所有するものを他者があたえてくれるのを待つのではなく、その中に入っていき、そこに加わることを可能としてくれる「ブラックナショナリズム」にたいする要求である。

奴隷解放が宣言されてから100年目にあたる1963年に、キング牧師は全米各地から首都ワシントンを目指すワシントン大行進を企画した。そのクライマックスで、彼が「私には夢がある」のスピーチをしたのがリンカン記念堂の前である。スピーチ冒頭の「今日われわれの立つこの場所に象徴的な影をおとす偉大なアメリカ人」とはリンカン大統領であり、記念堂には巨大なリンカンの座像がある。

このように自己認識を求める推進力、すなわち「私」を主張することは、政治的過程におけるほんの一段階であった。その過程は「私」を「私たち」に変えることを目指していたからだ。公民権運動で活発に活動したアリス・ウォーカーは、こうした感情を彼女の小説『メリディアン』の中でとらえている。『メリディアン』は白人男性支配の社会で、女性としてアフリカ系アメリカ人として自己認識を求めたメリディアン・ヒルの苦闘を示すだけでなく、より広範な闘争におけるコミュニティの重要性にたいするウォーカーの高まりつつある認識も示している。ウォーカーは、政治的力の基盤を提供する黒人の意識を、コミュニティの中で目覚めさせ継続させる必要性について記したブラックパワーの指導者、ストークリー・カーマイケル（Stokely Carmichael）の言葉を繰り返す。メリディアンが礼拝へ行き、政治的色彩を帯びた説教師が、「意図的にキングを模倣し、自分の声だけではなく、もはや喋ることのできない何百万という人の声を意識して絶やさないようにしている」のを聞く小説の最後の場面で、ウォーカーはこのことを示唆している。ウォーカーは、黒人の歴史が語り直され、豊かな表現の力がグループに権限をあたえることに、伝統のより糸があわさるのをみる。分離ではなく結合に焦点をあて、沈黙を発言へと変え、文化的に公権を奪われた者たちに力を回復させ、黒人の女性作家たちはわかちあうことのできる理想の全体性と持続性を主張する。このわかちあいは、小説の最後におこる群衆の連帯にはっきりと示されている。

あなたの物語、あなたの息子の生と死をわれわれがすでに知っているものの中へ織りこんでいこう。歌や説教へ、「ブラザー・アンド・シスター」の呼びかけへ。教会（メリディアンはそれがバプティスト[★3]やメソジスト[★4]などの教会をたんに意味しているのではなく、連帯の精神、一体感、しかるべき集合を意味していることを知っていた）、音楽、われわれが共有する種類の儀式、これらはわれわれが知っている変化への道なのである。このことを理解すると、彼女の肺をきつく縛っていた糸がはずれ呼吸が自由になるかのように、メリディアンの胸を急な変化が襲った。自分の人生にあたえなければならないと思っていた尊敬の念は、たとえどのような障害に遭遇しても、生き抜きつづけることで生まれるものだということを、彼女はついに理解したからである。そしてこの生き方は彼女自身を超えて周囲の者たちへと伸びていく。実際のところ、アメリカでの年月が彼らを「ひとつの生命」となるように作りあげたからだ。

メリディアンの啓示は、黒人の抵抗のより糸を結びつけ、アメリカ内部で黒人の生活にたいする広く統一された見解の一部として、彼らをまとめる手段として、各世代の体験により変質していった「民族の歌」と彼女が呼ぶ声のもつ力を強調することになる。彼女の政略は、分離を要求したブラックムスリム[★5]の、もしくは公民権運動の語調はリベラルな白人聴衆に順応していると感じていたブラックパワー運動の極端な見解より、むしろマーティン・ルーサー・キングのものに近い。

われわれはアメリカの夢でなく、アメリカの悪夢だけを体験してきた、と激しくアメリカ社会を弾劾するマルコムX。（荒このみ『マルコムX』岩波書店、より）

マルコムXの経歴における後期の段階では、声はブラックナショナリズムとムスリムに長期にわたり結びついていたため、ウォーカーの小説の中に表現されたものときわめて近い立場が生じてくるのがわかる。それは、男女を問わずすべての人々のまとまりと生存に委ねられた新たな普遍性であり、「われわれは自分たちが適当だと思う方法で進んでいくだけであり、公民権ではなくありとあらゆる人権にゴールを定める」、と一九六六年に書き記したブラックパワーの指導者ストークリー・カーマイケルによって言い表されたものと同様の、人権にたいする要求なのである。マルコムXはみずからの目標を、誰が語っても事実であることを語ることであると述べる。「私は誰に同意し誰に反するものであっても正義を支持する。私はまず第一に人間であり、人類全体のためになるのであれば、誰であろうとなんであろうと、私は人間として支持する」。同等の権利をもつのであれば、同等の責任ある関係が存在しなければならないのだから、分離主義[★6]について語られることは少なくなり、人種間の共同責任についてより多く語られるようになる。自叙伝が終わるまでにマルコムXはキングを反復して、アメリカの人権闘争にたいする彼独自の貢献をふまえた観点から自身の希望を表明している。

ときおり私はずうずうしくも自分だけに夢を語ることがある。私の声、すなわち白人のひとりよがりと傲慢さ、自己満足を妨げた私の声が、墓場、おそらく致命的な破滅からアメリカを救うのを助けた、といつか歴史が語る夢をである。

相変わらずマルコムXの語調は、白人文化の叱責という点ではキングよりはるかに直接的で断定的である。しかし、マルコムXの「夢」という言葉の使い方と、権威を伝えるのは声であるという認識は、アメリカがそうならなければならないものへと向かう苦闘の中、ふたつの文化をひとつにまとめる。マルコムXの語調は、白人と黒人のふたつの文化の相互関係をも認め、それらのあいだにはあまりにも多くの結びつきがあるのだから、アイデンティティをひとつはこちらに、もうひとつは向こう側にあり、決してお互いに語りかけることのないふたつの歴史としてとらえることはもはやできなくなったという、スチュアート・ホールの論評を繰り返している。

新たな黒人の声

現代のアメリカ文化で、アフリカ系アメリカ人の暮らしにおける表現は依然として重要であり、そのもっともよい例がヒップホップである。この章で論じた人たちの闘争や運動にもかかわらず、白人が覇権を握る社会の内部で、アフリカ系アメリカ人が自分たちの権利を主張することは絶えず必要であり、いままでに示してきたように、そのひとつの手段が大衆文化の表現である。とりわけラップミュージックは若々しい生き生きとした声を際だたせ、本章をつうじて論じてきた日常的な伝統の中にただちに根をおろしただけでなく、新しい表現様式をも生みだした。以前と同じように、その声は新しいかたちを、すなわち支配的文化に抵抗し、メッセージを伝える異なった語調をみいだした。ラッパーのメリー・メル（Melle Mel）がいっているように、「ラップミュージックは過去を思いださせる意識によりメロディの欠如を補っている。見落とされ、忘れ去られ、他のすべてがだぶつく中で横へ押しやられてきた遺産の中のどこかに結びついている」。

チャック・D（右）と彼が尊敬するというアイス・T。（Chuck D. *Fight the Power.* Dell Publishing. より）

メリー・メルのいうラップミュージックにおける過去を思いださせるものの核心は、長期にわたりアメリカの支配的白人文化により隠され消去されてきた、アフリカ系アメリカ人の歴史にたいする呼び声なのだ。会衆に向かい呼びかける説教師、まさしく壇上のキングやマルコムXのように、ラッパーは体験の物語や黒人生活のリズムに織りなしていく言葉に、聴衆が耳を傾け学ぶように熱

住人の大半が黒人であるブルックリンの街区で、イタリア人経営のピザ屋を舞台に、入り組んだ人種間の対立が描かれる議論を呼ぶ映画、『ドウ・ザ・ライト・シング』の挿入歌として、「ファイト・ザ・パワー」は使われている。(Mark A. Reid. *Spike Lee's Do the Right Thing*. Cambridge UP. より)

心に説く。それは下層社会の人々の新たな告白であり、若い黒人たちに批判の声と共通するコミュニケーション能力をあたえる。ラッパーのチャック・D(Chuck D)はラップを、心と体に燃料を供給するため、ある種の情報ネットワークを人々にあたえるメディアの海賊行為と呼んでいる。ラップは黒人アメリカのテレビ局であり、黒人の生活全般にわたる情報は、他のなにでもっても得ることはできない。

　音が音楽のもつ音波の力の生地の中で混ざりあうように、ボーカルは物語のさまざまな織り糸と、アフリカ系アメリカ人が体験する多様な街の生活から生まれるノイズの断片とを切断して混ぜあわせる。パブリック・エナミー[★7]のチャック・Dはみずからの作品の中でこの効果を、「できるだけ多くの人に警告を発そうとしている。だから私は自分のレコードにノイズを入れるのが好きだ。私はそれらをアメリカの黒人にたいする警報だと考えている」と説明している。会衆に向かって叫んだり、群衆に熱弁をふるったりするのと同様に、ノイズは講演者にとって有益な道具で、コミュニティの物語の教育的伝承とともに機能する。ラップは優勢な公の芸術表現にたいする抵抗力をあたえ、抑圧された者たちの隠された芸術表現を世間に発表し、あまり語られることのない歴史を口にする公共の場を提供してくれる。力無き者たちの演劇に現代の舞台を提供してくれるのである。それゆえパブリック・エナミーの「ファイト・ザ・パワー」のようなラップは、主流たる者の砦を歌詞的にも音楽的にも攻撃する。ほとんどの者にとってヒーローであるエルヴィス・プレスリー（Elvis Presley）は、富と権力において大きな隔たりがあるのに「われわれはみな同じである」と装う文化の中で、彼のことを単純で無知な人種差別主義者だとみなす若い都会の黒人にとっては取るに足らない存在である。ラップは率直性を求める。「われわれに必要なものは認識であり、われわれは無関心でいることはできず」、それゆえそのような権力の基盤に疑問を投げかける。ロサンゼルスのギャングスターラップ界の一部として発展したさらに過激なラップは、ラップの歌詞を検閲する者たちに挑戦するアイス・T（Ice T）の「フリーダム・オブ・スピーチ」（一九九二年）である。「われわれはなんでもいえるべきだ。われわれの肺は叫ぶためのものだ。感じたことをいい、本当のことを大声で叫ぶのだ」。表現はいまなお自由の指標であり、アフリカ系アメリカ人の語りを未来へと押し進めていく音楽のスタイルを作るため、ラップが科学技術《テクノロジー》に乗じて前進させてきた「社会的抵抗の一種の証《あかし》」なのである。ラップは過去へ衰退していくことを拒み、むしろ未来へ向かって語る手法をみいだす。モリスンの文学的考古学と歴史を書き替えようとするもくろみと同様に、ラップは広範にわたる出所から引きだされ新たな生命の宿る混成物にまとめられたより糸の集積、すなわち大量の記録の収集と保管に従事する。科学技術《テクノロジー》と興行的手腕《ショーマンシップ》を駆使しているにもかかわらず、最終的にラップは、意識をとらえる声であり、音により魂の力が混ざりあうことを求めて、文化の均質性に異議を唱える声なのである。

結論

記憶を呼び起こし、導いていくのは君たち若者なのだ。――ラルフ・エリスンマニング・マラブル（Manning Marable）は以下のように記している。

アフリカ系アメリカ人のアイデンティティは人種をはるかに越えている。それはアフリカ系アメリカ人の伝統、儀式、価値、信仰体系であり、われわれの文化、歴史、文学でもある。われわれの人種意識であり、人種差別における抵抗の遺産にたいする誇りなのである。

この集合的に構築されたアイデンティティは、人種差別の経済的、法律的、社会的面での解体と並行して進行する、自由を求める闘争の本質的部分である。なぜならそれは「他者のため」ではなく、「自分自身のために」存在するという意識を強く主張する、人間の尊厳を表現することにより、黒人コミュニティに公的権限をあたえるからである。しかし、多くの批評家が論評しているように、これらの過程は未完である。マラブルが述べるように、「われわれは、アフリカ系アメリカ人の新たな世代に刺激をあたえる、新しいダイナミックな文化的政略を立てる必要がある」。スチュアート・ホールは次のように記している。

文化アイデンティティは「そうである」のと同様に「そうなっていく」問題であり、過去と同程度未来に属している。場所、時、歴史、文化を超越してすでに存在しているものではない。文化アイデンティティはどこかから生まれ歴史をもつ。しかし、歴史的であるすべてのものと同様、つねに変質している。

過去と未来の関係にたいするホールの意識は、アフリカ系アメリカ人の文化アイデンティティを読みとるのに重要である。自発的決定を求める闘争を維持し、それに意味をあたえるのは、マラブルが示唆するように、まさしく時の関連だからである。われわれがアフリカ系アメリカ人の暮らしの中で辿ってきたのは、他者に位置を定められるのではなく、みずから自分を位置づけるための闘争であり、しかもホールがいうように、それはつねに変質しているのだ。

コーネル・ウエストによるある未来の描写は、そこでは差異が取り除かれるのではなく、個人と共同社会のエネルギーの健全な表れとして受け入れられる、差異に関する新たな文化政策を描いたものである。すべての黒人は同じなのだと示唆し均質化しようとする推進力ではなく、ウエストは黒人の慣習の複雑さや多様性を示し、主流たる文化と強まりつつあるサブカルチャーを連動させるように要求する。そうすることで、アフリカ系アメリカ人は個人の表現、好奇心、特異性を抑えることなく、批判する感覚と個人の責任能力を養っていくのである。ウエストの見解は、感情移入と共感の新たな言語にたいして古い枠組みを再生利用し、以前と変わらない選ばれた人たちやその声の向こう側に目を向けることである。

おそらく、「声」を追求すること、アメリカ内部において独自の声をみいだそうとするアフリカ系アメリカ人コミュニティの闘争は、少なくとも公共の場で耳を傾けてもらえる機会をもたらした。このことは『見えない人間』の中で、語り手がなにげなく社会の平等に言及するスピーチをすると、「突然の静寂、不満の音声、敵意ある言葉」が生じる場面を思いださせる。語り手に「いつでも自分の立場を心得ていなければならない」、と瞬時に思いださせる場面なのだ。対照的にアリス・ウォーカーは『メリディアン』の中で選挙人登録のエピソードを描き、「それは役に立たないかもしれない。あるいは、自分の声を使う発端となるのかもしれない。自分の声を使うことに慣れなければならない。単純なことから始めて前進していくのよ」と述べている。一九四〇年代と一九六〇年代のあいだで明らかに事態は変わってきたが、声に出されたアイデンティティを強い過去の意識に根づかせ、いまなお多くの修正が必要な世界の文脈の中でそれを使用するために、前進していこうという要求は不可欠なのである。

キャスリーン・クリントン（Catherine Clinton）が書いているように、「記憶の力は小説（や他の文化形態）からわれわれを引きずりだし、公文書保管所へ入れてくれるに違いない。これが伝えていくべき物語であると記憶にとどめるなら、抹消や沈黙がわれわれを打ち負かすことはないであろう」。

注（＊＝原注、★＝訳注）

＊1　このことは『マルコムX自伝』のなかでも触れられている。

＊2　ジュリー・ダッシュの作品構造は、物語や回想の断片を結びつけ、複雑で多面的な織物《テクスト》に仕立て上げていくという点で、キルト作りを連想させる。この点で彼女は、モリスンやウォーカーのような黒人フェミニストの作品においてきわめて意義深いものである、アフリカ系アメリカ人にとって重要な工芸の伝統に結びつく。特に、ウォーカーの『母の庭をさがして』（*In Search of Our Mother's Gardens* 一九八四年）を参照されたし。

★1　サウス・キャロライナとジョージアの両州、フロリダ州北部の沿岸沖合に浮かぶ島々（シー・アイランド）に奴隷として連れてこられ定住した黒人とその子孫。海により大陸と隔てられている地理的条件により、白人文化の影響を受けることが少なく、彼らの暮らしには、アフリカ大陸の言語、習慣が多く残っているといわれている。ガラは、彼らの使う、アフリカの諸言語とクレオール英語の混ざった特殊な英語の名称でもある。

★2　モータウンはレコード店のオーナーであったベリー・ゴーディにより、自動車産業の中心地デトロイト（俗称モータウン）を本拠地に創設されたレコード会社。黒人の音楽的特性を強調するとともに、アーティストの服装やマナー、振り付けなどにも細心の注意を払うことにより、黒人全般にたいするステレオタイプを払拭し、白人マーケットにも進出していった。シュープリームズやマービン・ゲイなど多くの黒人ミュージシャンを抱えていた。タムラはゴーディの最初のレコード会社名。

★3　洗礼はその意味を理解できるようになってから受けるべきだと考え、幼児洗礼を否定し、全身を水に浸す洗礼式を成人になってからおこなう、プロテスタントの最大教派のひとつ。

★4　個人と社会の道徳観を重視するプロテスタント三大教派のひとつ。イギリス国教会の司祭であったジョン・ウェスレー（John Wesley）に始まり、その死後、一七九一年に国教会から分離独立した。

★5　アメリカ黒人の本来の宗教はイスラム教であると考え、黒人の人種的優越性を強調し、白人から分離した社会を設立しようとした黒人の集団。マルコムXが所属していた「イスラム民族」（Nation of Islam）がその思想を広めた。

★6　この場合は、アメリカ社会に受け入れられるように努力していくのではなく、民族の誇りを持ち、黒人独自の社会・国家を生み出そうとする考え方。

★7　チャック・Dを中心とするニューヨーク市出身のラップグループ。スパイク・リー（Spike Lee）監督の『ドゥ・ザ・ライト・シング』（*Do the Right Thing*）に挿入された「ファイト・ザ・パワー」（"Fight the Power"）を含む一九九〇年のアルバム、『ブラック・プラネット』（*Fear of a Black Planet*）で一躍スターダムに登った。白人中心の社会にたいする妥協のない攻撃的な歌詞とリズムにより、「ラップのブラックパンサー」と呼ばれている。特に、一九九一年のベストセラー・アルバム『黙示録91』（*Apocalypse 91*）では、暴力的な歌詞により世間の物議をかもした。

参考資料リスト

Douglass, Frederick. *The Narrative of the Life of Frederick Douglass, An American Slave*. 1845. New York: Signet. 1997.〔フレデリック・ダグラス『数奇なる奴隷の半生：フレデリック・ダグラス自伝』岡田誠一訳、法政大学出版局〕

Du Bois, W. E. B. *The Souls of Black Folks*. 1965. New York: Vintage, 1990.〔W・E・B・デュボイス『黒人のたましい』木島始他訳、岩波文庫〕

Ellison, Ralph. *Invisible Man*. 1952. New York: Vintage, 1995.〔ラルフ・エリスン『見えない人間』橋本福夫訳、ハヤカワ文庫〕

Jacobs, Harriet. *Incidents in the Life of a Slave Girl*. 1861. New York: Signet. 2000.〔ハリエット・ジェイコブズ『ハリエット・ジェイコブズ自伝』小林憲二訳、明石書店〕

Malcolm X. *The Autobiography of Malcolm X*. 1964. New York: Ballantine Books, 1992.〔マルコムX『マルコムX自伝』浜本武雄訳、河出書房新社〕

Morrison, Toni. *The Bluest Eye*. 1970. New York: Plume, 1994.〔トニ・モリスン『青い眼がほしい』大社淑子訳、ハヤカワ文庫〕

——. *Beloved*. New York: Plume, 1987.〔トニ・モリスン『ビラヴド』全二巻、吉田廸子訳、集英社文庫〕

Parks, Rosa. *Rosa Parks: My Story*. 1992. New York: Puffin, 1999.〔ローザ・パークス『黒人の誇り・人間の誇り：ローザ・パークス自伝』サイマル出版会〕

Reed, Ishmael. *Mumbo Jumbo*. 1972. New York: Scribner's, 1996.〔イシュメール・リード『マンボ・ジャンボ』上岡伸雄訳、国書刊行会〕

Walker, Alice. *In Search of Our Mothers' Gardens*. New York: Harcourt. 1984.〔アリス・ウォーカー『母の庭をさがして』〈アリス・ウォーカー集〉第一巻、荒このみ訳、東京書籍〕
——. *Meridian*. 1976. New York: Pocket Books, 1996.〔アリス・ウォーカー『メリディアン』高橋茅香子訳、筑摩書房〕
加藤恒彦他『世界の黒人文学：アフリカ・カリブ・アメリカ』鷹書房弓プレス、二〇〇〇年
猿谷要『アメリカ黒人解放史』サイマル出版会、一九九四年
バーダマン、ジェームス・M『ロックを生んだアメリカ南部：ルーツミュージックの文化的背景』村田薫訳、NHKブックス、二〇〇六年

【映画】

Lee, Spike. *Do the Right Thing*. 1989.〔スパイク・リー監督『ドゥ・ザ・ライト・シング』〕
——. *Malcolm X*. 1992.〔スパイク・リー監督『マルコムX』〕
Pearce, Richard. *The Long Walk Home*. 1990.〔リチャード・ピアース監督『ロング・ウォーク・ホーム』〕

【CD】

Brown, James. *20 All Time Greatest Hits!* Polydor/Umgd, 1991.〔ジェイムズ・ブラウン『グレイテスト・ヒッツ』ポリドール〕
Public Enemy. *Fear of a Black Planet*. Def Jam/Columbia, 1990.〔パブリック・エナミー『ブラック・プラネット』ソニーレコード〕
Reeves, Martha. *Martha Reeves & The Vandellas Greatest Hits*. Motown Record Company, 1987.

第4章

アメリカ人は神を信じているのだろうか？
——アメリカ人の生活における宗教

アメリカ人の生活を十分に理解するうえで、宗教上の思想とその実践活動が果たす役割はきわめて重要である。アンソニー・ギデンズ（Anthony Giddens）が論じているとおり、宗教とは「人間の経験の中枢部であり、われわれのおかれた環境に関する認識方法や環境への対応の仕方に影響をあたえるもの」である。社会調査によれば、どうやら現代の合衆国においてこのことが相当に反映されているという。たとえば、二〇〇四年ではアメリカ人の九四パーセントが自分は神の存在を信じていると語っており、六三パーセントがなにがしかの教会に所属していて、四四パーセントが毎週教会の礼拝に出席していると語っている。さらに、五九パーセントの人々は、生活の中で宗教が非常に重要な位置にあって、自分たちの抱えている問題に解答をあたえてくれると信じている。二〇〇五年のギャラップ（G. H. Gallup）〔アメリカの統計学者〕の世論調査によれば、アメリカ人の八一パーセントは天国を信じており、七〇パーセントは地獄を信じていることがわかっている。ほとんどのアメリカ人は、自分がどこに向かっているのかをかなりはっきりと確信している――その内の七七パーセントの人々は、天国に行ける可能性は〈十分〉から〈最高〉まであると考えており、地獄行きになりそうだと感じている人はわずか六パーセントにすぎない。ドイツ人の三八パーセントにたいして、イギリス人の四四パーセント、およびイタリア人の五四パーセントが来世を信じていた。また、〔アメリカ人の〕人口の半分が、最低一日に一度はお祈りをすると述べている。対照的に、宗教は好きではない、ないしは無神論者あるいは懐疑論者であるとみずから認めている人は、二〇〇四年ではアメリカ人の一〇パーセントしかいない。また、宗教が生活上さほど重要ではないと感じている人の割合も一五パーセントにすぎなかった。信仰は、経済上の関わり方とも釣りあっていて、一九九〇年代半ばには推定で年間五七〇億ドルもの寄付が宗教活動に寄せられた。「アメリカほどキリスト教が人々の魂にたいして大きな影響力を保持している国は世界のどこにもない」と一八三五年にアレクシス・ド・トクヴィルは記しているが、彼のこうした言葉は同じように現代の合衆国にもあてはまるかもしれない。むろん、今日の情況をより複雑にしているのは、キリスト教に加えて、アメリカの宗教的モザイク画を十九世紀中葉以上に多様化させる他の多数の宗教が入りこんでいる点である。十九世紀後半および二十世紀初頭のユダヤ人の大量移住によって、合衆国はユダヤ教の一大中心地となった。そして二十世紀には、イスラム教や多数の新興宗教集団、その他心霊術を信奉する集団を含む、さまざまな宗教が著しい成長を遂げたのである。そこにさらにまた、アジアやラテン・アメリカからの多様な移住者に刺激を受けた、多数の新たな民族宗教集団が加わるようになったのである。

教会と国家

一方、アメリカ文化において宗教が重要だということが意外であるように思われるのは、合衆国がその歴史的発展の一部として、既成の教会概念を捨て、その代わりに宗教的自由や自由意思の原理に基づく教会組織を選択したためである。合衆国憲法第六条の次の言葉はこの点を明確に述べている。「合衆国政府下にあっては、なんらかの聖務日課や公の儀式に出席する資格として、信仰上の基準が求められることはない」。このことは、憲法修正第一条の中の「議会は一宗教体制を重視したり、それゆえに自由礼拝を禁じたりするような法はいっさい施行しない」という宣言によっても強化されている。トマス・ジェファソン（Thomas Jefferson）にとって、これらの政策は、一八〇二年にバプティスト派にたいして彼が示唆したとおり、相互の衝突を防ぐような「教会と国家のあいだに境界壁を設けるため」のものであった。つまり、政教分離という原理は、宗教に関与しないとするその国家固有のあり方を想定し、国家が宗教上の信条や儀式の特定の形式を推奨することを禁じたのである。この現代世界において、宗教が主要な力として存続してきた社会は、教会が国家のひとつの武器となっているところであるといった議論が、これまでにしばしば提出されている。対照的に、宗教分離は、本来宗教的影響という伝統形式に、一連の抗しがたい挑戦状を叩きつけてきた近代化と手を結ぶようになった。経済成長、技術革新、より広範な教育の普及、さらには新たな形態の大衆文化の発展などが、一般市民にたいする宗教の締めつけを弱め、さらに、いかに良い生活を送るかについての合理的で自己決定に基づく選択を支持して、宗教的信条の方向指示灯が放棄されるような社会の案内役を務めることになるというのである。ところが、合衆国ではヨーロッパ・モデルに基づく既成の宗教を避けるという決断が、近代化と宗教的内面観察の衰退のあいだの非情な関係を明確に実証してくれているというわけではない。宗教と政治の関係に関するその議論の中で、ケネス・ウォルドー（Kenneth Waldo）は、合衆国は「経済成長と宗教的感情の衰退とがうまく手をあわせて進行しているとする通念にたいして、明白な例外となっている」と論じた。

西洋社会の他のどこでも、現代社会の発展は、宗教の衰退の模様の中に反映されてきたが、アメリカにおいてはこうしたことがまったく同じように起こってきたとは思えない。もちろん、教育と宗教の分離の度合いは、形式的な教会員であること以外の方法でも測定することは可能である。教会通いは、かならずしも深い信仰心を示すものではないし、また世論調査の積極的な回答にしても、かなり低いレベルの純粋な宗教的関わりを偽装しているのかもしれない。同時にまた、宗教分離の効果を評価するには、宗教団体が果たしうる有効な社会的役割の度合いを考慮する必要もある。教会の礼拝への出席率がいまなお高いのは、裏を返せば、教会の諸団体の政治的、宗教的な影響力の衰退によるものなのかもしれない。こうした疑問にたいする解答がなにであれ、ロバート・ハンディ（Robert Handy）が簡潔に述べているとおり、合衆国憲法の諸条項には、無所属の人々にまで手を伸ばして加入と支持を得ることができるよう説得するその能力しだいで、教会は次第に完全な自発的組織になっていき、さらには、宗教上の多元主義が著しく増加していくであろうとうたってあるという問題が依然として残っている。「アメリカの人気ある宗教の自由市場」と表現されてきた、説得と競争の原理をこのように強調することが、十八世紀後半以来絶えずアメリカの宗教を特徴づけるようになり、しかも宗教活動を思いとどませるどころか、むしろ奨励することになったように思える。さらには、宗教的自由は、アメリカ人の生活における宗教の重要性についての中立性をかならずしも意味するものではなくなっている。こうした社会的な指標が暗示しているように思えるのだが、たとえそれが国教会のようなものによってなにがしか公的な意味で「確立された」ものになっていなくても、アメリカ文化においては明らかに宗教が中心的な重要性を帯びているのである。この国の標語は、「われらは神を信頼す」であり、連邦議会には、その仕事ぶりを監視し首尾良い結末を祈ってくれる牧師が控えていて、教会の資産は税の免除の権利を主張できるようになっている。さらに、法廷での宣誓には「ゆえに、神よわれらを救いたまえ」という誓約の言葉が含まれてもいる。アメリカの次期大統領が就任演説をおこなう際、慣例的かつ一般的に人々が期待し要求するのは、アメリカに寄せる神の意志についての言及なのである。一九三三年、フランクリン・D・ローズヴェルト（Franklin D. Roosevelt）は、「このように国家を捧げることによって、われわれは慎ましく神の恵みを乞うものである」と宣言した。さらにいわく、「願わくは、われら一人びとりを守りたまえ。来るべき日にわれらを正しく導きたまえ」と。また、一九五七年にドワイト・D・アイゼンハワー（Dwight D. Eisenhower）は、「他のすべてのものの前に、ひとつの統一体としてのわれわれの共同作業の上に、全能なる神の恵みを」と乞い求めた。さらにローマ・カトリック教徒のジョン・F・ケネディ（John F. Kennedy）も、一九六一年に神の恵みとその助けを求めることで演説を締めくくっているが、この地上では神の御業は「実はわれわれ自身がなすべきものでなければならない」ことを承知していた。一九八五年、ロナルド・レーガンは次のように宣言している。

われわれは、みずからが抱えるさまざまな問題やあまたの困難にもかかわらず、昔と同じように、こよなく優しいこの音楽の作り手である神にあわせて声をあげながら、ひとつにまとまるのだ。だから、願わくは、この世界をわれわれの音で――調和と情愛と慈愛に溢れる音で――満たすことができるよう、神がいつまでもわれわれを――神のもとでひとつになった民として、それも神が人間の心の中に据えおかれた自由への夢に身を捧げ、さらにその夢を希望を抱いて待ち受ける世界に受けわたすよう求められた民として、ご自身のそばに留めおかれますように。

一九三九年にアーヴィング・バーリン（Irving Berlin）は「アメリカに神の祝福あれ」（"God Bless America"）、および、いまやほぼ国歌に匹敵する役割を果たすようになった歌「わが故郷《いえ》、すばらしき故郷」（"My Home, Sweet Home"）を書いている。

本章では、まさにこうした社会的背景に対抗して、現代アメリカ社会の中で反響を呼び起こしつづけている宗教のいくつかの様態、聖なるものと俗なるもの、私的なものと公的なもののあいだの的確な区分といった話題に関する論争に、宗教がどのように影響をおよぼしているかについてみていきたい。本論での研究方法は、必然的に取捨選択的で、アメリカ人全体の宗教的実践活動を調査しようというものでは決してない。

むしろここでは、おそらく他の章、特に第一章、第二章で探求したテーマと関連するような方法にしたがって、現代の合衆国における宗教の重要性や、国家としての存在を確立するのに貢献した宗教の役割などに関する継続的な論争に、いくつかの視点を提供してくれそうな議論の領域を選んである。

すべての人々の目がわれわれに注がれるであろう

アメリカの運命には、まさに当初から宗教的宿命という意識が絡みついているが、この意識は十七世紀初頭、

「丘の上の町」として世の注目を集めていたマサチューセッツにたいするジョン・ウィンスロップ（John Winthrop）のヴィジョンにまでさかのぼる（第1章を参照）。ウィンスロップのようなピューリタンたちは、人生が神の御心によって導かれ、民政と宗教上の権威のあいだに密接なつながりが存在するような社会を思い描いていた。「創世記」や「出エジプト記」の中の聖書の先例を利用しながら、彼らは自分たちが「約束の地」を探し求める「神に選ばれた民」であると表現した。また、ウィリアム・ブラッドフォード（William Bradford）は『プリマス植民地史』（*Of Plymouth Plantation* 一八五六年出版）という日誌の中で、ピューリタンの運命の宗教的意味あいを詳細に証言してみせた。苦闘しながら大西洋を横断した最初の入植者たちは、「おぞましく荒涼とした荒野に出くわしたが、そこには野獣や野蛮人がはびこるばかりで、自分たちを歓迎してくれる友もいなければ、温かく迎え入れてくれたり、雨風に打ちひしがれた身体に休息をあたえてくれる宿も、足繁くかよったり、助けを求めたりできるような家もなく、ましてや町などどこにもなかった」。彼らの支えとしてあったのは、「神の精神と恩寵」だけだった。さらに、コットン・マザー（Cotton Mather）は、一七〇二年に初めて刊行された叙事詩的ニューイングランド教会史、『アメリカにおけるキリストのおおいなる御業』（*Magnalia Christi Americana*）の冒頭で、自己の中心的な主題を呈示している。

> 私はキリスト教の奇跡について記しながら、ヨーロッパの堕落から逃れてアメリカの岸辺へと向かうのだ。そして、あの宗教の聖なる著者に支えられながら、真実そのものであられる神が要求する真実を愛する心をもって、神の無限の力や、知恵、優しさ、信仰心などの驚くべき表示を報告していくわけだが、それらによって神の摂理がインディアンの荒野に光明を降り注いできたのだ。

野外の伝道集会（camp meeting）で、神の恩寵と裁きの厳格さを熱心に説く説教師。物質的反映とともに、信仰に基づく生活への関心が希薄になりつつあった風潮に危機感を抱いた教会関係者たちは、各地で信仰復興の啓蒙活動をおこなった。

ピューリタニズムは、十七世紀末までにその力を失い始めてはいたものの、その後のアメリカ文化に、国家にとっての神の目的の重要性という意識を移譲することとなった。宗教的敬虔さが衰退していると多くの植民者が信じるようになった時代、すなわち十七世紀に興った「大覚醒」（"the Great Awakening"）は、選ばれた民の運命を導いていくうえでの神の役割を、新たに再主張する機会を提供した。それはまさに、キリストが地上に新たな王国を築くために再臨し、最後の審判が下される前の千年間そこを支配することになるだろうとする千年至福の重要性を強調するものであった。一七九三年に発行された『千年至福論』（*Treatise on the Millennium*）の著者、福音主義者サミュエル・ホプキンズ（Samuel Hopkins）の言葉をかりると、千年至福とは、「光と知識がおおいに増大するような著しく崇高」な時代ということになるだろう。さらには、真実と調和が過ちと争いに打ち勝つような、普遍的な平和、愛、真心のこもった万人への友情が溢れる時代ともなるだろう。そして、地上には「おおいなる楽しみと幸福と普遍的な喜び」が際だち、「そのときには、世の中のすべての外面的状況も望ましく、豊かなものになるだろう」。こうして宗教的予言が、「慈悲と繁栄と正義に満ちた黄金時代の到来」を記す共和主義的楽観論と混ざりあったのである。また、独立革命は、政治的観点からいえば、合衆国の特別な運命を強化する一方で、教会を政府から解き放ち、理性主義や個人の自由という考え方を奨励することによって、宗教の伝統形式を打開する策としてなにがしかの役割を果たした。一七九〇年代になると、白人成人の正式な教会員数は、人口の一〇パーセントほどまでに落ちこんでしまっていたかもしれない。ところが、十八世紀初頭と同じように、信仰の衰退の懸念が生じると、第二次大覚醒として知られる新たな信仰復興運動の波がつづいて起こってきて、教会員数の規模やアメリカの宗派主義の領域の双方に意味深い衝撃を及ぼした。十九世紀に入ると、海外の評論家たちだけでなくアメリカ人自身も、共和制支持の立場から宗教の自由に傾倒していたにもかかわらず、国の主体性にたいするある種の意識に、幅広い宗教的価値がいかに重要であるかについてしばしば意見を述べるようになった。

「明白な運命」という言葉は、テキサス共和国の併合を支持するためにジョン・L・オサリヴァンが一八四五年に『ユナイティッド・ステイツ・マガジン・アンド・デモクラティック・レヴュー』（七・八月号）誌に発表した記事の中に初登場したものであったが、その後の合衆国の領土拡張政策という侵略を正当化する一種のプロパガンダとして援用されることになった。一八七二年にジョン・ガストによって描かれた「アメリカの進歩」（American Progress）と題するこの絵は、西部開拓にともなう、未開の地の文明化・近代化を寓意的に表現したものとなっている。

　アメリカについて書いたヨーロッパの作家の中でもっとも重要な人物、コント・アレクシス・ド・トクヴィルは一八三五年にその古典的著書『アメリカの民主主義』（*Democracy in America*）の中で、アメリカの西部への進出発展は、それが「まるである種の人間性の洪水のように絶えることなく湧き起こり、神の手によって動かされつづけている」という点において、神意によるものであると記している。ニューヨークの一編集者、ジョン・L・オサリヴァン（John L. O'Sullivan）によって一八四五年[★1]に作られた「明白な運命《マニフェスト・デスティニィ》」という言葉は、これと同様の態度を表明したもので、アメリカの国境線の拡張と勢力の拡充を鼓舞することになった。ヘンリー・F・メイ（Henry F. May）は、十九世紀初頭のこうした態度が福音主義や信仰復興運動といかにうまくかみあって、共和党の宗教と称されてきたもの、すなわち彼の言葉をかりていえば、「進歩的で、愛国的で、プロテスタント中心の」国教を形成することになったかについて論じている。この国教が進歩的というのは、人間は理性と科学を活用することでみずからの立場を向上させる能力を内に秘めているとする十八世紀の啓蒙思想から受け継いだ信念と一体化しているという意味においてであった。同時にそれは、千年至福の到来とこの地上における神の王国の樹立に関して、主流たる福音主義の中に、人々のあいだに蔓延している希望を導きだすことになった。この過程の一部として世界は、アメリカの歴史的運命と、プロテスタント改革、特に救済は信仰によって達成され、すべての信者は聖職者の一員であるとする信念、すなわちメイが神聖なる領域としてだけではなく、世俗的な領域としても機能すると論じた概念とを結ぶようなかたちで、キリスト教と民主主義に改宗するようになるだろう。このようなプロテスタントの世界観は、個々人のため、および国家的な計画の成功のための、私的な道徳の重要性をも強調することとなった。すでに神が現世においてアメリカにある特別な目的をあたえていたということから、こうしたことのすべてはアメリカ内部で達成されるだろうというのである。メイの主張によれば、こうした論説は十九世紀に盛んになり、十九世紀後半から二十世紀初頭にかけてちょっとしたピークを迎え、そしてヘンリー・ウォード・ビーチャー（Henry Ward Beecher）やワシントン・グラッデン（Washington Gradden）のような宗教活動家の領域だけでなく、セオドア・ローズヴェルト（Theodore Roosevelt）、とりわけウッドロウ・ウィルスン（Woodrow Wilson）のような政治的指導者の中にも反映しており、しかもより広範な世界におけるアメリカの役割についてのウィルスンの考え方には、これらの仮定の多くが含まれているのである。ところが、このヴィジョンを毀すことになったのは、第一次世界大戦終結のあとに起こってきた幻滅感であった。一九一九年、アメリカの教会組織は、かつて「十二使徒の時代以降にキリスト教徒たちによって引き継がれた偉大な事業計画」であった強力な十字軍をつうじて、全世界を福音主義のキリスト教に改宗させることを目指す、諸宗派連合国際運動組織（Interchurch World Movement）を立ちあげた。ところが、この運動組織はその目的をどれひとつ達成することなく崩壊し、そしてこのことは、メイにとっては、少なくともアメリカでの宗教的論説における進歩的なプロテスタントの要素の支配力が、自国および世界における自国の位置についての多くのアメリカ人の考え方に依然として重要な影響力を保持しているとはいえ、ついに終焉を迎えたことを示す証となった。むろん、その段階を迎えるまでに、すでにアメリカの宗教は、その構成においてはるかに多様なものになっていた。十九世紀から二十世紀初頭にかけての移住の大波は、プロテスタントによる宗教文化の支配力を弱めるのに役立つ新たなキリスト教信仰および非キリスト教信仰の大量の流入をもたらした。たとえば、カトリック教信仰は二十世紀初頭までにアメリカ人の宗教生活において一大勢力となり、非常に組織化された小教区制に支えられ、国際的なカトリック教会との強い絆を結ぶようになっていた。同時にユダヤ教も、特に東海岸の主要都市にしっかりと確立されていた。十九世紀後半から二十世紀初頭にかけて東ヨーロッパから大量のユダヤ人がそれらの都市に住みつくようになっていたからである。このため多くのプロテスタントは、こうした発展が「アメリカの伝統」にもたらす脅威に不安を覚え、無制限な移住を終結させる運動を陰で支援した。ひとつには、そうすることで、最初の百年間この共和国を導いてきた宗教信仰へのさらなる浸食を防げるのではないかとの期待があったためである。ところが、一九二〇年代までには、それも手遅れとなり、より広範で種々多様な宗教がアメリカの土壌にしっかりと根をおろすようになった。

変わりゆくアメリカ人の宗教生活様式

多様性および教育と宗教の分離

宗教生活の多様性をこのように強調することで、第二次世界大戦後も引きつづき、アメリカ人の経験が特徴づけられるようになった。ところが、このような背景に対抗して、数多くの重要なテーマが現れてきた。その先駆けとなったのは、一九四〇年代から五〇年代にかけて生じた宗教熱の復活であった。一方、それと同時に、さまざまな日常の生活様式の点からみれば、経済の拡大と多様化が、教育と宗教の分離へと向かう継続的な変化を助長することになった。主要な宗教団体は、おそらくお互いから自分たちを際だたせるような固有の特質を薄める処理を始めることによって、気がついてみると徐々に現代文化の要求に順応していたのだ。これが、この国において異なる速度で、異なる時代に影響をおよぼした一連の変化であったが、にもかかわらずそれは広範囲におよぶ変化であった。たとえば、ごく当たり前に教会に通うという日課にしたがって日常生活が送られ、家庭外での別種類の活動機会などほとんどなかった頃の、あの伝統的日曜日が、いまではかなり苦しい状況下におかれるようになっている。かつて「厳法」（Blue Laws）[★2]によってときどき強化された集団社会の生活習慣は、日曜日が他の曜日とは非常に異なるものであることを保証するものであった。ところが、第二次世界大戦以来、祈りと休息のためにとっておかれる特別な日としての日曜日の概念はすべて、レストラン、ショッピングセンター、スーパーマーケット、映画館のような、人々を魅了するたくさんの強敵手の攻撃を受けるようになった。ノーマン・メイラー（Norman Mailer）は、『ぼく自身のための広告』（*Advertisements for Myself*）の中でこの変化について簡潔に述べている。「アメリカのプロテスタンティズムは、機械に順応するようになり、天国や地獄や魂といった概念にたいする熱情を感じなくなってしまっている」。そして、教育宗教分離論も、日常ベースで人々が送っている宗教生活のあり方に、この程度の影響力しかもっていなかったようだ。本章の初めで引用した統計は、このような議論と矛盾しているように思えるかもしれないが、こうした角度からみれば、力が弱まり一般化したかたちの宗教の人気ぶりを表すものとなっており、しかもそうした宗教形態においては、厳格に定義された神学理論ないしは教義の問題におかれた重要性が、ウィル・ハーバーグ（Will Herberg）のいう「アメリカの生活様式」なるものを、より幅広く受け入れる姿勢に譲歩してしまっているというわけである。

諸宗派への忠誠心の衰退

こうした過程の一部として、主要な各宗教団体は互いに他と一線を画していた特質を喪《うしな》い始め、その結果これまで教会員をとらえていた伝統の力が抜け落ちだした。合衆国において宗教的行動につきものとなっていたひとつの慣習的属性は、諸宗派への忠誠心の重視であった。十九世紀から二十世紀初頭をつうじ、アメリカの諸宗派は、ライバル宗派の過ちや背信行為への対抗策として、自分たちの使命の優位性をしばしば主張した。おそらく、なかでももっともはっきりとした不和不一致は、カトリック教徒とプロテスタント教徒との亀裂にあったであろう。そして、アメリカの歴史はこの両者のあいだに突発的に生じる争いで汚されているのである。一九八〇年代になっても、カトリックの指導的な聖職者でニューヨーク大司教のカーディナル・フランシス・スペルマン（Cardinal Francis Spellman）が、プロテスタント教徒のことを頭巾をかぶっていない3K団員と呼ぶことすらありえたのだ。こうした緊張は、しばしばプロテスタンティズム内部にもはっきりみられるもので、アメリカ社会の際だった特徴となっていた宗教的党派主義に向かう傾向を助長することとなった。ところが、特に第二次世界大戦以降の時代になると、いくつもの重要な変化が起こり、アメリカ人の宗派との帰属関係も希薄なものとなり始めていった。一九五五

3K団、KKKとも略されるクー・クラックス・クランは、元々は南北戦争後の一八六六年にテネシー州プラスキーにおいて、六人の元南軍兵士によって結成された白人至上主義の過激な秘密結社で、以後南部諸州を中心に広がっていった。写真は、ニュージャージー州ロング・ブランチでおこなわれたKKK団の行進（年代不詳）。

年頃は、教会員の大多数はまだ自分たちの幼年時代の宗派に忠実であった。ところが、二〇〇〇年までには、成人の約三分の一が自分たちの育ってきた宗派からすでに脱退してしまっていた。こうした傾向が特に顕著なのは、より古い宗派においてであった。最近、長老派教徒やメソディスト派教徒、アメリカ監督教会派教徒は、いずれも他の諸宗派集団に比べて、約四〇パーセントにのぼる信者数の深刻な喪失を目の当たりにしてきた。さらに、カトリック教徒やバプティスト派教徒、ユダヤ教徒でさえも約二五パーセントの重大な損失をこうむっている。こうした動向は、どうやらアメリカ人の礼拝者が伝統的な境界線を越えて、さまざまな礼拝式への参加を試みる傾向がいくぶんか増えていることを示しているようだ。一九八〇年代には、アメリカ人のほぼ三分の二が少なくとも三つの異なる宗派の教会の礼拝に出席するようになっており、特にこうした傾向は、教育環境や異宗教信者間の婚姻によって助長されているように思える。このような礼拝式において、各宗派そのものが参列者への規則を緩めているため、彼らは自分たちがますます温かく迎えられることを期待できるようにもなった。一九七〇年代および八〇年代の調査は、ほとんどのプロテスタント教徒が地元の教会間のさらなる提携を支持しており、また他宗派のプロテスタント教徒の信仰と礼拝式にも概して好意的であることを示唆している。この変化はたんにプロテスタント教会内部だけではなく、カトリック教徒とプロテスタント教徒のあいだにもはっきりみられるようになっている。アメリカの政治生活にカトリック教徒が最高のレベルで関与できた成功例は、ジョン・F・ケネディによって射止められた一九六〇年の大統領選挙の栄冠であった。また、カトリック教徒とプロテスタント教徒間の婚姻も、二十一世紀初頭までには、一九五〇年代に較べてもはや論争の的になることはずっと少なくなっている。世界教会運動（ecumenism）がキリスト教圏のかなりの数の党派のあいだに普及するにつれて、カトリック教徒とプロテスタント教徒は、五〇年前には考えられなかった方法によって、しばしば地方レベルで協力しあうようになった。

現代の福音主義

アメリカの宗教の主要な特色は、決していつもというわけではないが、ときどき原理主義者★3の特徴を連想させることがあるため、より古い宗派への忠誠心が衰退していくのにともない、持続力のある福音主義的なキリスト教信仰が起こってきている。福音主義は融通無碍《ゆうずうむげ》な言葉ではあるが、通常は、改宗経験（すなわち、「生まれ変わる」こと）の重要性や、聖書の権威と厳密性（ただし、かならずしも字義どおりの真実性というものではない）や、宗教的行動主義（ないしは福音主義）などを強調するものである。おそらく全人口の約三五パーセント、すなわち一億もの数にのぼる人々が、すでに二十一世紀初頭には福音派の人々になったと定義されている。福音主義はときおり宗教的実践の一様式とみなされたことがあり、しかも宗教の範囲を越えたところでもみいだすことができ、また部分的にではあるがローマ・カトリック教会にもその痕跡を残しているのだが、ただしそれがもっとも明確に現れているのは、人気の高い原理主義派やカリスマ派やペンテコスト派の教徒においてであった。論争をもっとも喚起し、扇情的かつ人気の高い福音主義の表現活動は、一九六〇年代以降のテレビ伝道師たちの台頭にみいだすことができるだろう。彼らは電子メディアによる宣伝活動をつうじて、大量の新しい聴衆に手が届くようにはなったが、こうした疑いようのない彼らの成功ぶりや、彼らに注がれる注目度にもかかわらず、実践面においては、特に草の根レベルにおいては、かならずしも彼らがきわめて多様な福音主義を十分に代表しているというわけではない。

現代と妥協して

実際のところ福音主義とは、宗教的表現の非常に多彩な形式であり、そしてメディアの誘惑を乗り越えてみずからを原理主義または政治的保守主義のいずれかと同等であるとみている。われわれは、一九七〇年以降の時代の原理主義と政治上の右派とのつながりの底流にあるものを探っていくことになるわけだが、もちろん戦後の時代をつうじて、たんに古いやり方の復旧を求めるより、むしろ福音主義をアメリカ人の主流となる生活により効果的に適応させようと努力をつづけ、成功を収めた福音派の活動が他にもいくつかあった。現代の福音主義におけるこの種の流れをくむ代表的人物の一人が、保守的な原理主義の拠点、サウス・キャロライナ州グレンヴィルのボブ・ジョーンズ大学で教育を受けたビリー・グレアム（Billy Graham）であった。ところが、そんな彼も一九五〇年代の改革運動においては、人目を気にするように包括的な態度で、ごく普通の多くのアメリカ人たちに訴えかけようと努力した。冷戦時代のまっただ中で、たしかに反共産主義者とみなすこともできる彼ではあったが、自由主義をめぐる諸問題に多少の共感をしばしば示すこともあった。一九六〇年代後半になるとグレアムは、人種差別と貧困は現代アメリカの緊急課題であると積極的に認めようとするその態度こそが、問題の原因を露呈するものであると感じた政治的により右派寄りの福音主義者たちから、ときおり批判を受けることがあった。これは、宗教的保守主義がかならずしも政治的保守主義を示すものではないことを思いださせてくれる話である。後でもみていくとおり、たいていの黒人の福音主義者は、そうした均一化に適合することはほとんどなかったし、全福音主義者の中でももっとも急成長株の集団のひとつ、南部バプティスト派の中にも重要な自由主義左翼が含まれていた。さらに、自由主義をめぐる国内の訴訟事件に共感したり、ヴェトナム戦争の反戦運動にも加担するようになった、著名な福音主義者たちが多数登場してきた。たとえば、オレゴン州のマーク・ハットフィールド（Mark Hatfield）上院議員は、自己の福音主義との関わりを黒人の公民権支持やヴェトナム戦争拡大反対の運動に結びつけようとした人物だが、おそらく全国レベルでもっとも著名な自由主義派の福音主義者は、前ジョージア州知事で、一九七六年に大統領に選出されたジミー・カーター（Jimmy Carter）であろう。カーターは選挙運動期間中に「生まれ変わり」について、すなわち改宗体験がいかに自分の人生を変貌させたかと公然と語り、国内では社会正義を、国外では人権を擁護するなどの公約を推進していった。

戦後の福音主義のいまひとつの特徴は、個人と集団のあいだの断裂に脅かされているとみられる社会で、ある種の共同体意識をなんとか回復するために、みずからの影響力を利用しようとする試みであった。アメリカの相当数の都市では、多くの福音主義派の会衆が、店舗、学校、さらには主要な宗教関連の施設に沿って、ずらっと並んだ社会活動および文化活動の施設を提供してくれる新たなコミュニティとして、自分たちの出現を奨励してきた。シカゴ郊外北西部のサウス・バーリントンにあるウィロー・クリーク・コミュニティ教会では、毎週定期的に一万五〇〇〇人の集会をおこなっているが、その物理的景観はなにか巨大な企業の本部ともショッピングセンターともつかない代物となっている。そこの儀式の数々は、バラエティショーさながらに、注意深く念入りに企画、構成され、主として白人の中流階級の聴衆を対象とした洗練された番組になっている。その教会には、大がかりな照明設備、音響システム、毎週の会合の詳細をすべてテープに収めるためのビデオ収録システムなどが設置されている。そこの奉仕事業と価値は、一九七〇年代におこなわれた市場調査に基づいたもので、それによると郊外の人々の支持を獲得するひとつの方法は、その地域の周辺文化にうまく順応することである。また、そこには理事会があり、メッセージを伝えるために、企業経営用語が使用されている。ウィロー・クリークは、厚顔無恥にも、宗教的真実が他の製品同様に包装して販売できるものだとする前提条件に基づいているのである。ただ、ウィロー・クリークの支持者たちは、宗教的真実は不変ではあるが、郊外の聴衆たちの趣味にあった形式によるその表現様式は、教会がそれ以外にありえない方法で彼らと意思疎通をはかることを許してくれるものだと、主張している。聖書に記された字義どおりの真実や生まれ変わりの体験にたいする固執ぶりが、人気のある娯楽番組などにみられる注意深く作りあげられた言語や形式を使って表現されているのだ。また、その他の社会的団体では物足りない、ないしは不適格であるとみられている世界では、教会が地域共同体のかなめとして最重要視される向きもある。その事業紹介によれば、ウィロー・クリークは何百ものスポーツチームや若者の団体や定期的に会合を開いている子どもの支援団体のための活動・親睦・学習の拠点、すなわち七五〇席もある吹き抜けのフードコートで家族や友人たちが語りあったり、食事をしたり、互いの生活を共有したりできる地域共同体となっている。さらには、会員のために幅広い支援サービスを提供しており、たとえば、車のメンテナンスや日曜大工のような基本的な技術指導といった実用的な研修会だけではなく、アルコールや薬物依存症の回復治療や財政上のアドバイスや家族問題の相談といったような領域をもカバーするものとなっている。

ウィロー・クリークの成功は、全国の他の多くの同じようなコミュニティ教会のお手本となり、それらの教会も現代の福音主義をより趣味にかなった近づきやすいものにしようと懸命になっている。教会の礼拝儀式を近代化しようとする試みが、より正統派筋からの批判を呼び起こしたあの一九二〇年代と同様、ウィロー・クリーク・コミュニティ教会にもその批判者たちがいて、概ね彼らは、当教会が現代の文化にたいしてかなり安易すぎるくらい譲歩していると論じている。ただ、市場調査や、現代の消費者中心主義の需要への順応は、宗教上の信条と実践がいかなるかたちをとるべきかを理解するには不十分な手引きでしかない。そうしたものに頼りすぎるのは、人々が欲しているものより、むしろ信仰と教義が人々に必要であると告げているものを、人々にあたえようとするキリスト教教会の伝統的な義務を公然と放棄することに他ならない。

現代の福音主義の勢力範囲を示すいまひとつの例は、その文化活動にみいだすことができる。というのも、それはすでにアメリカの大衆文化の主流に入りこんでいるからなのだ。その初期の頃の成功例に、ハル・リンジー（Hal Lindsey）の『末期の偉大な惑星地球』（*The Late Great Planet Earth*）があるが、そこには一九八八年に世界の終わりがやって来るとの予言が記されており、一九七〇年代でもっとも売れたノンフィクション小説となった。二〇〇〇年までには、キリスト教音楽はこの国で第五番目に大きなジャンルとなり、音楽産業全体の六・二パーセントの伸びに較べて、アルバムの売り上げにおいて一一・五パーセントも増加した。それ以上にもっと目を瞠《みは》るのは大衆小説の伸びであった。「取り残されて」（"Left Behind"）シリーズの著者たちである、ティム・ラヘイ（Tim LaHaye）とジェリー・ジェンキンス（Jerry Jenkins）両師は、この世の終わりのときに、生まれ変わった人々が姿を消して天国に昇っていくという「恍惚」の瞬間をあつかった現在継続中の連作小説で膨大な読者を獲得するにいたっている。このシリーズものは、一九九五年の第一刷以来およそ四〇〇〇万部が売れたと推計されており、二〇〇五年には彼ら二人が合衆国のベストセラー作家の仲間入りを果たすことになった。児童版やオーディオ版や漫画本などを加えると、このシリーズものは年間一億ドルを稼ぎだしたことになる。テンポの速いスリラーという構成を使って、「恍惚」の始まりから「キリストの再臨」にいたるまでの七年間における、善と悪の抗争を描いたものであった。明らかにこの連作の狙いは、娯楽を提供するというよりは、むしろ福音を伝えることにあったのである。ちなみに、ラヘイ師は「もしみなさんが私たちを切ったら、ジェリーと私は赤と白と青の血を流すだろうと思う。神は、この最後の日々に、地球のもっとも深い部分に福音書を届けるための手だてとなるようにアメリカを育てあげているのだ、と私たちは信じています」と語っている。それと同時にまた、これらの小説は、国内外双方の複雑な諸問題にたいする一連の解答をあたえることによって、この世界についての説明もおこなっているのだ。さらには、時間の観点から特殊性という罠にはまるのを回避するようなものではあるが、果てしなく再生される幸福な結末のヴィジョンをも提供してくれる。これらの連作小説を、ハルマゲドン★4をもう少し先延ばしにする効果をもった多くの「前編」へと拡張するのを認めるとなると、「最後の日々」という概念が非常に不確かなものであることがわかる。世界の終わりはたしかにやって来るだろうが、それはまだ先のことなのだ、と。

原理主義

原理主義という言葉は、しばしば福音主義に代わるものとして漠然と使用されるが、より広範なこの運動内部の一構成要素とみるほうが、おそらくさらに正確であろう。原理主義者は福音主義者とみなしてよいかもしれないが、ただし、すべての福音主義者が原理主義者であるとはかぎらない。ジョエル・カーペンターも論じているように、この問題の一部は、原理主義が「現代のアメリカにおいて根深く長期にわたってつづいている文化的衝突を表すような、広い用途とすばらしい象徴的力をもった言葉になっている」という点にある。結果的に、それはアメリカ人の宗教的保守主義について述べるために、アメリカの特定の諸宗教団体の優れた独自性を薄めるという犠牲を払って、しばしば一般的な方法で使用されてきた。一般化した用語で原理主義について述べたいというこうした衝動はまた、「真の」アメリカ的流儀の代弁者としてアメリカの文化政策に関わりたいという、この運動の内側に潜む現在進行中の衝動によって促進されてきたのである。原理主義は、プロテスタントの福音主義に端を発しており、現代世界とのある種の和解の形態に反するものとして個々の魂の救済を強調した。社会の革新的な変貌にたいする諸々の希望が運命づけられていたのだ。原理主義のもっとも影響力のある代弁者の一人、ドゥワイト・L・ムーディ（Dwight L. Moody）の言葉をかりていえば、「地球はますます悪化していくだろう」し、罪人とすでに救済された人々のあいだの区別はさらに鮮明になっていくだろう。人は世界を変えるために働きかけるよりも、むしろそこから救済してもらう必要があったのだ。十八世紀末および十九世紀初頭の多くの説教師の抱いていた後期至福千年の教義とは対照的に、ときに前期至福千年説と称されるこのような教外伝説では、ハルマゲドンの戦いでイエスがみずからの王国を作るために再臨してくるまで、地上の様子は情け容赦なく悪化していくだろうと論じられていた。そのときまで真の信仰者はひたすらみずからの魂を救うことに専心すればよかった。その理由は、彼らだけがキリストと反キリスト勢力との最終決戦にともなう苦難を味わなくてよい人々だったからである。その代わりに、彼らは（先に述べたティム・ラヘイの小説の中で触れられているとおり）「秘密の恍惚」の中で天に昇ってキリストと出会い、そうして世界の終わりという恐怖から逃れるというわけなのである。つまり、宗教の主眼は、この恍惚を得るために準備を整えておく点にあるのだ。こうした傾向は、二十世紀初頭の現代化および自由化の勢力に対抗するために、十九世紀後半の売春およびアルコール反対運動や、ムーディのような人物たちによって試みられた信仰復興運動によって強化されたのである。またそれは、社会的福音[★5]の寛容な共感にたいしてや、しばしば移民の教会や科学およびときには現代社会の特徴などを受け入れようと模索している刷新された合理主義と関わりのある他の諸宗教の普及にたいして懐疑的であった。一九〇〇年から一九一五年にかけて、その傾向は「原理主義」、すなわち福音主義を再覚醒させて信仰の基本にしようとする努力を表現するために造られた用語の出現とともに、新たに自意識の強い色合いを帯びることになった。この原理主義の中心には聖書に表された字義どおりの真実にたいする信頼が横たわっており、しかも聖書を直接有効なものにしているのは、聖書それ自体の根拠にたいする確信と、聖書がみずからのメッセージを広める際に依拠している有効性のあいだの絆であった。一九七〇年代以降宗教的左翼によって効果的に利用されてきたダイレクトメール戦術の先駆けのようなかたちで、信仰の基本原則を含んだ書籍や冊子が広く全国に配布された。

一九二〇年代までに、アルコールのような以前からの攻撃対象に加えて、公立学校で進化論を教えることやカトリック教の影響などに反対して、保守的なキリスト教団体のあいだにそれとわかる連合関係が生まれるようになった。ところが、一九三〇年代および第二次世界大戦のあいだに、宗教的保守主義は、禁酒法や公立学校のカリキュラムのような問題をめぐる一九一〇年代と二〇年代の文化的抗争に反映されていた、現代の都会化されたアメリカの悪魔たちとの独断的な衝突から撤退してしまったのである。その代わりに、宗教的保守主義は再編成をして、むしろ地域や地方のレベルでの活動の奨励に焦点を絞ることを好むようになった。ところが、第二次世界大戦が終わると、一九四〇年代後半と五〇年代のかつての宗教復興から益を得たのと同じように、それはふたたび、南部および西部の地方拠点から全国的な舞台に登場するようになり、そして非常に愛国的で反共産主義的な輝きを取り戻すことになったのである。その成功のもっとも重要な特徴は、効果的に組織作りができる能力であった。カール・マッキンタイアー（Carl McIntire）のキリスト教協会アメリカ会議やビリー・ジェイムズ・ハーギス（Billy James Hargis）のキリスト教改革運動のような団体は、一九七〇年代および八〇年代に活用すべき指導力や調整能力の成功例をキリスト教右派に提供した。また、次代を担う原理主義の若手のリーダーたちは、一九四〇年代までに、ラジオ放送や電子工学がもたらした新しいタイプの催し物などに引きつけられるようになっていた。このことは、現代の科学技術を効率的かつ効果的に利用している代表としての原理主義の再来に矛盾がある点を浮き彫りにするものである。なぜなら、多くの原理主義者は、現代社会の革新的なものや、疑うことを知らない人々を誘惑して消費者保護運動および自己実現などの罠に陥れるような彼らのやり方を厳しく避難しているからである。一方、彼らのメッセージは、しばしば現代のマスメディアを巧みに利用したり、自分たちなりの根拠に立って彼らが大衆文化を操る罪深い者たちとみなしているものに、果敢に立ち向かったりすることによって伝達されるのである。

このことがはっきり現れているのは、ヴァージニア州リンチバーグのトマス・ロード・バプティスト教会の牧師で、アメリカを救うための新しい世代の原理主義の牧師養成を任務とするリバティ・バプティスト・カレッジの創設者でもあった、ジェリー・ファルウェル（Jerry Falwell）★6に促されて、二十世紀後半における原理主義が次々に成功を収めることになった、その方法の中においてであった。ファルウェルは、毎週日曜日に広く全米に向けて放映された『オールド・タイム・ゴスペル・アワー』（*Old Time Gospel Hour*）という番組の成功をつうじて、全国的な名声をあげた。一九六〇年代初頭、聖職者は社会改革よりも、むしろ個人の改革に専念すべきであるとファルウェルは強く主張していたが、ところが一九八〇年代までに考えを変えて、みずからが道徳的多数派と名づけた運動の指導者として頭角を現してきた。これは、明らかにアメリカ人の生活の安定性を脅かす「世俗的人道主義」★7の風潮を押し返すことを目指す運動であった。この運動は、他の多くの大義名分の中でも、特に中絶の権利、女性側に立った男女平等の権利のための憲法修正案、同性愛者のための法的・社会的平等などに異議を唱え、伝統的家族組織の保護や、政教分離政策によって人々から排斥されてしまった宗教的価値を、ふたたびアメリカ人の生活領域に普及させることの必要性を強く主張した。特にここで重要なのは、公立学校での「お祈り」の問題で、すでに最高裁によって禁止されていたが、この問題は原理主義派の新たな政治的活動への関与を示す重要な象徴となった。一九八〇年までに「道徳的多数派」や他の保守的な宗教諸団体は、ロナルド・レーガンの大統領選出馬の勢力にしっかり密着していたが、その際、中絶反対や男女同権主義反対のような問題は、自由な企業経済やアメリカの軍事力などの再興の必要性を強調するレーガンの考え方と結びつくようになった。

ロナルド・レーガンが大統領職を獲得するのを助けるうえで、道徳的多数派の果たした役割がいかに重要なものであったにせよ、在任中の彼はけっきょく中絶や学校でのお祈りのような原理主義者の重要な問題の多くの解決を果たせなかったため、いささか期待はずれに終わってしまった。一九八八年にテレビ福音伝道師のパット・ロバートスン（Pat Robertson）が、もし政治家たちが頼りにならないのであれば、宗教的指導者たちみずからが公職を得るために出馬するほうがより効果的かもしれないと判断を下したのは、当時としては決して驚くにあたらないことだった。一九八八年の大統領指名選挙への彼の努力は頓挫してしまったが、そのことで、原理主義の大義名分が万にひとつでも広まるようなことがあれば、それは十分政治の主流に入りこんでいって、共和党を組織化し、そのイデオロギーを発展させるうえで中心的な役割をより明確に果たさなければいけなくなる、という信念がかえって強化されることになった。

他の福音派の人々や、社会への原理主義の影響を示すまた別の兆候は、実際のところ、概していえば、ダーウィンの進化論に対抗して特殊創造説（creationism）★8を執拗に唱えてきた点に現れている。テネシー州で起こった一九二五年のスコープス裁判は、当初全国を舞台としてこの戦いを芝居じみたものに仕立てあげた。ジョン・スコープス（John Scopes）はダーウィンの生物学を教えることを禁じた州法を破ったかどで有罪とされたのだが、反進化論の支持勢力のほうが科学的知識のなさを愚弄されたりして、そのためしばらくのあいだ反進化論教育の運動が終息することになってしまった。ただし、それは再編成されることになったといったほうがおそらくより正確な表現になるのだろう。というのも世紀末になってこの運動は以前と同じくらい逞しく再生を果たしたからである。今回それは、聖書直解主義（Biblical literalism）★9に加えて「知的な意匠」（進化論は証明されておらず、自然はとても複雑で、したがって神によって設計されたものに違いないという信念）を備えたかたちとなって現れてきたのである。二〇〇五年には、アメリカ人の六四パーセント（その多くは通常自分たちを原理主義者とはみなさないだろう）が、自分たちは公立学校で教えられる特殊創造説の考え方を受け入れるだろうと述べており、さらに三八パーセントはそれがダーウィンの進化論に完全に取って代わることを望むと語っている。同年の別の世論調査によれば、アメリカ人の五五パーセントが、神が現在の姿形で人間を創造したと信じているらしく、さらに二七パーセントは神が人間の進化の過程を導いていったのだと信じていたようだ。二〇〇〇年の大統領選挙に向けての運動期間中に、ジョージ・W・ブッシュは、自分は想像力を育てるさまざまな学校の授業を奨励しているが、特にその理由は、宗教のほうがダーウィンよりもはるかに長いあいだ活躍してきたからだ、と語っている。

こうした政治的、社会的行動主義の多くは、神の意志で創られた世界の衰亡という悲観的な教義と政治活動の楽観的な唱道のあいだに原理主義派の態度の曖昧性が潜んでいることを指し示しているのだ。原理主義派の神学の中心的要素は、先にもみてきたとおり、人間の魂の救済への努力を強調する前期至福千年説であった。ところが、道徳的多数派やキリスト教連合の行動主義は、キリストの再臨に際しての後期至福千年説への転向を示唆するものであった。イエスの復活のための手立てを用意することで、ハルマゲドンの最悪の事態を回避することができるのかもしれないというのである。いまでもキリスト教徒の行動がこの地上に神の王国を樹立するという方向へ移行するのに役立ちうるかもしれないのだ。一九八〇年代および九〇年代には、多くのキリスト教徒の活動家たちにとって、自分自身の魂の救済は依然重要な問題であったのだが、ただしこの個人的救済には真にキリスト教的な社会を築きあげていく努力がともなっていなければいけなかった。建国の始祖たちによって樹立された伝統的な政教分離は人道主義と世俗主義の普及を許容してきただけなのだが、結果的にはキリスト教の道徳的価値にたいする軽蔑の念をも許すことになってしまった。「宇宙の心臓部にある道徳的秩序が、神への不敬や姦通、さらには虚言や両親を敬わない態度や強欲などによって、日々壊されている」と、パット・ロバートスンは一九九二年に発行した小冊子『ザ・ニュー・ワールド』（*The New World*）の中で論じている。「社会は、考えうるかぎりのところで、真の道徳律を犯すような想像しうるあらゆる行為を助長しているのだ」。このような状況に直面した後期至福千年説は、キリスト教徒はもはや政治的関与を控える必要などなく、むしろ精いっぱい神の王国建設の仕事に身を委ねるべきであると要求するようになった。「重要なのは、私たちが政治上の権力を恐れないことである」と、一九九四年にアイオワ州のある主婦がはっきりと述べている。さらに、「その権力は私たちにあたえられたものであり、神が私たちにそれを受けとるよう用意してくれたものであるから、私たちはそれを引き受けなければならないのです。一インチずつ、一ラインずつ、私たちは、神が導いてくれる道を進みながら、根源へと帰還するようアメリカを蘇らせていくのです」と。ところが、これらの意見が示しているのは、後期至福千年説の今回の改編版は、未来によりも過去に頼りきってしまっているという点である。至福千年の準備を成し遂げることができるとすれば、それはより純粋な過去が現代生活の危険に傷つけられてしまう以前の、あのより古いアメリカを回復することによってであろう。ファルウェルが述べているとおり、政治的行動主義にたいするみずからの明らかな幻滅を前にして、彼の狙いは「この国を正しく導いて、アメリカを偉大にしたあの道徳的姿勢を取り戻させ、アメリカをわれわれが本来あるべき状態へと連れ戻してくれる」改革運動であったのだ。このような点からみて、カーペンターも示唆してきたとおり、★10

何百万という普通のアメリカ人にとって、この運動は当世風にあわせた適応性のある生き方となっている。原理主義は、保守的本能をもった一般庶民に人間の進歩にたいする偏見にとらわれない信念に代わるものや、世の中の意味を理解する方法などを提供しながら、人々の生活を抑制し、さらには人々が信じることのできる生き方を創造しているのである。

アフリカ系アメリカ人の宗教

本書の他の箇所でもみてきたように、十九世紀南部において、あるいは二十世紀の合衆国全土においてのいずれにせよ、アメリカの歴史における中心テーマのひとつは、白人文化と黒人文化との相互作用であった。これまで、宗教以上にこのことがあてはまる領域はなにもなかった。アフリカ系アメリカ人の宗教は、アメリカ文化全体にとっても、黒人社会そのものにとっても、きわめて重要なものとなってきている。マルコムXは、アメリカにおいて「黒人は、白人によって、自分の文化、アイデンティティ、魂、さらには自我をも奪われてしまった」とつねづね主張していた。特に奴隷制は、白人の価値観や信仰、とりわけキリスト教を押しつけることによって、黒人の心を植民地化する機会をあたえてしまった。つまり、自律的であるはずのアフリカ人の宗教の意味が、すべて「中間航路」[★11]（"the Middle Passage"）にたいする恐怖や大農園システムの圧制によって破壊されてしまったのである。のちほど「イスラム民族」[★12]の話題に戻ったときに議論していくことになるが、ただこの段階で、黒人としての独自性や自己の価値を表現するのを鼓舞するうえで、おのずからその重要性を強調してきた黒人文化の中にも、キリスト教の果たした役割という代替ヴィジョンが存在するという点に注目しておくことは重要である。このあたりの問題は、南北戦争以前の奴隷制の時代にまでさかのぼることができるかもしれない。奴隷社会のさまざまな規制のもとで、一般的に農園主たちは自分の奴隷の宗教行為をコントロールしていた。大農園にはキリスト教が広く普及していたが、それは農園主の多くが伝道活動を推進していたからだけではなく、奴隷たち自身がしばしば自発的に改宗していったためでもあった。普通、奴隷たちは白人の司祭がとりおこなう礼拝儀式において、座席はたいてい区別されてはいたが、彼らの主人と同じ教会において、白人の監督下で礼拝するのが当然とされた。ところが、このような監督や規制に力点がおかれていたにもかかわらず、奴隷自身が束縛の苦しみに耐えられるようなやり方で、自分たち独自の宗教的信仰や実践活動を発展させるのに成功したという、その方法こそが、奴隷体験の中でももっとも注目すべきテーマのひとつであったのである。ここで特に重要なのは、みずからの信仰を実践していくなかで彼らがなんとかみいだすことができた自律性の問題であった。彼らの宗教的行動から選り集められた証言は、奴隷たちが、たんにいわれたとおりに行動するような、つまり主人が彼らにあたえたいと望むものならなんでも受動的に受け入れるような、虐げられた人々ではなく、むしろ自分たちの生活における主体性や目的意識を高めていくうえで非常に重要な方法を使って、自発的に行動していたことを、よく示している。ジョン・ブラッシンゲイムも述べているように、「宗教において奴隷（たち）は彼ら自身の信教の独立★13（independence of conscience）を行使したのである」。奴隷制度下にあって、アフリカ系アメリカ人は、その後黒人のキリスト教徒を特徴づけることになる多くの性質を発展させていった。なかでも特に興味深い点は、アフリカの遺産と、白人社会から受けとった福音主義派の宗教的慣行をうまく調和させるうえでの、奴隷たちの採った方法にあった。

奴隷解放後★14、自由民（freeman）たちは南北戦争前に礼拝を強いられてきた白人支配による教会から身を引いて、自分たち自身の宗教施設を設立した。彼らの多くにとって、白人の説教者たちや服従と束縛を伝えるメッセージから逃れ、自分で選んだ方法で自分たちの信仰を実践できる自由というのは、きわめて重要な法令であった。かつて奴隷であったある人物は「この自由の日のために神を讃え、神を崇め奉ろう」と表明した。こうした過程を経た結果、新たな黒人教会がアフリカ系アメリカ人の生活において中心的な位置を占めるようになった。そして、黒人たちが自分たちのために作り、運営することになったそれらの教会は、すぐさま主要な社会的、文化的施設となり、さらには共同社会の目的にたいする意識を促進するうえで、必要不可欠なものとなった。特に黒人教会は、宗教活動はもちろん、経済、政治、教育などの集団社会のほとんどの活動のための組織的な枠組みを提供した。それと同時に、同一性の意識を強め、彼らの生活における神の役割をたしかなものにしてくれる方法で個人の信仰を表現するといった機会も提供された。コーネル・ウエストが述べているように、「イエスを彼らの好みのものに作り変え、互いにキリスト教徒としての共通の目的意識や彼らのおかれた事情に関するキリスト教徒としての理解などを共有しよう」と決心する際に、彼らは自分たちの信仰によって、たとえどんなに「一見永久に十字架にかけられ、多年の試練に苦しみ、絶えず罵られたり蔑まれたりしようとも」、その苦しみの結果としての来るべき勝利を期待できるような状況を創りあげたのである。黒人教会内部において、牧師たちは特別な重要性を帯びていた。つまり彼らは福音書の説教者であると同時に、教育者、地域社会のまとめ役、さらには政治的指導者でもあった。かつてW・E・B・デュボイスは世紀の変わり目に、こうした説教者のことを「アメリカの土壌で黒人によって育まれたもっともユニークな個性」であると呼んだ。

このような背景のもとに、第二次世界大戦後のアメリカにおける黒人の経験、特に公民権運動に目を向けると、辛抱強い黒人教会の重要性がすぐさま明らかになるだろう。一九四〇年代から五〇年代初頭にかけて公民権をめぐる活動が地方レベルで南部全体に展開し、さらに一九五五年に始まったアラバマ州モンゴメリーでのバス・ボイコットによって、全国的に知れわたるようになるにつれて、宗教が決定的な役割を果たすことになった。とりわけ、この運動は、白人社会から十分独立したやり方で人的および財政的な援助を動員できる黒人社会の中においては、ひとつの組織体に深い帰属意識を植えつけたのである。さらにまた、黒人の牧師団においては、いつでも間にあう有能な指導者集団を提供したが、彼らの多くは大学教育を受けており、自分たちの会衆の代表として宣誓証言をするという長い伝統をうまく利用できる人たちであった。黒人の説教者たちは、同時代の政治的闘争と、囚われの身から逃れて約束の地に辿りつこうとしてきた昔ながらの努力を、うまく結びつけることのできるような表現をこの運動にもたらしたのである。

このことはすべて、マーティン・ルーサー・キング牧師の生涯に反映している。彼は一九五五年から暗殺される一九六八年までのあいだ、公民権運動の主導者として、国民の公的生活に宗教がいかに大切であるかを説いたその時代のもっとも重要な代弁者となった。むろん、これは決して容易な仕事ではなかった。キングは、黒人社会内部および白人教会双方の多くの批判者に敢然と立ち向かった。彼らは、キングの社会活動主義が公共の秩序を脅かし、教会の精神的役割を政治に引きずりこむことで、その役割を汚す危険を冒していると論じた。先にも述べたとおり、黒人教会が公民権運動にとって必要不可欠な組織基盤であることはたしかだったが、にもかかわらず、白人の報復を呼び起こすのではないかと危惧して、人種問題の「現状」に挑戦するのを個人的に怖れる黒人牧師も多くいた。そして、このことは、全米バプティスト派全国大会（the National Baptist Convention）のような既成の教会グループの用心ぶりの中に反映していた。このときキングは、黒人教会を社会的行動に駆り立てるためには、一九五七年に彼自身が設立の手助けをした南部キリスト教指導者協議会（the Southern Christian Leadership Conference）のような新しい組織を利用するほうがより効果的であると気づいた。黒人の宗教界における既成の権威の中心外で活動することによってキングは、一九六〇年代に南部の様相を変えるのに重要な役割を果たした草の根運動復興を促進した。それと同時に彼は、モンゴメリーでのバス・ボイコット運動や一九六二年のバーミンガム・キャンペーン★15（Birmingham Campaign）のような出来事は宗教をあまりにも政治に介入させすぎたものだと主張する白人の宗教界の人々に反論した。政治に変化をもたらす義務は、聖職者にではなく、政治家にあった。『バーミンガム刑務所からの手紙』（*Letters from Birmingham Jail*）の中でキングは、人間が悪に立ち向かうとき、このような差別はなんの意味もなさないと主張した。そして、神の意志が実現されることになるかどうかを、聖者たちが俗人たちに伝えることこそ重要なのである。聖書に秘められた厳格な目的に十分答えることができる社会などありはしないが、しかし、献身的なキリスト教徒がそうした目的を達成しようと努力する姿はつねに重要である。言い換えると、民事法というものは国家の原理よりもより高次の原理によって判断されなければならない。さらに、キングは次のように主張する。

正しい法は、道徳律や神の法と調和するように人が作った掟である。不正な法は、道徳律との調和を欠いた掟である。人間性を高めるような法であれば、それはすべて正しい。そして、人間性を低下させるような法は、不正である。

人種差別は人間の魂を歪め、人格を傷つけるものであるため、南部の人種隔離政策[16]（Jim Crow statutes）はまさに不正なものであった。罪は分離にあるというドイツ人の神学者パウル・ティリヒ[17]（Paul Tillich）の主張を援用しながら、キングは人種差別政策を強く非難したが、それはこの政策が人間の「ひどい疎外や怖しい罪深さ」を実証するものであったからである。このような罪に関する証言に直面したとき、同時代の教会は「自信のない調子の、弱々しく、効果のあがらない声で」語ることがよくあった。組織化された宗教は、「人々をより高い正義のレベルに導くヘッドライト」になるべきときに、「現状」保持に固執しすぎるきらいがあった。このような妥協と自己満足に直面したとき、ふたたび国民の良心を目覚めさせ、「わが国の聖なる遺産と神の永遠の意志」および「アメリカの夢における最良のもの」すべてへと引き戻してくれるものこそが、市民の抵抗であった。

白人専用座席に座って人種隔離政策に積極的に抗議するアラバマ州バーミングガムの黒人市民たち。

　キングの歩んだ経歴の例がはっきり示しているとおり、キリスト教はこれまでアフリカ系アメリカ人の経験の中心的なものではあったが、しかし、過去四〇年以上にわたって、それに取って代わる宗教として台頭してきたイスラム教からの挑戦を受けるようになった。さまざまな要因で、イスラム教は次第にアメリカでの人気を獲得するようになっている。なかでも、奴隷として捕らえられ、大西洋を越えて運ばれてきたこれらのアフリカ人たちの元々の宗教はイスラム教であったという主張は、特に影響力が強くなってきている。黒人のキリスト教の伝統が、アフリカ系アメリカ人にアイデンティティの意識と目的意識をあたえるうえで果たした役割を強調してきたのにたいして、自分たちの信仰こそ真実であるとするイスラム教徒の主張は、黒人生活の他の領域におけるアフリカ人としての根源の探求とうまく合致している。そして、一九六〇年代初頭にイスラム教の指導的アメリカ人代弁者となったマルコムXによって、もっとも強力で、もっとも効果的な発言がこの主張に加えられることになったのである。彼は「イスラム民族」の一員であったが、その（由緒ある）名前にもかかわらず、ムハンマドその人が最後の預言者であるということをなかなか信じようとしなかったために、彼は正統派のイスラム教徒たちから軽蔑された。というのも、「イスラム民族」は、戦後の時代にこの連合を設立するのを手助けした旧姓エライジャ・プール（Elijah Poole）ことエライジャ・ムハンマド（Elijah Muhammad）に大きな敬意を払っていたからである。それでもマルコムにとってイスラム教は白人アメリカ人に奪いとられたアイデンティティ回復の手段を提供してくれるものであった。マルコムの主張によれば、アメリカにおいて、

黒人は精神的に植民地化されており、その精神もアイデンティティも破壊されているために、自分の黒い肌を憎み、髪の毛の手触りを憎み、さらには神からあたえられた特質をも憎むようにさせられてしまったのだ。

植民地政策の主要な武器はキリスト教で、それは黒人奴隷を従順にさせるために、彼らに押しつけられたものであった。もしアフリカ系アメリカ人が自己価値の感情を取り戻すことになるとしたら、そのとき彼らは、たとえどんなに深くそれが黒人社会に浸透したものであっても、奴隷と人種差別の宗教を拒絶しなければならなかったのである。もっとも過激なかたちをとった例として、イスラム教は一九六〇年代に黒人の民族主義的色彩を帯びるようになり、具体的にはアメリカの人種問題へのキングの人種無差別主義者的な取り組み方を拒否した。晩年、マルコムは合衆国外部で次第にイスラム主流派に引き寄せられ、その影響を受けて、白人と黒人の虐げられた者同士のあ

いだにある種の協力関係を結ぶことが可能であるかもしれないと認めるようになったが、しかし一九六五年の彼の夭折によって、微妙な意味あいをもつこうした動きが実現されないままに終わった。その一生の特定の時期にいたるまでのマルコムの旅は、『マルコムX自伝』の中に生き生きと描かれている。この本では、キリスト教と人種差別の関係が公然と非難されてはいるものの、それ自体は罪人が自分の罪を悔いあらため、改心の過程を経て、新たにみいだした信仰のために自分が説教師になるという、懺悔の伝統に属するものであった。「イスラム民族」と決別した後、ついにマルコムはメッカ訪問の決意のもつ意味を悟り、そこで仲間の巡礼者たちに加わって「躊躇《ためら》うことなく、他の者たちと同様、同じグラスで飲み、同じ小さな水瓶で体を洗い、さらには屋外で、ひとつのマットを使って八人から一〇人たちと一緒に眠った」。

合衆国におけるもっとも最近のイスラム教の目立った動きとして、ルイス・ファラカン（Louis Farrakhan）の登場があるが、彼もまたマルコム同様「イスラム民族」の一員である。ファラカンは、論争好きな人物となったが、その理由は、彼の熱烈な黒人民族主義がいったん溢れだすと、白人社会に公然と敵意を示すようなメッセージへと変わるという、その在りようのせいであり、またアメリカのユダヤ人が奴隷商人、スラム街の商店主、家主としての歴史的役割を果たしてきたということで、その彼らにたいして向けた敵意に満ちた攻撃などのせいであった。ところが、ファラカンの凄まじい毒舌は、「イスラム民族」のうちつづく成功の秘密を隠蔽することができない。一九九五年までに、教団は、他のさまざまな社会的、文化的施設の他に、アメリカの約一二〇都市にモスク[★18]（mosque）をもつようになった。特に、これらの施設はこのモ

リンカン記念堂前から、モールと呼ばれる広場に集まった人々に演説するキング牧師。

スクを十分キリスト教会に代わりうるものにするのに次第に手を貸すようになった。教団の重要な特徴は、コミュニティのさまざまな事業を強調している点にある。たとえば、教団は、厳しい鍛錬と伝統的なカリキュラムを強調する厳格な統制にしたがって運営されるような自分たち独自の学校を組織している。さらにまた、スーパーマーケット、レストラン、パン屋、書店などを含むコミュニティの他のさまざまな冒険的事業も手がけている。新入の教団員は「成人養成授業」を受けなければならず、そこでは善行や控え目な服装に関する規約や厳格な自己鍛錬などの重要性が強調されている。黒人社会内部においては、教団は、個人の自助努力およびコミュニティもみずからの行為にもっと責任をとる必要性があることなどを強調する方法を使って、麻薬やアルコールの中毒患者、前科者、やくざ者などのためのさまざまな更生プログラムを実施している。次のような事柄が示唆しているとおり、「イスラム民族」は、その基本方針において明らかに男性優位になっている。この民族組織内部では、女性は家事、子育てなどを重視する伝統的役割を割りあてられており、さらには身体を覆い隠すことを要求する服装規制を受けている。ファラカンもまた、福祉は独身女性に助成金を出して庶子を産ませているのではないかという白人保守主義者と同じ懸念を抱いている。こうした〔保守的〕態度の多くは、一九九五年の「百万人大行進」（“the Million Man March”）[★19]に反映することになった。このとき、数百人の黒人たちが「イスラム民族」の後援のもとに首都ワシントンのモールに集結した。そして、このデモ行進の成功は「イスラム民族」の魅力を増大させるきっかけとなった。そのメッセージと生き方とが調和しているがゆえに、多くのアフリカ系アメリカ人にとって、イスラム教徒は魅力的な存在なのである。この観点からみると、黒人のキリスト教は、ひとつには、よく似た宗教上の信条と儀式への関わりあいを白人たちと共有しているということから、白人社会との強制的妥協によって弱体化せざるをえなくなっている。「イスラム民族」の教団員たちが主張してきたように、かなり多くの南部外の白人のアメリカ人たちがマーティン・ルーサー・キングに共感したのは、彼の問題のとりあげ方が、圧政的な体制づくりに関与している白人たちと決して直接的に対決するものではなかったからである。それとは対照的に、ファラカンは、同時代のアメリカ人の生活に関するもっとも不快な事実の中から、次のふたつの事柄を強調する。つまり、多数のアフリカ系アメリカ人が、白人社会のもつ圧制的性格に怒り心頭に達していること、そして多数の白人のアメリカ人が、自分たちの対抗相手である黒人を怖れているということをである。

結論

ロナルド・レーガンは、全米福音教会員協会での一九八三年の演説の中で、「アメリカにおけるおおいなる宗教的覚醒やアメリカの美徳や偉大さの基盤となってきた伝統的な価値の刷新」について語った。アメリカ人は他のどの国民よりもはるかに宗教的で、「家族や信仰の重要性にたいして深い崇敬の念」を抱いていた。彼らは罪と悪の存在する不完全な世界に生きてはいたが、彼らの栄光はみずからの「過去の道徳的悪行を超越する能力」の中に横たわっていたのである。彼らは決して神への信仰を捨て去りはしないだろう。なぜなら人間の自由を探求する際の彼らの力の源は、物質的なものではなく、精神的なものであるということを、神への信仰が保証してくれているからなのだ。レーガンの言葉およびそれが喚起する支援の力は、アメリカ人の生活における宗教の絶えざる重要性を証明するものであったが、それはまた、アメリカのおおいなる「宗教的覚醒」について彼が思い描いた絵図を当初の外見よりも複雑なものにしている隠れた図柄のいくつかを、宗教的行為で偽装することになってしまったのである。二十世紀後半という証人は、アメリカの宗教がいまなお盛んでありながら、同時に変化しつつあることをも示唆しているのかもしれない。宗教的行為やその実践活動は、二十世紀後半および二十一世紀初頭の世界の変動する状況に適合することを強いられてきた。そして、原理主義的な福音派の場合のように、現代化にたいして明らかに抵抗を示す拠点があるところにおいてさえも、そうした行為や活動が現代社会の武器や技術によって創造されることがよくあるのだ。

注（*＝原注、★＝訳注）

★1 Manifest Destiny に関して、その初出を原著では一八三九年としているが、ここではオサリヴァンが一八四五年の『ユナイティッド・ステイツ・マガジン・アンド・デモクラティック・レヴュー』（七・八月号）に発表した記事に基づくという説を採用した。
★2 日曜の仕事・飲酒・ダンスなどを禁じた植民地時代の法律。
★3 第一次大戦後に起こったアメリカのプロテスタントの一派で、天地創造などの聖書の記述を字義どおり事実であると信じ、進化論を否定する。
★4 善の力と悪の力とが最後の決戦をする所。
★5 二十世紀初頭の工業化・都市化したアメリカで、プロテスタントが社会秩序をイエスの教えに一致させようとした運動。
★6 アメリカの代表的なテレビ福音伝道師の一人。
★7 宗教的価値よりも人間の世俗性を重視する考え方。
★8 万物は神の特殊の創造によるものとする説。
★9 聖書内の字句を歴史批判的および比喩的にではなく、聖書作者の当初の意図をふまえて字義通りに解釈する聖書解読法。原理主義や福音主義の聖書解釈術で、聖書厳守主義ないしは聖書原理主義とも呼ばれている。
★10 一インチの一二分の一という長さの単位。
★11 アフリカ西海岸と西インド諸島を結ぶ最長の奴隷貿易航路。
★12 Black Muslim の正式名称。のちに Islam Community in the West と改称された。一九三〇年代に組織され、厳密に黒人だけの社会建設を唱えるイスラム教教団。
★13 信教の自由（Freedom of Conscience）をもじった表現。
★14 奴隷解放令（the Emancipation Proclamation）は一八六二年九月に発令され、翌六三年一月一日より実施された。
★15 アラバマ州バーミンガムでおこなわれた公民権をめぐるデモに参加したキング牧師は一九六三年四月十二日に逮捕され、さらに翌五月二日には学童を含む多数の黒人が非暴力デモ行進をおこない、数千人が逮捕される。バーミンガムでの公民権デモは、さらに継続的におこなわれ、やがて八月二十八日の首都ワシントンでの二万人を越える大規模なデモ行進へと発展していった。このときキング牧師は、「私には夢がある。いつかこの国が起きあがり、みずからの信条の真の意味——すなわち、すべての人々は平等に創られている——を思いだすという夢が」という有名な演説をおこなった。

★16 Jim Crowとは黒人の蔑称で、十九世紀に作られた黒人の歌からとられた言葉。特にアメリカ南部の黒人差別感情をJim Crowismという。

★17 ドイツ生まれのアメリカの哲学者・プロテスタント神学者（一八八六—一九六五年）。

★18 イスラム教の寺院。

★19 首都ワシントンの中心部、議事堂とリンカン記念堂のあいだに広がる広大な公園。

参考資料リスト

飯山雅史『アメリカの宗教的右派』中公新書ラクレ、二〇〇八年
大下尚一・大橋健三郎他編『講座アメリカの文化』（全七巻、別巻一）南雲堂、一九九〇年
大下尚一他編『資料が語るアメリカ——メイフラワー号から包括通商法まで一五八四—一九八八』有斐閣、一九八九年
大下英夫『ピューリタン——近代化の精神構造』中公新書、一九六八年
加藤恭子『最初のアメリカ人——メイフラワー号と新世界』福武書店、一九八三年
——『ニューイングランド物語——アメリカ、その心の風景』NHKブックス、一九九六年
亀井俊介・鈴木健次編『史料で読むアメリカ史』（全五巻）東京大学出版会、二〇〇五年
佐伯彰一他編『アメリカ・ハンドブック』三省堂、一九八六年
猿谷要『物語アメリカの歴史——超大国の行方』中公新書、一九九一年
D・A・シャノン編『大恐慌——一九二九年の記録』玉野井芳郎・清水知久訳、中公新書、一九六三年
Tocquevill. Alexis de. *Democracy in America*. New York: Bantam Books. 2000.〔アレクシス・ド・トクヴィル『アメリカの民主政治』（全三巻）井伊玄太郎訳、講談社学術文庫〕
野村達朗『「民族」で読むアメリカ』講談社現代新書、一九九二年
C・A・ビアード、M・R・ビアード『アメリカ精神の歴史』岩波現代叢書、一九九二年

クロード・ブラウン『ハーレムに生まれて』小松達也訳、サイマル出版会、一九六五年
本田創造『アメリカ黒人の歴史』（新版）岩波新書、一九九一年
Mailer, Norman, *Advertisement for Myself.* Cambridge, MA: Harvard UP, 1922.〔ノーマン・メイラー『ぼく自身のための広告』（全二巻）山西英一訳、新潮社〕
【映画】
Lee, Spike, *Malcolm X*, 1992.〔スパイク・リー監督（脚本）『マルコムX』〕
【DVD】
The Rosa Parks Story, distributed by Xenon Pictures, Inc., Santa Monica, CA., 2002.

第5章

地域主義《リージョナリズム》へのアプローチ――西部と南部

ケース・スタディ（1）――西部像の修正

このセクションでは、アメリカが国家としての自己像を描くとき、西部というひとつの地域がいかに大きな影響力をもってきたかを考察する。さまざまなテクストにおける表象をとおして、「地域的な多様な声」と「統合に向けての絶えず新しいプロジェクト」のあいだで振り子が揺れることを示したい。修正主義的なアプローチをすることによって、単一の一貫したアメリカ的アイデンティティが西部から浮かびあがってくるというのではなく、西部は流動的で絶えず変化していることを明らかにする。場所の物語を西部にたいするさまざまな反応として考察することによって、文化全般におけるのと同じように、「歴史」においても、以前は無視され、あるいは沈黙させられていた複数の声が、みずからの存在を主張していることがわかるだろう。そうすることによって、そのような声が全体を豊かにし、またアメリカという国の形成に関して長いあいだ信じられてきた考えや仮説の再評価が余儀なくされてきたことがわかる（第1章を参照）。以上のような方法を進めると、西部という概念の構築には、例外主義、運命、権力、人種、エコロジー、ジェンダー、アイデンティティといった、アメリカ文化の価値を考察する際にいつも中心となるイデオロギーが絡んでいることも、明らかになる。

想像の西部

マイケル・クライトン（Michael Crichton）の映画『ウエストワールド』（*Westworld* 一九七三年）において、空想が残酷な恐ろしい現実と化した途端に、組織化されていたはずのテーマパークが制御不能におちいる。この遊園地の中心部に、人気のスポット「ウエストワールド（西部の世界）」がある。そこでは、都会に住む裕福な白人中流階級のアメリカ人男性が、自分たちの空想が系統だった安全なルールのもとで最後まで演じられるという保証つきで、西部のガンマンごっこに興ずる。これはあるひとつの西部解釈のシミュレーションであり、あらゆる結末があらかじめ取り決められ、整えられている。そのとおりに動けばよいだけの台本もすでにある。ユル・ブリンナー（Yul Brynner）扮するロボットのガンマンがその台本の秩序を壊したとき、このひとつの西部は一変する。血と死と恐怖が、系統だてて構築された、それまで安全であった「歴史」の世界に入りこんでくる。

この映画は多くの点で、西部がアメリカ文化の記憶にどのように関わってくるかを明白に表している。西部は従来、ヒロイズムという神話的概念に、「荒野」と対峙する中でねつ造された「真の」国民性と国家制度の形成という物語を混ぜあわせた、きちんとした台本におさまることがあまりにも多かった。このように理路整然とした見方は、これから検討するように、最近、「新しい西部史」の出現によって混乱させられている。「新しい西部史」は、このような西部の「台本」をあらためて検討し、非常に長いあいだアメリカニズムの中心的な教義でありつづけてきた神話の数々を揺るがし、それに異議を唱えることを目指してきた。かつての歴史の心地よさは、ユル・ブリンナー扮するロボットのような、厚かましく侵入する新しい力に掻き乱され、その侵入者がとおりすぎたあとには、西部の過去と未来についての新しい意識が残されている。

同じようにディズニーランドの「フロンティアランド」も、アメリカの歴史と国民性の中心に西部をおいている。E・L・ドクトロウ（E. L. Doctorow）の革新的な小説『ダニエル書』（*The Book of Daniel* 一九七一年）において、ディズニーランドの「モノレール（単軌鉄道）」はまるで「産道」のように、人々をその考え方にいたるまでひとつの方向へと運んで行き、「歴史上の現実」が「センチメンタルな圧縮版」、「過激な圧縮過程」となってしまうような「アメリカ文化の神秘的な儀式」に、人々を参加させる。あとに残るのは「教育の代用品であり、そして究極的に

モニュメント・バレー。アリゾナ州北東部とユタ州南東部にまたがる砂漠地域。『駅馬車』、『荒野の決闘』など、西部劇によく登場する、「西部」の象徴ともいえる場所。

は経験の代用品」でしかないのである。ディズニーランドは、歴史を「本質において全体主義的」なたんなるお話へと矮小化し、そのパターンにあわない要素をいっさい排除するばかりでなく、この遊園地の思い描くアメリカ像に合致しない周縁化された人々、ドクトロウの言葉をかりれば「長髪の若者や麻薬常用者、ヒッピー、ミニスカートの女の子たち、ジプシー」など、「外見が気に入らない人々」も排除する。ディズニーランドの西部の表象にしても、ウエストワールドのテーマパークにおける西部のドラマ化にしても、いずれも自己像を規定しようというアメリカの努力に、西部が支配的な位置を占める好例である。

もっと早い時期に西部の重要性をアメリカの歴史の中心に据えようとしたのが、一八九三年のシカゴ万国博覧会（Columbian Exposition）におけるフレデリック・ジャクソン・ターナーの講演、「アメリカ史におけるフロンティアの重要性」（"The Significance of the Frontier in American History"）であった。アメリカの「国民性」と制度は、野蛮と文明とのあいだの「境界線」であるフロンティアにおいて、「自由土地《フリーランド》」、自然、インディアンの三つに代表されるさまざまな力と接触する中で築きあげられた、とターナーは主張した。彼の「論文」は、西部の複雑な歴史が、ディズニーランドのような、はっきりとしたひとつのかたちへと系統だてられるかのように、西部を横断するアメリカの進歩を「説明」しようとするものである。パトリシア・リメリック（Patricia Nelson Limerick）は、一八九三年にターナーがアメリカ西部史という原野を完全に「柵で囲い」、「フロンティア」という概念のもとに統一してしまったようにみえると指摘する。フロンティアという統合化の概念には、「中に入る以上のものを締めだす恣意的な限界」があった。ターナーの設けた「柵囲い」は、アメリカについてのある見解は中に入れ、彼が語りたい特定の物語にはあわない、その他の多くの声や解釈は締めだすためのものであった。講演の四年前、一八八九年にすでにターナーは、アメリカの歴史は大陸を横断する文明の進歩について、連続した総合的な説明が必要なことを指摘していた。「フロンティア」という概念が、首尾一貫した物語、すなわちアメリカの創造物語を作りあげる機会をターナーにあたえたのだと、アラン・トラクテンバーグ（Alan Trachtenberg）は指摘する。しかしながらターナーの「柵囲い」[*1]は、先住民やその土地を排除することによって、そして女性や他のエスニック集団についてはほとんど、あるいはまったく言及しないことによって、アメリカ的アイデンティティを規定しようとするものである。ターナーの言葉には、西部を、その未開の原始状態ゆえに、避けようがない自然のなりゆきであるかのような、都市開発の「前進」に利用できる空白の場所とみなす、明確なイデオロギー的読みが窺われる。修正主義は、ターナーの壮大な物語が矮小化したものを拡大し、西部を「柵囲い」としてではなく、民族、人種、言語、ジェンダー、そして地理の多様性が批評の舞台に登場するような、相争う力に開かれた領域、アネット・コロドニー（Annette Kolodny）の言葉をかりるなら「意味がさまざまに変化する風景の閾《いき》」[★1]として提示する。

土地と西部

コロドニーのいう「意味がさまざまに変化する」もののひとつは、明らかに土地である。土地の意味の変化をあとづけることによって、西部の生態環境がその中に住む人によっていかに異なる解釈をされてきたかをたしかめることができる。

先住民にとって、土地は聖なるものであり、複雑な意味の網目模様を描いて、人間を含むあらゆる生きとし生けるものと結びついている。彼らにとって土地は資産とはなりえない。自分たちが土地であり、土地とは彼らすべてにとっての母であり、彼ら自身と切り離せば土地は真の意味で土地ではないと考えるからである。こうした儀式的なイメージの中心にある豊かな全体性という考え方は、「聖なる輪」、あるいは存在の円環という比喩にこめられている。神は全霊《オールスピリット》と考えられ、他の存在もやはり聖霊とみなされる。「存在の自然な状態は全体」であり、だからこそ治癒のための詠唱や儀式では、全体性の回復が強調される。分割とは、全体の調和から分離された状態のことだからである。

これとは対照的に、多くのアングロ・サクソン系アメリカ人は、「一人ひとりの夢を追い求める所有欲の強い個人」として、全体の内の自分の取り分を柵で囲もうとしてやって来た。シッティング・ブル（Sitting Bull）の言葉をかりるなら、「健全な足は『神聖な大地』のまさに心臓の鼓動を聞くことができる」が、彼の部族の土地へ侵入してきた「所有欲という病気」にかかった白人たちは、「私たちの母、この大地を自分のものであると要求し、隣人を囲いの外へ閉めだし」、そして「建物やゴミで母を汚そう」としたのである。

西部において、所有という資本主義のイデオロギーは完璧なまでの発露をみいだす。土地とは分割し、分配し、登録するべきものであるとみなすことが、「文化的な要請」であった。ターナー論文は、白人開拓者が荒野を征服しながら入りこんでくる「自由土地《フリーランド》」が存在するという前提に基づいたものであった。「自由な《フリー》」土地であるなら、白人開拓者にとってそれは「空いている」「未開墾の」土地ということであり、さらに将来の繁栄が約束されている土地という意味あいも強くこもっていた。この点から西部は聖書の新たなるカナーン★2（Canaan）の物語に結びつけられ、新世界の豊饒、将来性、そして測りがたいほど豊かな資源の存在が示唆されていた。西部史の不変のテーマがここにみいだされる。「豊饒」に示される、待ちこがれた精神的再生の可能性と、「豊かな資源」に示される、物質的な富の牽引力との矛盾である。精神と富とが渾然一体となっている様は、多くの十九世紀白人アメリカ人が思い描く西部の表象に特有のものである。

一八四九年のゴールドラッシュは開拓地と鉄道の新設に拍車をかけたが、孤独な採鉱者というロマンティックなイメージは、高圧水を噴射して掘削する水力採鉱法を導入した巨大企業に急速に取って代わられていく。自営農地《ホームステッド》法(一八六二年)によって、土地は一六〇エーカーの小区画に分割され、額面価格一〇ドルで売られ、その一方では鉄道会社には土地購入用に巨額の助成金があたえられ、鉄道が大草原《グレートプレーンズ》を横断して延びていくことが可能になった。アメリカ先住民の土地は分割され、バッファローの生息区域は分断され、かつては地図のなかった荒野が、損益勘定にあおられた鉄道、採鉱、木材会社などの大企業の利益を基準に測量されていった。

この西方への進出は帝国主義的であった。アメリカは「時」というドラマの最後の幕で、オサリヴァンの言葉をそのままかりるならば、「『神意』によって割りあてられた大陸一面に広がること」[★3]、西へ移動し、その土地を占有することを義務とする白人開拓者たちの領土となるという、神の定めた「明白な運命《マニフェスト・デスティニィ》」にしたがっていた。エマニュエル・ロイツェ(Emanuel Gottlieb Leutze)の「帝国は西へ向かう」("Westward the Course of Empire Takes Its Way" 一八六一年)やジョン・ガストの「アメリカの進歩」は、このような衝動を完璧なまでに劇的に表現した絵画である。

性的な暴力や征服のイメージは、西部の支配を描写するためによく用いられてきたが、男性の言葉の中に、「物質的なものとエロティックなものとが調和よく混ざりあう」西部の「性心理的力学」を探るフェミニストにとっては、見直しの出発点となった。「女性としての土地」という見方から、男性の保護、所有、暴行の場所としての西部というイメージが繰り返し生まれ、女性は一方的に幻想あるいは理想とみなされるだけであった。同じような一群のイメージがアメリカ文化の中で力を維持しつづけ、メキシコ系アメリカ人フェミニスト作家のグロリア・アンサルドゥーア（Gloria Anzaldúa）はその状況を次のように描写するほどである。

英米人《グリンゴ》たちは白人の優越性という作り事《フィクション》の中に閉じこめられ、完全に政治力を握り、インディアンやメキシコ人の土地を、彼らの足がまだそこに根づいているあいだに奪った。私たちはぐいと根こそぎ引き抜かれ、先端を切りとられ、追い立てられ、私たちのアイデンティティや歴史から引き離された。

排除された者同士が侵犯のイメージをとおしてつながれている。女性、「インディアンやメキシコ人」、そして土地、すべてが修正主義があらためて主張しようとしてきたアイデンティティと歴史に結びつけられているのである。

男らしさ《マスキュリニティ》と土地

白人中心のアメリカ文化において、土地の支配的なイメージは男らしさ《マスキュリニティ》と結びついたものである。オーウェン・ウィスター（Owen Wister）の『ヴァージニアン』（*Virginian* 一九〇二年）のような、もっとも早い時期の西部劇小説から、西部は男らしさを試す場所として表象される。映画『ペイルライダー』（*Pale Rider* 一九八五年）には、水力採鉱の過程が男根崇拝的な忌まわしい土地破壊の光景として描かれる重要な場面がある。『ペイルライダー』は多くの点で『シェーン』（*Shane* 一九四九年）をまねているが、『シェーン』においては、土地による最後の抵抗が、ジョーとシェーンの「男性の力《マン・パワー》」をあわせて取り除かれる切り株によって示されていた。『ペイルライダー』になると、「男性の力」はいまや機械で表され、その破壊力は容赦のない残酷なものとなっているばかりか、土地の冒涜に若い女性のレイプ未遂を並べることによって、場面は一歩ふみこんだものになっている。土地を環境の上で「レイプすること」と、男性が女性を服従させ、暴行を加えることとが同時に進行する。その場面はあからさまで、特に最終的には「救済者としての主人公」が女性と土地を悲運から救うことを伝える手段となるだけに、問題をはらんでいる。しかし観客がこの映画のイデオロギーにどのように反応しようとも、この場面は、主流ハリウッド映画までもが修正主義の影響を受け、男らしさに関する、そして男らしさと女性的なるもの、男らしさと環境との関係などに関する現代の諸問題を相互に結びつけようとしたことを、明らかに示している。このことは『許されざる者』（*Unforgiven* 一九九二年）や『リトル・ジョーのバラード』（*The Ballad of Little Jo* 一九九三年）において、また新しくは『ワイルド・レンジ　最後の銃撃』（*Open Range* 二〇〇三年）、『ミッシング』（*The Missing* 二〇〇三年）においてさらに明白である。

映画『シェーン』の一場面。スターレット一家のために牧場業者ライカー一味を倒したシェーン（アラン・ラッド）は、少年に別れを告げ、現れたときと同じように、ひとり馬に乗って荒野に消えて行く。見送る少年の、「シェーン！　カムバック！」という叫び声がワイオミングの山々にこだまする。

西部劇映画の古典の多くは、主人公が土地から、まるでその厳しさ、その過酷さの一部であるかのように現れ出てくるシーンで始まる。それは、丘陵や砂漠という広大で、力強く、そして威圧的な、選ばれた特別な地形であり、神話のつねとして、それとは違う「肥沃さ、豊かさ、柔らかさ、流動性、多層性」を約束するような地形は、女性的な特質と混同されるかもしれないという理由でたくみに排除されている。一見なにもないような状態は、男性主人公に「自分が生きたいと思う物語を、あたかも初めてであるかのように、書きこむことができる白紙状態」を提供する。このようなイメージは、いかに「虚構」であろうと、土地を男らしい表現や、反社会的で前近代的な単純な儀式を試す場所であるとみなす考え方が支配的であることを示している。たとえば『シェーン』において、主人公は「かなたの広々とした平原から」やって来る。「長い道のりの埃がしみこんだ」服を着て、「黒っぽい姿の中の忍耐」と「いかにも自然な動作の中の静かな力」を肉体にたたえ、顔は「細くしまり、陽に焼けている」。若い観察者のボブ（映画ではジョーイ）はシェーンの中に、土地から生まれた孤独なライダーをみいだし、彼から男らしさ《マスキュリニティ》の一解釈を学ぶ。しかしその魅力にもかかわらず、シェーンは彼が現れ出た土地と同じように、小説の中ではスターレット一家に象徴される進歩に、最早あわなくなっている。「広々とした荒野が永遠に存続する」ことはありえない。なぜなら未来は入植者《ホームステッダー》や開拓地にあるからだ。スターレットがシェーンに忠告するように、「大事なのは自分の場所を選んで、自分の土地、自分自身の土地を手に入れる」ことなのである。しかしシェーンは『捜索者』（*The Searchers* 一九五六年）[*2]のイーサン・エドワーズと同様に、土地が彼の内部にあり、彼をかたちづくっているがゆえに、土地に落ち着くことも、土地を所有することもできない。この二人の男は荒野の広がりと自由とを必要とし、女性的なもの、家庭的なもの、定住するものといった社会的領域の内側に存在することができない。男らしい西部という中心的な神話を、彼らは荒野にもちかえるのである。

コーマック・マッカーシー（Cormac McCarthy）の修正主義西部劇『ブラッド・メリディアン』（*Blood Meridian, or the Evening Redness in the West* 一九八五年）は、このような神話を検討したものである。この小説において、西部は帝国主義と「明白な運命」の場所である。「明白な運命」は聖なる追求ではなく、残酷で恐ろしい暴行ととらえられている。中心人物ホールデン判事は、瀕死状態の土地と神秘的な関係を結ぶ。彼は「地球の宗主」、すなわち自然の中にあるあらゆる知識を獲得し、そしてその知識を自分のために貯える、神のような全知全能の権力者になりたいと願うのである。あるとき彼は、「地球の起源についての情報を読みとる」ために、その土地からとれた化石や鉱物を割っている。しかしこれは他人と共有するための知識ではなく、ただたんに自分の権力を増大させるためだけの知識である。「神は石や木々、さまざまなものの骨によって語る」がゆえに、自然界の物体は「神の言葉」だと考えるホールデンは、ファウスト★4であり、エイハブ★5であり、リア★6でもある。征服と帝国主義の「呪われた土地」、ここ西部を舞台に演じられる、人間のあくなき権力と支配の追求が浮かびあがる。D・H・ロレンスがいみじくも指摘しているように、知識を所有するためにはそのものを殺さなければならない、盗んで自分のものだと主張するためには破壊しなければならない。人間が「生命の秘密、個体の秘密を知りつくしたいと望む」がために、土地はその価値をすべて吸いとられつづけている。ホールデンは所有というイデオロギーの、暗い貪欲な肖像画であり、ついには「明白な運命」それ自体の誤りを指摘し、彼自身がそれを操る権利を要求しようとする。「自然だけが人間を奴隷にすることができる。そしてありとあらゆるものがくまなく捜しだされ、人間の前に裸で立たされて初めて人間は地球の宗主にふさわしい存在となるだろう」とマッカーシーは書く。ホールデンの「要求」は、小さな土地ではなく、地球そのものとそのすべての「秘密」であり、そうすれば彼は「世界を引き受け」、そして「自分の運命を定めることができる」というのである。彼は破壊的な、帝国主義的な価値観を象徴しており、特筆大書された全体主義そのものである。不滅への彼の強情な欲望は、土地を所有し、先住民たちを殺し、壮大な計画の中で、なんの役割ももたないものをいっさい排除しようとした西部遠征に類似している。ターナーのいう西部の「白紙のページ」は、おそろしく大がかりな自己主張の機会を提供したのである。「旧い社会秩序、あるいは政府の科学的な管理の束縛に阻止されずに、広々とした原野が個人にあたえられてきた」、そして「たたきあげの人間《セルフメイド・マン》が西部男性の理想であった」とターナーは書いている。

　この抑制の利かない激しい個人主義は、残酷な競争や、死と恐怖の場所としての西部を端的に表している。ウィリアム・バロウズはこのように書いている。「人間の歴史の汚れ、恐怖、恐れ、憎しみ、病気、死が、君と西部の土地とのあいだに流れている」と。これはすべて、広く流布していた黄金の土地神話や先住民文化の「聖なる輪」からなんと隔たっていることだろう。マッカーシーの極端な修正主義は、西部についてのありのままの真実を語ると主張するのではなく、読者の神経を逆なでしながらも、聞き慣れた物語やうつろな神話の再考を促すような、想像力に富む表現を創造することによって、西部の物語の抑圧された部分に読者の目を向けさせるのである。

女性と西部

西部に関するもっとも重要な見直しのひとつは、フェミニスト批評家たちによってなされてきた。彼女たちは従来の伝統的な歴史や地域の表象に異議を申し立ててきた。スーザン・アーミタージュ（Susan Armitage）は「アメリカ西部のほとんどの歴史は冒険や探検、争いの物語などのような英雄譚」であり、焦点をしぼることによってその首尾一貫性が達成されたと明言する。そのような西部の物語は、ジェイン・トムキンズ（Jane Tompkins）が主張するように、当時、東部の女性のあいだで人気が高かった感傷的な家庭小説の流行にたいするひとつの「答え」として発達した。そういった女性の小説は「文化の上でも政治の上でも、世界でもっとも重要な仕事（すなわち魂の救済）の中心に女性を据え、精神的な力がけっきょくは現世的な力につねに勝る」と主張していた。

トムキンズは、西部ものとは、「世俗的で、物質主義的で、反フェミニスト的」であり、「公の場における争いに焦点をしぼり、死にとり憑かれ、男根を崇拝する」ものである、と考える。男性作家の表現は、家庭、教会、家族といった女性の力のおよぶ領域に直接言及し、現実をテクストに再加工するなかで、この女性の領域を切り離し、男性には自分たちが試される秩序を想像できる空間をあたえようと模索する。このようにして西部ものというジャンルは男らしさを描き、女性を排除、あるいは周縁化するための「対抗儀式と信念」を発達させたのである。

ウォルト・ホイットマン（Walt Whitman）のような繊細で急進的な詩人でさえも、「開拓者よ、おお開拓者よ」（"Pioneers, O Pioneers" 一八六五年）において、言語とイメージを用いて、男性の領域としての西部という当時の支配的な考え方を表明している。

男らしい誇りと友情に満ち溢れ
征服し、領有し、決断し、敢行しつつ、見知らぬ道を進み行く
原始の森を切り倒し
川を堰きとめ、細かく調査し、地底にひそむ鉱脈を深く貫き
広い地表を測量し処女地を激しく掘り起こす

土地と女性的なるもの、両方を管理し、支配するという、この詩に滲み出る男性の幻想こそが、他の多くの点で、西漸運動という領土拡張政策を称賛するものである。女性と土地との関係において、男性は強引で、自分のほうが優秀であることを証明し、さまざまな方法で相手を「おとなしく」させなければならなかった。文学も「処女大陸を所有することに熱心な男たちの性心理のドラマ」となることによって、そのひとつの手段となった。西部の「新しい歴史」は、西部における女性の重要な役割を、「連れ合い《ヘルプ・メイト》」、文明化の推進者、娼婦、母親といった、ただのステレオタイプ化した容認された役割の中ではなく、新しい女性の視座を示すことによって明らかにする。そのひとつの方法は、彼女たちの身の上や家庭における儀式的な行為、毎日の習慣など、女性一人ひとりの物語を再評価することである。それは開拓の全般的な傾向や「波」を明らかにしようとする、壮大な西部の物語の追求とは対照的である。

「古典的」西部小説であり、のちに映画にもなった『シェーン』はすぐれた点の多い作品であるが、マリアン・スターレットを平原のマドンナ、すなわち男たちが手に入れようと努力する文明化の推進力という、ステレオタイ

『荒野の決闘』の一場面。西部の男、保安官ワイアット・アープ（ヘンリー・フォンダ）の前に、文明の東部からクレメンタイン（キャシー・ダウンズ）が駅馬車で現れる。西部史上に残る人物、事件を題材にした西部劇の名作。

プ化した鋳型にはめて描いている。彼女を説明するまず最初の言葉は「母の菜園」であり、そして次のように語られる。「母は料理が得意だった。物事がうまく行かないときでも、きちんとした食事を用意できるかぎり、まだ文明化された《シヴィライズド》快適な生活をしていると自分でわかるし、もっと前に進める望みがある、と父によく話していた」。マリアンは家庭的で、文化的な生活を送っており、それでいて奇妙なことに、小説に暗示されるように、野生的なシェーンの性的な脅威に心を乱されもする。西部の女性である彼女は、役割の中に、家や庭の中にとどまっていなければならない。それが彼女に許された領域の限界である。彼女はたしかに荒野の内部にいる。しかし彼女の内部に荒野が存在することはありえない。荒野は手なずけられ、小説が描く健全な家庭化の方向へと導かれなければならないのである。ここから、男たちが土地を耕作し、野蛮なインディアンを追いだし、無法者たちを追い払おうとするのは、女性のため、そして文明化のためであったことがわかる。ジョン・フォード（John Ford）の古典的西部映画、『荒野の決闘』（*My Darling Clementine* 一九四六年）における女性の描かれ方は、混血の娼婦、チワワと処女の学校教師、クレメンタインという、ステレオタイプにしっかり根ざしたものである。映画の中では、ワイアット・アープが次第に「文明化」されていく様子が示される。ある場面で彼は、床屋に立ち寄り、顔を洗われ、身だしなみを整えられ、香水を振りかけられ、そして町に新しくできた教会のフォーク・ダンスへクレメンタインをエスコートしていく。彼はそこで、フォード映画にはつきものであるコミュニティの儀式的な行事、ダンスに次第に慣れさせられて行く。アープは帽子を脱ぎ、ある程度まで、西部の新しい町やコミュニティに彼を結びつける儀式に参加し、最終的には彼の暴力のおかげで成立した入植地や組織に挨拶を送る。けっきょくのところ彼は定住できないが、多くの西部劇と同じように、映画の中にその文明化のプロセスは確立されている。そしてプロセスの中心には、「前近代的な西部」と「文明化された新しい西部」とを両立させることに着手し始めた新しい秩序の中で背後にとどまりつづける女性たち、女性的なるものの存在がある。この映画は、『シェーン』の結末部分で、安心させるような声でマリアンが、シェーンは立ち去ったのではなく、「ここ、この場所に、彼が私たちにくれたこの場所に」とどまっている、「彼は私たちの周りに、私たちの中に、いまもこれからもずっといる」、と主張するのと重なる。開拓され、文明化された西部は、マリアンやクレメンタイン、さらにその他の、男性の神話がこの国の暴力を説明するために作りあげたマドンナたちの領域である。この映像による感傷的なイデオロギーを、ひとつのイメージに完璧に定着させているのが、ジョージ・ケイレブ・ビンガム（George Caleb Bingham）の絵画、「開拓者を率いてカンバーランド峡谷を抜けるダニエル・ブーン」（"Daniel Boone Escorting Settlers through the Cumberland Gap" 一八五一—二年）である。

こういった神話のイデオロギー的な要素は、少なくともふたつの目的を果たしている。ひとつは西部にジェンダーの区別をつけ、女性と男性の明確な役割を定めることであり、もうひとつは、これと西方への拡張というより大きなプロセスとを、両者があたかもまったく正常で、神に定められたものであるかのように結びつけることである。幸いにして、このようなイデオロギーは新しい観点からみることによって明らかにすることができるし、またそれらが作りだされた当時は社会に受容され、その意図が表向きは無害であるかのようにみえたために隠されてしまった問題点も、明らかになる。そのような新しい観点が、ウィラ・キャザー（Willa Cather）の小説にみいだされる。彼女はジェンダー化された西部に挑もうとしていたのである。

多様な西部——ウィラ・キャザーとその向こうに

ウィラ・キャザーの『おお、開拓者よ』（*O Pioneers* 一九一三年）においては、題名をかりたホイットマンの詩に答えるかたちで、草原のマドンナという伝統的で、強制された見方に反撃が加えられ、土地との創造的な相互関係を発展させる、洞察力と力を備えた有能な女性が描かれる。その女性、アレグザンドラ・ベルグソンの父親は、土地を「その守護神が人間に不親切」であるために、「飼い馴らさなければならない」もの、「どのようにして手綱に馴らしたらよいか誰にもわからない馬のような謎」とみなす人物である。彼女は父の頑固さと勤勉さ、母の伝統と保存の観念（小説の中で彼女は絶えず果物をジャムにして保存している）から学び、そして誰よりも、土地と調和して生きている環境保護論者の原型のようなアイヴァーから学ぶ。土地を「破壊する」よりも「自分よりも前にそこに住んでいたコヨーテと同じように、自然の顔を汚すことなく」生きることをアレックスは学ぶのである。彼女は、「広大な屋外」を家とし、「土こそが自分を一番よく表現できるものである」ような、「新しい関係」を土地と結ぶ。キャザーにとって、公のスペースは女性が利用できるものであり、女性たちはその内部でただたんに男性を、そして彼らの間違いを真似するようなことはせずに、仕事をすることができる。西部の土地とは征服されるべきものではなく、育み、共に生きるべきものであり、やがては彼女自身の肉体の延長のようになる。それはたとえば次のように描写される。「彼女はあたりの休閑中の平らな土地に似ていて、いわば自分自身の身体の中で楽しそうに芽が土から出るかのように感じた」。キャザーはまた、アメリカ先住民の考え方にも似た土地との相互関係を提唱し、「人は移り変わる。しかし土地はつねにそこにある」と書いている。実際、小説の終わり近くで、未来の夫カールを相手にアレックスは西部の将来について話しあい、こう主張する。「それを書くのは私たちよ。もてるかぎりの力をつくして」と。ここで強調しなければいけないのは、「私たち」、すなわち男と女が西部の歴史を「書く」ということ、そして西部の風景そのものを「書く」ということである。

女性の歴史にたいするこの「新しい見方」は、「伝統的な」歴史を問いただすための手段のひとつである。アンサルドゥーアが述べているように、「文化が私たちの信念を作る。文化は権力の座にある者、すなわち男性によって創られる」。しかし、彼女は他の多くの女性のように、この白人男性の歴史の支配的な言説に異議を唱え始めている。この西部の歴史の洗い直しをすることによって、いまではさまざまな声に権限があたえられている。西部の新しい多文化主義において、メキシコ系アメリカ人、アメリカ先住民、非ラテン系白人アメリカ人、アジア系アメリカ人の女性たちが、より伝統的に受容されている公式の見方と並んで、自分たちの物語を表現してきたのである。[*3]

そのひとつの例がアニー・プルー（E. Annie Proulx）の作品である。短編集『至近距離――ワイオミング物語集』（*Close Range* 一九九九年）や『バッド・ダート――ワイオミング物語集2』（*Bad Dirt* 二〇〇四年）、長編小説『オールド・エース』（*That Old Ace in the Hole* 二〇〇二年）における西部の物語は、伝統的なステレオタイプや「新しい西部《ニュー・ウェスト》」の現代的なイメージを故意に修正する西部の解釈を探求している。「ここでは現実など役に立ったためしがない」という『至近距離』のエピグラフが、その最適な導入となっている。彼女の作品は、気まぐれな破綻した生活、風変わりな登場人物、冷笑的なユーモアを用いて、終わることのない夢や困難、失望、地域の大企業化を考察し、そうすることによって読者の期待や仮定に疑問を投げつける。このことは、二人のカウボーイ、イニス・デルマーとジャック・ツイストのホモセクシュアルな関係を描いた大胆で哀しい物語、「ブロークバック・マウンテン」（"Brokeback Mountain"）にもっとも明らかである。二〇年間つづく二人の関係は、家族、仕事、そして定められた男性性《マスキュリニティ》といった、プルーが西部の典型的な「ストイックな生活」と呼ぶものの、伝統的なイメージや規範の多くを切り抜けて進む。プルーは、この「ひっくり返された」想像上の西部において、厳重にひかれた境界線が破られ、なにもかもが「ぐちゃぐちゃに混ざりあい」、もはや神話や定まった規則の呪縛から解かれて、突然あやふやなものとして現れた地域で、生活が「ゆっくりと浸蝕」されていくことを探求する。物語の感動的なクライマックスで、イニスは秘密の恋人ジャックの死後、その寝室を訪れ、クローゼットにふたりのワークシャツが二枚重ねてかけられているのを目にする。「ひとつをもうひとつの内側に入れて、ふたつがひとつになった、ふたつの皮膚のような」シャツ。多くの点で、このクローゼットに隠された物語は、「手なずけられた知」に耳を傾けよというフーコーの要請を思い起こさせる。多数の物語が同一ではない全体に関係づけられ、複雑で多様な布地ができあがる。

結論――現代の西部の風景

このような見直しのおかげで、西部についての公認の歴史や、あるいは民間に流布している言説をつうじて伝えられる神話だけではなく、さらに多くの物語に触れることが可能になった。そういった物語は「現実」と「想像されたもの」とのあいだの入り組んだ複雑な関係を証明してきた。

マイク・デイヴィス（Mike Davis）は近年、西部の「反神話記述学」に貢献してきたが、特に西部の環境破壊にたいする批判を発展させてきた。彼は西部がいかに兵器産業や核廃棄物、核実験のゴミ捨て場となってきたかを明らかにし、リチャード・ミスラック（Richard Misrach）の写真を環境被害の証拠として使う。このような写真は「アンセル・アダムズ（Ansel Adams）の覇権にたいする正面攻撃」である。畏敬の念を起させる、西部の自然を写したアダムズの写真は、環境の至福の最後の声明としてみられてきた。ミスラックたちは、「この危険にさらされているとしても、処女《ヴァージナル》のような自然という神話を荒々しく脱構築」し、西部の廃棄物や残骸という「もうひとつの図像」を示す。この章でこれまで述べてきた歴史家や作家、映画製作者たちの仕事に匹敵することを写真の分野で実現するためである。彼らは一八七〇年代のもとの姿の西部を「再調査」しているのである。ひとつには加えられた変化と破壊を明らかにするために、そしてより広くは、他の見直し作業と同じように、さまざまな出来事の公式な解釈の背後にあるものに人々の注意を喚起するために。西部の「再写真家《リ・フォトグラファー》」の一人であるマーク・クレット（Mark Klet）の言葉をかりるなら、その目的は、さまざまな異質な人々や地理が衝突する交戦地帯としての西部について、「それまで尋ねてみようと思いもしなかった疑問を提起すること」である。しかしながらターナーの「柵囲い」は、いまや明らかに西部の新しい解釈に向かって永遠に開けられているが、「西部の修正と再想像」は決して完成することはなく、この地域と、そしてこの地域と国、世界両方との多様な関係を批判的に検討しつづけなければならない。

ケース・スタディ（2）——南部理解は不可能なのか？

西部と同様、南部も多くの物語が競いあう地域である。それぞれの物語がその正当性を、また南部がいかに他の地域と同じか、あるいはまた異なるかを主張する。南部と他の地域との違いについての議論は、アメリカの歴史学者たちに共通してみいだされてきたものである。そしてそのことが文学やジャーナリズム、その他多くのさまざまな形態の文化に反映している。大衆文化においても、南部の特殊性は主要な話題でありつづけてきた。ウィリアム・フォークナー（William Faulkner）の『アブサロム、アブサロム！』（*Absalom, Absalom!* 一九三六年）において、シュリーヴ・マッキャノンがクウェンティン・コンプソンに、「南部について語れ！　そこでなにをしている？　なぜそこに住んでいる？　ともかくなぜ生きるのだ？」と迫ることは、よく知られている。シュリーヴのこの命令は、南部のアイデンティティを明らかにして、多くの人にとっては理解できない謎を仕方なく受け入れるための、矛盾するさまざまな試みに反映されてきた。

南部を理解しようとするこのような粘り強い努力は、南部の内部だけではなく、外部から生まれたものでもあった。南部の違いは、それが南北戦争前の南部、旧南部のロマンスに表れているにせよ、人種差別の激しさに表れているにせよ、外部の人間にとってはつねに魅力であった。その結果、外から南部をみて、決まり文句で南部をステレオタイプ化したいという衝動と、当の南部人が自分たちの信念や価値観を表現してきたやり方とのあいだには、往々にして衝突が起こった。ウィリアム・スタイロン（William Styron）は『ソフィーの選択』（*Sophie's Choice* 一九七九年）において、南部の意味を議論する中でこの衝突をとらえて表現している。登場人物の一人が次のようにいう。

少なくとも南部人は思い切って北部へやって来た。北部がどのようなものかをみに来た。一方北部人はというと、本当にわざわざ南部へ出かけた人なんてほとんど皆無だ。たしか君は、北部人が自分たちの強情で、独善的な傲慢さにご満足の様子だ、といっていたね。自分がみたこともない、知らない場所を、一体どうやって心から憎んだりできるんだ？

したがって外部の人間が南部をどのように曖昧に解釈し、反応してきたかをみてみるのも参考になる。たとえば、南部解釈の中でもっとも影響力のあるもののひとつは、ハリエット・ビーチャー・ストウ（Harriet Beecher Stowe）の『アンクル・トムの小屋』（*Uncle Tom's Cabin* 一八五二年）であるが、その大半はメイン州で書かれ、ストウが南部について直接知っていることは非常にかぎられていた。いま一人の北部人、ピッツバーグ出身のスティ

「渇水期のミシシッピ川」と題されたカーリア・アンド・アイヴズ印刷工房のリトグラフ（石版画）。蛇行するミシシッピ川、外輪船、大農園主の邸宅、奴隷小屋、黒人の家族、樫の木、スパニッシュモスなど、いかにも「南部らしい」光景が描かれている。

ーヴン・フォスター（Stephen Foster）は、「ケンタッキーの我が家」（"My Old Kentucky Home" 一八五三年）や「故郷の人々」（"Ole Folks at Home" 一八五一年）のような歌によって、南部のプランテーション社会を懐かしむ気持ちを広めるのに一役買った。方々で複製が作られたカーリア・アンド・アイヴズ印刷工房（Currier and Ives）のリトグラフも同じである。ニューヨークのユダヤ人、チャールズ・K・ハリス（Charles K. Harris）は、たとえば「ヴァージニアの緑の野で」（"Mid the Green Fields of Virginia" 一八九八年）を書いたが、ヴァージニア州を訪れたことはなく、自分の描いた南部はまったくの想像の産物で、ヴァージニアでトウモロコシが作られているかどうかも、キャロライナに丘があるかどうかも知らないと、正直に白状している。

多様な南部

このような矛盾は、南部が他の地域とどのように異なってみえるか、そしてそれは時がたつにつれて、どのように変遷してきたかを明らかにする多様な試みがあることを示している。それは十八世紀後半に始まり、十九世紀の奴隷制をめぐる国家の危機の中でより一層激しくなり、いまなお盛んにおこなわれている議論である。多くの人は、このような違いがあまりにも誇張されすぎ、南部の価値観とアメリカの価値観はいままでも、そしてこれからも、多くの点で共通すると主張してきた。さらに進んで、暴力、人種差別といった南部に顕著な、そしてしばしば否定的な特質は、アメリカ人の基本的な特徴がたんに強調されたものにすぎない、と主張する者もいる。あるいはまた、南北戦争時代の、南北の違いがもっとも明らかであるかにみえたときでも、アメリカ人は袂をわかつよりは共通する点が多かった、と主張する者さえいる。

次のような少し異なる見方もある。はっきりとした南部のアイデンティティがかつては存在したかもしれないが、すでにそれは他の地域も支配するようになった近代化の波に次第に侵食されてしまった、という見方である。都市化、工業化、マス・コミュニケーションの出現、大量輸送システムの総合化、冷暖房などが総力をあげて南部の孤立を解体し、この地域を国の主流にしっかりと結びつけてしまった。南北戦争後の南部の歴史をふりかえってみると、いま挙げたような力が「旧」南部を大きく変え、なんらかの点で南部を「新しく」したと主張されたことがなん度もあった。北部を手本に工業を発展させ、物質的な進歩を遂げることによって、南部は経済的な依存状態を脱し、南北戦争の軍事的な敗北で失われた自尊心を回復できるだろうと考えられた。ブッカー・T・ワシントン(Booker T. Washington)は一八九五年に、物質的な繁栄と人種間の憎悪の消滅が、彼の「最愛の南部」に「新しい天国と新しい現世」をもたらすだろうと予測した。しかし多くの場合、このような「新しい」南部が「新しい天国と新しい現世」をもたらすことはなく、生活はあい変わらず昔のままであった。多くの人たちにとって、十九世紀後半に予見された「新南部」が現実のものとなるのは、第二次大戦後の、工場労働者が数において初めて農民を上回り、南部人口の大半が都市に住むようになったときである。「新南部」がいつ実現したかはともかくとして、経済指標に明らかに示されているのは、農業中心であった南部が、多くの点で他の地域と同じような社会秩序に変わってからすでに久しいということである。

また対照的に、南部も他の地域も物質面では変わりがないようにみえるにもかかわらず、南部の社会や文化への

ミシシッピ河畔のオーク・アレー・プランテーション。等間隔に並んだ見事な二十八本の樫の木と、ギリシア復興様式の建物が南北戦争前の華やかな生活を伝える。

関心から依然としてこの地域の特殊性を主張しつづける者もいる。南部とは物質的あるいは地理的な要素の集合というよりはむしろ、ひとつの精神的な状態、心理的な傾向だと、彼らはいう。トマス・ジェファソン（Thomas Jefferson）は、一七八五年、あるフランス人貴族に宛てた手紙において、南部のある種の特質は気候に関係しているかもしれないと仮定している。涼しい《クール》北部とは対照的に、ヴァージニアの暖かさが精神的にも肉体的にも人を無気力にし、ヴァージニア人は激しやすく、怠惰で、気ままであり、とりわけ寛大である、と彼は考えた。ジェファソンのような一般化は攻撃の的になりやすいが、現代の地域研究の専門家たちも南部の文化的な遺産を強調しつづける。消え行く南部を描こうという試みには長い歴史があり、南部の生活様式と南部以外の地域の生活様式の類似化をめぐる議論と関連づけられることが多い。しかしながら、文化や宗教、社会的および人種的な特徴、神話、民話など多くの点から、南部はこのまま長く特殊性をもちつづけるだろうと考えられる。このような文化的な差異は、南部が変革を迫られるときにしばしば強化されてきた。ミシシッピ大学の最近の研究は、たとえばフットボールの試合で南軍の大きな旗を掲げもったり、「ディクシー」[★7]（Dixie）を校歌として歌ったり、白いあごひげをたくわえた昔風の南部紳士、カーネル・レブル（Colonel Rebel）[★8]をマスコットにしたりといった、いかにも伝統を象徴すると思われていることが、実はせいぜい一九四〇年代後半に始まり、第二次世界大戦後の南部の生活様式への抗議であったことが判明している。

南部の全国化をめぐる論争に決着がつかないからといって、一枚岩的な南部を仮定して、南部内部の違いを重要ではないかのようにあつかうのも危険である。かつて南部とは、旧南部連合の十一州に★9、おそらくは半ば内部、半ば外部という境界的な位置に立つケンタッキー州を加えたものと定義されることが多かった。しかし現実世界の具体的な経験という意味では、この十一あるいは十二の州に一体どのような共通点があるのだろうか。たとえば天候のような、ある地域がどこから始まり、またある地域はどこで終わるかが明確にわかるようなやり方で、数量で評価できる客観的な特徴をみつけることには、明らかに問題がある。「一様な」南部という考えは、南部内部の多様性に直面すると、ばらばらに壊れやすい。アパラチア山脈地域をミシシッピ・デルタと、あるいはルイジアナ南部をヴァージニアと、あるいはフロリダとどこかを並べて論じてみれば、南部全体としての特徴を客観的に述べようという企ての脆さが露呈されるだけであろう。地理的には南部は、個々の土壌や天候に結びついたさまざまな農業形態によって区分されている。最近は、場所や時代を超え、南部経済の多様性が指摘され、「南部」、「北部」、「西部」のような大きい分類の影に隠れたこのような複雑さにこそ多くの論者の関心が集まっている。南部がひとつの独立国家として存在した南北戦争の短い期間でさえも、政治的な事柄の実施をめぐって、南部連合国の内部で相当な緊張が走っていた。このことは少なくともいくぶんかは、その地方の経済状況を反映していた。南部の内陸部には南部白人の大多数が住んでいたが、その中には南部の大義にたいする不満や、多くの人が金持ちの戦争とみなすようになったものにたいする、あからさまに敵意ある憤りを示す地区がところどころにあった。このような違いはそのまま十九世紀後半、二十世紀にも消えることなく、一定の期間をおいて表面化しては、白人の南部という一枚岩的な伝統的なイメージを壊しつづけてきた。

南部のアイデンティティの問題が人種問題に結びつくと、また別の問題が浮かびあがる。南部神話のある種のものは、南部は「白い」と決めてかかっている。このような見方にたいする黒人の反応はさまざまで、たとえばブッカー・T・ワシントンのように、白人の支配的な価値観を少なくとも戦術として受け入れることを唱道する人たちもいた。ワシントンは、十九世紀後半の南部の激しい暴力や人種差別のただ中で、平等や人種差別廃止の即時実現を煽り立てるよりはむしろ、南部の黒人たちは教育や経済発展によって自分たちの社会を改良することにもっぱら力を注ぐべきだと訴えた。また、場所としての南部への愛をそのまま保ちながら、異人種間平等という方針に沿って南部を作り直そうと主張してきた者もいる。一九五〇年代、六〇年代の公民権運動は、主に南部の黒人活動家で構成されていたが、前の世代の多くが一九二〇年代から四〇年代にかけて、南部をただたんにそのままにしておいたのにたいして、むしろ南部を改造することを目指していた。南部を人種の民主主義国に変容させ、南部生活の主流に黒人を溶けこませようとするこの試みは、マーティン・ルーサー・キングが気づいていたような、皮肉な結果を招くのかもしれない。キングは一九六三年夏、バーミンガムでこう書いた。「勇気、忠誠心、誇りといった、長いあいだ、もっぱら南部の白人だけの特質とみなされてきた美徳が、暑い夏の闘いのただ中で、すでに黒人のデモ参加者たちの手にわたった」。

　多くの黒人たちは南部を完全に拒否し、北部や西部の都市へと向かう「大移動《グレート・マイグレーション》」の波に加わり、ただたんに南部をあとにした。経済的な機会を求めたり、南部社会の拘束から逃れたりするためだった。そのまま南部にとどまった者にとっては、公民権運動によって成し遂げられた南部の変化にあわせるほうが容易であった。黒人、白人の相互の関係、あるいは協調さえも示す次のような結果がある。ノース・キャロライナ州における一九七一年の世論調査において、成人の一般住民を対象に、自分を南部人といえるかどうかを尋ねた。すると、白人のおよそ八二パーセントが南部人であると答え、黒人のおよそ七五パーセントも自分が南部人であると答えた。このことから南部の黒人が一方では白人の南部人を再評価し、また一方では、自分たちにも「南部人」という名称を要求していることが窺える。
　地域のアイデンティティを考える際に、「地域《リージョン》」と「地域主義《リージョニズム》」との違いに注目することも役に立つ。「地域」という言葉は、たとえば際だった経済的、社会的特徴を分析することによって、客観的と思われる用語で地域を定義する。しかしながら「地域主義」という言葉を使う場合はさらに進んで、ある特定の特質を擁護する行為になる。ここでいう「地域主義」の起源は、十九世紀初めの土地と文化のロマンティックな結びつきにさかのぼる。地域主義の主張は、保守的なアプローチの仕方をすることが多く、現代世界に脅かされている、あるいは圧倒されている昔の伝統や生活パターンを振り返る。たとえば両大戦間期に、「農地改革論者《アグラリアン》」とのちに呼ばれることになる南部の作家と知識人のグループは、都市化や工業化の力が、南部について彼らがもっとも尊重するものを脅かしていると批判した。この「南部のマニフェスト」が発表された『私は自分の立場に立つ——南部と農業伝統』（*I'll Take My Stand: The South and the Agrarian Tradition* 一九三九年）は、中央集権化された政府を機械と現金取引関係にもとづく生産システムに結びつける、強力な経済、政治体制に支配された世界において、個人主義的、人道主義的な価値観が脅威に晒されていることに警告を発するものであった。

　南部、および南部と他の地域との関係を、地形学的、文化的、あるいは社会的になんらかのかたちで明確に定義をすることが困難であるなら、南部理解のさまざまな試みをとおして南部のアイデンティティという問題にアプローチするほうが、効果的かもしれない。この観点からみると、南部は、存在しているとみえるからこそ存在してきたのであって、みたもの、あるいは想像したものを表現するための努力そのものが重要となる。他の文化の住人についてと同じように、南部人たちも変わりゆく歴史の中で、自分たちの日々の経験と結びついている世界の見方を発達させてきた。

　以上のことをふまえて、南部について語られつづけてきた物語を例に、文化的な証拠をとおして、南部の歴史のさまざまな時期に南部人であるとはどのような意味があり、そしてその違いが南部人によって、そして外部の人間によってどのように表現されてきたかを解明する方法のいくつかを探りたい。

ドキュメンタリー・ルポルタージュ

南部のアイデンティティを明確にするひとつの試みは、なんらかの方法で南部を「記録」し、観察と調査をつうじて、南部の生活のより正確な姿を明らかにすることであった。これは南北戦争以前に奴隷制の南部へ赴いた北部人やヨーロッパ人に始まり、二十世紀においても依然として南部に関する資料の宝庫でありつづけている。

ここで考慮にいれておかなければならないのは、ドキュメンタリーもまたひとつの「構築された」形式であって、その意味はあくまで曖昧であり、まぎれもなく想像力で作りだされた、あるいは捏造された作品と同じくらい注意深く探求されなければならないということである。このことはドキュメンタリーを南部の歴史の代わりに用いる場合にきわめて重要である。なぜならドキュメンタリー作品は、南部における生活のさまざまな面について客観的な見解を示しているようにみえて、しかしけっきょくそれは作り手がその時代の「真実」と認めたものを伝えるために、ある慣習や規則にしたがって作りだした偏った記述、イデオロギーのテクストだからである。

二十世紀のもっとも強烈な印象をあたえる南部像は、一九三〇年代に南部を記録した写真家の作品に示されている。彼らの記録の仕方は、人々の記憶にこの時代がどのように残るかということに強く影響してきた。作品の多くは再定住局（Resettlement Administration）、のちの農地保護局（Farm Security Administration 略称ＦＳＡ）に付属した写真部門の活動であることから、連邦政府の支援を受けたものである。ＦＳＡの作品の中には監督局のプログラムの「成功」を称賛するものもあったが、もっともインパクトをあたえたのは、地方の貧困に関する問題を記録したものであった。ＦＳＡの写真は、アメリカの農村部、特に南部におけるニュー・ディールの成果を説明するために、しばしばマスメディアで用いられた。写真の見かけ上の透明性が、「事実の威厳」をともなって南部を写しだしていた。

しかしながらＦＳＡの写真の場合、ありのままの「事実」を強調することは問題がある。写真映像は「カメラの前の被写体を操作する」からである。たとえばアーサー・ロスタイン（Arthur Rothstein）の『砂塵嵐の中、小屋のそばを歩く農夫と息子』（*Farmer and his Sons Walking by Shack in a Dust Storm* 一九六三年）と題された写真は、写真家本人が認める、最大の効果があがるように「演出」された写真である。のちにロスタインは、「もし結果が写真家がみたと信じるものを忠実に再現しているならば、写真を撮る際に生じることはなんでも正当化される」と述べている。やはり短いあいだ、ＦＳＡの仕事をしたウォーカー・エヴァンズ（Walker Evans）はこのような作品において、ロスタインが本当のドキュメンタリーの教義に違反していると考える。彼の理想は「純然たる記録」を作ることであり、改変や操作など論外だと主張した。プロパガンダに終わる可能性があるからだ。

エヴァンズはこういった考えのいくつかを、ジェームズ・エイジー（James Agee）と共同制作のドキュメンタリー作品、『わが民』（*Let Us Now Praise Famous Men*）をつうじて実践した。一九四一年出版のこの作品は、エッセイと写真を組みあわせて、南部の平均的な、あるいは典型的な白人小作農の日常生活を記録したものだった。エイジーは南部文化とも、南部の既成作家たちの信念や価値観ともなにか正式な関係があるというわけではなかった。しかし大衆文化、とりわけ映画や写真の可能性を強く擁護し、それゆえに南部の農地改革論者《アグラリアン》の作品にみいだしたある種の社会的、文化的な保守主義にたいして、彼は敵意を覚えた。エヴァンズを共同製作者にエイジーが南部のアイデンティティとその記録の可能性を探ったのは、一度は捨てた故郷に戻り、自分の捨てたものにふたたび目を向ける急進的な南部人としてであったが、むしろそれ以上に、みるというプロセスそのものに付随する問題を非常にはっきりと、そして力強く提起するためであった。どのような権威があって他人の、しかも特に貧しい人たちの生活を記録し、解釈したりするのか。どのような読者のために解釈するのか。どのようにしたら被写体を卑しめたり、周縁化したりすることなく、彼らの経験を伝えることができるのか。この点において、ある批評家は『わが民』が分益小作《シェアクロッピング》についての本というよりむしろ、分益小作についての本を書くことについての本であると示唆した。そうすることによって彼は、一九三〇年代後半に南部が直面していた矛盾、すなわち苦悩と貧困に結びつけられはするが、計りしれない回復力と文化的な深さを蓄えもつ過去を守ることと、物質的な進歩をもたらすが、しかし地域社会の価値観を犠牲にする未来を選ぶこととのあいだの矛盾に、問題を提起したのである。

『わが民』の冒頭には、みずからの仕事の倫理性と、自分が自由に操れる手段の技術的な脆さと、その両方についてのエイジーの厳しい自己への問いかけがみいだせる。エイジーは言語が南部の人々を正確に表現できるのかと疑いながら、それでも彼らの魂を捕らえようという試みにあくまでこだわる。エイジーは、伝統的なドキュメンタリー形式、そしてその「事実」や客観性の重視を拒否し、異なる形式上の装置をもちいて、書き言葉の限界についての不安を克服しようとした。その一例は、仕事や家、自伝的告白、詩など特定のトピックについての極端に詳細な記述である。言語テクストに先行する、ウォーカー・エヴァンズの解説のない六〇枚の写真もまた同様に重要である。写真とテクストが対置されることによって、表現手段にたいするエイジーの関心があらためて強調されるのである。エイジーは、カメラの「誰の助けもかりず、武器をもたないのに近い意識」が、言葉について彼がみいだした問題を克服すると主張する。カメラの氷のように冷たい視線は「絶対的な、ありのままの真実以外のなにも記録することができない」からである。

エヴァンズの写真において、彼の被写体は写真制作における自分たちの役割に気がついている。彼らはカメラや撮影者、そしてその背後にいるはずの写真をみる人たちを意識している。実際のところ、美的な効果をねらって分益小作人の家で家具を配置し直すなど、エヴァンズもロスタインと同じ手段に訴えている。にもかかわらずエヴァンズは、写真をみる人の感性を意識するだけではなく、被写体となる人物たちにある程度の自尊心をもたせようとした。したがって、エイジーとエヴァンズがそれぞれのやり方で考察したことは、一部の歴史家が一九三〇年代の南部人一般、特に貧しい人たちの生活を理解しようとしたときに中心的な問題点とみなしたものであった。ここでは進歩はかならずしもいいことずくめの恩恵とはならなかった。進歩は電化、改良された道路、科学的な農業のような近代化の恩恵をもたらし、南部をアメリカの主流に近づけたが、また一方で生活の仕方、生活のパターン、すなわち文化を損なうことにもなったのである。

南部を書く

南部文化の強烈なテーマは、作家と地域との関係であり、書くことと場所との結びつきは解釈上の重要な問題を提起してきた。南部文学は、南部の地理を描写する正確さと深さとで評価されるべきだろうか。それとも、想像力のなせる業と判断され、あまりにも厳密に「現実の」世界などという考えに束縛されたときにだけ、その権威がおちるのだろうか。この緊張関係は多くの南部作家の作品に触れることで明らかになるかもしれないが、ウィリアム・フォークナーの人と作品にその典型をみいだせる。

フォークナーは生涯の大半をミシシッピ州の小さな町オックスフォードで過ごし、そこを舞台にヨクナパトーファ（Yoknapatawpha）と彼が呼ぶ、想像上の地域を創りだした。この架空の風景の中で、フォークナーは南部の歴史と社会と向きあうことができた。しかし、南部の過去という重荷を受け入れようとしてフォークナーは、歴史をたんに実際の出来事の集まりとしてだけではなく、想像力の強さと広がりによって過去を再建する機会としてあつかった。南部作家たちはしばしば、家族、人種、宗教、場所の感覚、人間の不完全さ、といった特定のテーマに関心をもつが、フォークナーをはじめ、ロバート・ペン・ウォレン（Robert Penn Warren）、アレン・テイト（Allen Tate）、ウィリアム・スタイロンといった作家たちは、このようなテーマを南部の歴史というコンテクストの中で展開した。

対照的にボビー・アン・メイソン（Bobbie Ann Mason）の『イン カントリー』（*In Country* 一九八五年）は、そのような伝統的な関心からの移行に特徴がある。主人公サム・ヒューズが住むのは、全国的な大衆文化で時間が測られる世界であり、そのことが彼女の存在のあらゆる部分を特徴づけている。テレビの番組表やコンサートが彼女の人生の節目を示し、地域社会的な要素から遊離した根無し草のような状態は、彼女の落ち着かない移動性で一層強調される。移動をはばむフォークナーのヨクナパトーファに代わって読者に示されるのは、道路によって、そして祖母と叔父のエメットとともにケンタッキーから首都ワシントンのヴェトナム戦没者慰霊碑へ向かう、サムの最後の旅に特徴づけられる南部である。彼女の願いは慰霊碑に父の名前をみつけることである。サムが歴史に無関心というわけではない。しかし彼女の考える過去は、南部のかつての複雑な歴史の影響を受けるのではなく、父親の人生を理解しようとする彼女の個人的な努力と、父親が死んだヴェトナム戦争とが交差する地点にある。彼女の過去は地域的、局所的というより全国的であり、彼女の過去への取り組み方は、南部特有の価値観ではなく、アメリカの他の地域にも浸透しているのと同じ大衆文化に影響されている。しかもそれはさかのぼるとしてもせいぜいビートルズがアメリカにやって来た一九六〇年代初期までの短いあいだであり、ヴェトナムの悲劇をアメリカの、あるいは南部の歴史的な経験の中の、より深いテーマに結びつけようと試みられることはほとんどない。ヴァン・ウッドワード（C. Vann Woodward）は、南北戦争に敗れた南部は、少なくともヴェトナム戦争までは、敗北と降伏という、アメリカの他の地域とわかちあうことができない経験をしたという点で、非アメリカ的であったと述べたことがある。『イン カントリー』の主な登場人物たちは、歴史にたいする不信という点で際だっている。サムの叔父エメットは、「歴史から学ぶもっとも大事なことは、歴史からなにも学べないということだ。それが歴史というものだ」と断言する。ショッピングモールやファーストフードのレストラン、テレビの連続ものやポップソングで描かれるメイソンの南部は、その歴史や伝統にたいする不信とあいまって、南部文化の因習からの決別のようなものを示しているかにみえる。あるいはまたこうもいえる。メイソンは、かつての南部作家たちのように特権階級について書いているのではなく、「庶民」について書いている、と。ひとつの南部解釈がここで捨て去られ、しかし代わりにまた別の解釈が現れつつあるのかもしれない。

南部の音楽

ポピュラー音楽は多くの南部人の生活の中で、もっとも重要な文化の形式のひとつであり、そして広くアメリカ文化にたいする南部の貢献の中でも、もっとも意味のあるもののひとつでありつづけてきた。南部の白人と黒人の音楽は、南部の庶民の価値観や信念の表現として、たとえば家族、土地、仕事、聖なる愛、みだらな愛といった、生活の中のもっとも肝心なテーマに関する南部人たちの考え方、感じ方に、特に大切な役割を果たしてきた。

カントリーミュージックはとりわけ重要な形式であって、さまざまな方法で検討できる。ひとつのアプローチは、それを南部文化の近代化というコンテクストの中においてみることである。カントリーミュージックはヨーロッパとアフリカ起源の多様な、相互に関係する民俗文化にその源を発するが、それはラジオやレコード産業の発達に象徴される両大戦間期のコミュニケーション革命によって、初めは南部のいたるところに、やがてはアメリカのいたるところに広がった。もちろんこれはちょうど、小さい田舎町である南部が、農業の近代化を経験して変身しつつある時代であった。カントリーミュージックは、一方では土地の感覚、コミュニティ、家族、教会、母性といった、「進歩」が徐々に蝕みつつあるかにみえた美徳の多くを称賛し、その一方で、近代化の力と技術革新の直接の結果として、ますます人気を得るようになったのである。

この新と旧の緊張関係は、初期の主要なカントリーミュージック演奏者たちのなん人かの経歴に明らかである。たとえば、カーター・ファミリー（Carter Family）はヴァージニア州クリンチ山脈の出身であるが、彼らの音楽が概ね一貫して投影していたのは、田舎のキリスト教徒の家庭の雰囲気であり、気心の知れた者同士の小さな集まりで親密に歌うというスタイルをとりつづけた。しかしながら、カーター・ファミリーの昔ながらの音楽が広まった重要な要因のひとつは、メキシコ国境のラジオ局にあった。このようなラジオ局はリオグランデ川の向こう側、すなわち連邦政府の周波数規制のおよばない場所にあり、遠くはカナダ国境まで、アメリカ合衆国の多くの地域に向けて放送していた。国境ラジオのプログラムはきわめて変化に富んでいたが、大量の広告とキリスト教の教えをところどころに差し挟みながら、カントリーミュージック（一般的にはまだヒルビリーミュージック〔hillbilly music〕と呼ばれていた）を流していた。

カントリーミュージックの発展に欠かせないもう一人の重要人物は、「歌う制動手」（"The Singing Brakeman"）と呼ばれたジミー・ロジャーズ（Jimmie Rodgers）である。彼は遮るもののない道路の魅力や、チャンスを求め、家を失い、あるいは立ち退きを食らい、あるいはまた犯罪を犯して故郷を去る

The Carter Family: Wildwood Flower のジャケットから。カーター・ファミリーは、A・P・デラニー・カーターを中心に、その妻セイラ（右）、義理の妹メイベル（左）の三人からなるグループ。「ワイルドウッド・フラワー」はグループがとり上げ、有名にした古いアメリカの歌。

人間の魅力という、カーター・ファミリーの安定したコミュニティとは異なる南部のイメージを歌った。彼はカントリーミュージックの特性を地域的なものから全国的なものへ広げ、スター主導型へと脱皮させる立役者となった。彼自身は北部で演奏したことは一度もなく、短い活動期間のあいだ、ヴォードヴィル[★10]の巡業やサーカスなどテントショーの興行で南部を縦横に動きまわった。カーター・ファミリーの場合よりもさらに進んで、彼のラジオやレコードの商業的な成功は、ステレオタイプ化された南部人のロマンティックな考え方や感じ方を、南部の、全国の、そして世界の聴衆に知らせるのに一役買った。ロジャーズの旅立ちの歌は、南部人が一九二〇年代、三〇年代に、大恐慌や干ばつ、農業の近代化、政府の政策などのために転々と移動することを強いられ、それにつれて南部に押し寄せた変化と、密接に関係していた。

第二次世界大戦のあいだ、西部や北部へ移動する南部人の数がつねに増加しつづけ、そしてラジオの魅力がさらに遠くまで広がるにつれて、カントリーミュージックはいよいよ全国的に人々を魅了するようになった。このブームは、ハンク・ウィリアムズ（Hank Williams）たちが活躍したことや、カントリーミュージックがテレビにも登場したことで、一九五〇年代半ばまでつづく。しかし一九五〇年代半ばには、南部音楽のもうひとつの形式、ロックンロールの厳しい挑戦を受けることになる。エルヴィス・プレスリー（Elvis Presley）は南部人であったが、彼の初期の音楽は伝統的な白人（そして黒人）の音楽に依拠しながら、その一方で、急速に新しく独特なものへと変化した。カントリーミュージックはそのとき、「ポップ」ミュージックのスタイルや楽器を自分たちにあうように変えるか、あるいはその伝統的なルーツを周期的に繰り返し主張するか、主にこの二通りの反応をした。一九五〇年代後半以来、ときには同調し、ときには反発しながら、このふたつの傾向が存在しつづけている。

南部のポピュラー音楽のもうひとつの重要なテーマは、黒人文化と白人文化の相互作用である。ブルースのような黒人優勢の表現スタイル、あるいはカントリーミュージックのような白人優勢の表現スタイルというものが存在する一方で、両者を理解するためには、このふたつが生まれてきた二人種《バイレーシャル》の世界を理解しなければならない。黒人文化と白人文化の伝統の混合は、南部文化が驚くほど豊かなものになったもっとも重要な要因である。南部はその歴史の大半において、暗黙の差別という策をとってきたが、大衆文化という点においては、ふたつの人種は明らかに相互に強く影響しあっている。白人ミュージシャンが黒人ミュージシャンから、また逆に黒人ミュージシャンが白人ミュージシャンから多くを学び、協力しあって音楽の「共通遺産」を創造してきた。エルヴィス・プレスリーは、カール・パーキンス（Carl Perkins）のように、故郷メンフィスの黒人のリズム＆ブルースを使った。パーキンスの「ブルー・スウェード・シューズ」（"Blue Suede Shoes"）はポップス、カントリー、リズム＆ブルースのヒットチャート第一位に輝いた最初のレコードであった。スタンリー・ブース（Stanley Booth）は、このことが奴隷解放宣言より重要であると主張した。奴隷解放宣言が上から下されたお達しであったのにたいして、アフリカ系アメリカ人たちのあいだで「ブルー・スウェード・シューズ」が流行ったことは、共有の遺産、互いの貧困の克服、一種の救いが、草の根レベルで実際に認められていたことを表していた。

映画と南部

南部のアイデンティティは映画によっても構築されてきた。ハリウッド映画は早い時期から頻繁に南部を主題としてあつかってきた。そしてそうすることによって、アメリカの国内国外を問わず、南部人ではない人たちが南部にたいしてもつ印象だけではなく、南部人みずからが抱く南部像を伝えるのに一役買った。ハリウッドはしばしば型にはまった南部像を示す傾向があったが、その反響と効果は、制作される時代や消費者である観客の関心事や価値観によって変化してきた。なかでももっとも影響力が強いのは、よく知られているジャンルである「西部劇《ウェスタン》」にたいして、多くの批評家たちが「南部映画《サザン》」と分類したものである。レズリー・フィードラー（Leslie Fiedler）にとっては、南部映画は、「およそ三十七度の『長い暑い夏』の暑さの中で演じられる、毒気を生じる湿地帯や樫の木、スパニッシュモス、朽ち果てるプランテーション屋敷などを背景に、少なくともそれとなくエロティックで血なまぐさい出来事が連続して起こるメロドラマ」を追い求めていると思われた。南部映画はふたつのかたちとなって現れる傾向がある。ひとつは比較的ノスタルジックで穏やかであり、もうひとつはより暗く、陰鬱で、ふたつのテーマがひとつの映画の中で結びつけられてきた。南部の伝統的な見方は、ハリウッドの映画史上もっとも影響力があるヒット作品のふたつである、D・W・グリフィス（D. W. Griffith）監督作品『国民の創生』（*Birth of a Nation* 一九一五年）とデヴィッド・セルズニック（David Selznick）監督作品『風と共に去りぬ』（*Gone with the Wind* 一九三九年）に現れている。『国民の創生』は、南部の歴史にたいする解釈があまりにもあからさまに白人優位のものであり、アフリカ系アメリカ人については子どもっぽく動物のように描いているために、二十一世紀の現在ではとりあげにくい映画である。グリフィスの描く南部の歴史においては、南部連合の「失われた大義」こそが、南部の、そしてそれは暗にアメリカ全体の価値観の中で、最善のものを表しているとみなされている。北部と南部の国家的な統一は、南部の大義が「アウトサイダー」に完全に理解され、評価されて初めて回復されると考えられている。制作者たちは、映画館から出てきた観客が皆、一生「南部の熱烈な支持者」となることを望んだ。

『国民の創生』は、ハリエット・ビーチャー・ストウの『アンクル・トムの小屋』にたいして連綿とつづいてきた反対意見の一例とみなすこともできる。『アンクル・トムの小屋』が一八五二年に出版されて以来、南部作家たちはストウが奴隷制の南部を誤って描いていると激しく非難してきた。トマス・ディクソン・ジュニア（Thomas Dixon Jr.）の『斑文』（*The Leopard's Spot* 一九〇二年）と『一族』（*The Clansman* 一九〇五年）の二作品は、一九〇一年の、『アンクル・トムの小屋』の舞台人気にたいする怒りをこめた反撃であった。グリフィスはストウに真っ向から反対するために、ディクソンの題材を用いた。グリフィスは家族と家庭を明らかに道徳性の象徴として利用した。特に女性は純潔の典型とされ、女性の名誉と安全を護ることこそが男性の義務であった。映画の重要な場面のひとつに、サウス・キャロライナのキャメロン家の娘が黒人脱走兵ガスに追いかけられ、崖から身を投げるシーンがある。彼女にとっては不名誉より、みずから死を選ぶほうがはるかに甘美なことなのである。彼女の兄、ベンに煽られたクー・クラックス・クラン（3K）が立ちあがり、そのような危険から南部女性を護ることで、白人の優位が回復され、社会にかつての秩序と調和が取り戻される。

『国民の創世』の一場面。3K団と黒人兵の激しい闘争がくりひろげられる。『国民の創世』は上映時間が二時間半におよぶサイレント映画の大作で、グリフィスは「アメリカ映画の父」と呼ばれている。

その二十四年後に発表された『風と共に去りぬ』は、南部のプランテーションを優雅さや名誉、コミュニティが支配する一種の楽園として表現するという点では、グリフィスに追随しているが、制作された大恐慌の時代にあわせて、牧歌的な世界が社会の崩壊や経済の大混乱によってどのように破壊される運命にあったかを示している。ふたつの映画に示されている南部再建《リコンストラクション》の解釈は類似する点もあるが、『風と共に去りぬ』における解決は、たんに白人支配を回復することによって南部を救うことにあるのではなく、むしろ個々人の努力という美徳にアメリカ人が伝統的に抱いてきた信頼を、あらためて主張することにある。スカーレットは最後に、チャールストンの特権化された後ろ向きの生活に引きこもることを拒否して、タラに戻ることを選び、彼女自身の、そして生まれ故郷の運命を回復することに望みをかける。

しかし、いま述べたような映画における南部の描き方が唯一の、あるいはもっとも支配的なものだという印象をあたえるとしたら、誤解を招くことになる。影響力のある他のテーマが、特に一九四〇年代以降に現れてきた。そのひとつは人種問題を、往々にして批判的な、リベラルな観点に立ってあつかったものである。その開拓者的な存在のひとつが、ウィリアム・フォークナーの小説に基づく『墓地への侵入者』（*Intruder in the Dust* 一九四九年）であるが、『侵入者』（*The Intruder* 一九六二年）、『アラバマ物語』（*To Kill a Mockingbird* 一九六三年）、『夜の大捜査線』（*In the Heart of the Night* 一九六七年）などがその後につづく。さらに新しい傾向として、プランテーションの伝統に代わり、しばしば意識的に南部の労働者階級の出身者を主人公に選んだ映画が出現する。人気の高い筋書きは、白人男性主人公が、しばしば警察という姿をとる国家権力の代表と向きあい、ときには打ち勝つこともあるというものである。そのような物語は、バート・レイノルズ（Burt Reynolds）の『トランザム7000』（*Smokey and the Bandit* 一九七七年）シリーズにおけるように、喜劇と暴力とを結びつけるという特徴があるが、たとえばポール・ニューマン主演の『暴力脱獄』（*Cool Hand Luke* 一九六七年）のように、もっと重大な意図があることもある。さらに同じ南部の貧乏白人《プア・ホワイト》を描いたものでも、「庶民」の文化におけるもっとも重要なものの代表として、女性を前面に出し、男性はしばしば問題の一部として提示する、南部の音楽、特にカントリーミュージックやウエスタンをあつかった一連の映画が挙げられる。たとえば『歌え！ ロレッタ 愛のために』（*A Coalminer's Daughter* 一九八〇年）や『ジェシカ・ラングのスウィート・ドリーム』（*Sweet Dreams* 一九八五年）のような映画は、ロレッタ・リン（Loretta Lynn）、パツィ・クライン（Patsy Cline）といった歌手の生涯を描いているが、これはそうした女性が周縁にしか登場しないプランテーション神話に対抗するものであり、ボビー・アン・メイソンのような作家による南部文学の民主化と同じプロセスの一部とみなすことができる。南部の女性表象の変化は、さらにもっと過激なかたちで『テルマとルイーズ』（*Thelma and Louise* 一九九一年）に示されている。この作品における南部は、タラのような特定の理想化された場所ではなく、真っ直ぐ伸びる道や安モーテル、ポピュラー音楽など、メイソンが『イン カントリー』において描いたのと同じ、新しく生まれた状況によって表される。主人公たちは男性に護られることを期待するのではなく、冷たい夫やレイプ未遂者にたいして、彼女たち自身の暴力的なやり方で復讐する。しかし、南部生活の因襲の多くを転覆することによって、この映画は依然として南部性《サザンネス》についての議論の多くに結びつき、えてして騒々しく暴力的な雰囲気を、より一層強いものにしている。

結論

一九八九年に出版された分厚い『南部文化事典』(*Encyclopedia of Southern Culture*)の編者は、「アメリカ南部は長いあいだ、強力なイメージと複雑な感情を作りだしてきた」と記している。スケールといい範囲の広さといい、この事典そのものが、アメリカ文化の全国統一化にもかかわらず、南部の特異性をめぐる論争はまだしばらくつづきそうだという証拠であった。過去だけではなく現在の南部文化の活力や、他の地域との関係についての多数の解釈、そして南部文化の産物がはるか国境を越えていった、その広がり方を証明していく中で、アメリカ文化における特異な地域としての南部の重要性は、今後も長くさらなる検討に値することは確実となる。こういえるかもしれない。近代化は南部世界のさまざまな面を以前ほど目立たなくしてしまい、他の地域から区別された「分離した南部」という古い考えを破壊したが、南部人と南部のアイデンティティはともかく依然として存続している、と。

注(＊＝原注、★＝訳注)

＊1 「柵囲い」という考え方は、『ダニエル書』における、ディズニーランドの「迷路のような家畜用の囲い」が順番を待つ群衆を監督している、という描写にも反映されている。

＊2　ジョン・フォード（John Ford）の『捜索者』はイーサン・エドワーズを原型的なガンマンとして描いている。エドワーズは映画の結末できちんとした家庭的な世界から排除される。彼はあまりにも滅茶苦茶で暴力的であるために、「文明化」された西部に居場所をみいだすことができない。

＊3　アナ・キャスティロ（Ana Castillo）の小説『神から遠く離れて』（*So Far From God* 一九九四年）は、土地と、彼女のコミュニティによって語られる物語に部分的に関係している。

★1　閾とは心理学や生理学で用いられる、刺激に対して反応が現れ始める境界点を指す用語。ここでは修正主義的アプローチによって、従来の枠組みに対する抵抗が現れ始める状況に対する比喩として用いられている。

★2　神がユダヤ人の祖アブラハムに約束した土地。創世記参照。

★3　アイルランドの哲学者、聖職者ジョージ・バークリー（George Berkely）が、「アメリカに芸術と学識を植えつける見通しに関する詩」（"Verses on the Prospect of Planting Arts and Learning in America"）と題した詩において、「『時』のもっとも高貴な子は、最後に生まれたもの」、とアメリカを讃えたことがふまえられている。

★4　十六世紀ドイツの伝説的人物。全知全能を望み、悪魔メフィストフェレスに魂を売ったとされる。のちにゲーテ（Johann Wolfgang von Goethe）が六〇年もの歳月を費やして、彼を主人公にした『ファウスト』（*Faust* 第一部一八〇八年、第二部一八三二年）を書きあげた。

★5　メルヴィル（Herman Melville）の代表作『白鯨』（*Moby-Dick* 一八五一年）に登場する狂気の船長。自分の片足を奪った鯨、モゥビー・ディックに対し、神や人類、親への復讐の思いを凝縮させ、世界中の海洋を追跡した結果、最終的に破滅する。

★6　シェイクスピア（William Shakespeare）の『リア王』（*King Lear* 一六〇六年）に登場する、娘に裏切られて精神錯乱を起こす暴君。

★7　南部諸州の別名で、とりわけ南部連合に参加した十一州のことをディクシーと呼ぶ。一八五九年にD・D・エメット（D. D. Emmett）が作った同名の曲が、南部連合軍の歌として愛唱された。

★8　ミシシッピ大学のマスコット。その名前は、南北戦争当時、南軍兵士が反乱兵士（Rebel）と呼ばれたことに由来する。

★9　一八六〇—一八六一年のあいだ、北部との対立を深めた南部十一州がアメリカ合衆国から脱退し、アメリカ南部連合を結成した。

★10　歌、踊り、曲芸、奇術、腹話術など、さまざまな出し物、芸を連続してみせるショー。サーカスやミンストレル・ショー、ヴァラエティ・ショーなどから発達した。一八八〇年代から家族で楽しめる娯楽として人気が出始め、一九一〇〜二〇年代がその最盛期。全国に専用の劇場が造られたが、一九二〇年代になると映画やラジオの発達で次第に廃れた。

参考資料リスト

西　部

Anzaldúa, Gloria. *Borderlands/ La Frontera*. 1987. San Francisco: Aunt Lute Books, 2012.

Burroughs, William. *The Western Lands*. 1987. London: Picador, 1988.〔ウィリアム・バロウズ『ウエスタン・ランド』飯田隆昭訳、思潮社〕

Castillo, Ana. *So Far from God*. New York: Plume, 1993.

Cather, Willa. *O Pinneers!*. 1913. Lincoln: U of Nebraska P, 1992.〔ウィラ・キャザー『おお、開拓者よ！』刈田元司他訳、荒地出版〕

Doctorow, E. L. *The Book of Daniel*. 1971. New York: Plume, 1985.〔E・L・ドクトロウ『ダニエル書』渋谷雄三訳、サンリオ文庫〕

Lawrence, D. H. *Studies in Classic American Literature*. 1964. New York: Penguin, 1977.〔D・H・ロレンス『アメリカ古典文学研究』大西直樹訳、講談社文芸文庫〕

McCarthy, Cormac. *Blood Meridian or the Evening Redness in the West*. 1990. New York: Vintage, 1992.〔コーマック・マッカーシー『ブラッド・メリディアン』黒原敏行訳、早川書房〕

Misrach, Richard. *Bravo 20: The Bombing of the American West*. Baltimore: Johms Hopkins UP, 1990.

Proulx, E. A. *Close Range: Wyoming Stories*. 1999. NY: Scribners, 2000.〔アニー・プルー『ブロークバック・マウンテン』集英社文庫〕

Schaefer, Jack. *Shane and Other Stories*. 1949. Harmondsworth: Puffin Books, 1994.〔ジャック・シェーファー『シェーン』清水俊二訳、早川書房〕

Turner, Frederic Jackson. *Rereading of Frederic Jackson Turner: "The Significance of the Frontier in American History" and other Essays*. New Haven: Yale UP., 1998.〔『アメリカ古典文庫９　フレデリック・J・ターナー』研究社、一九七五年〕

Whitman, Walt. *Leaves of Grass*. 1855. Oxford: Oxford UP, 1998.〔ウォルト・ホイットマン『草の葉』全三巻、酒本雅之訳、岩波書店〕

天野元・藤谷聖和・藤本雅樹『オレゴン・トレイル物語――開拓者の夢と現実』英宝社、一九九七年

【映画】

Costner, Kevin. *Open Range*. 2003.〔ケビン・コスナー監督『ワイルド・レンジ　最後の銃撃』〕
Crichton, Michael. *Westworld*. 1973.〔マイケル・クライトン監督『ウエストワールド』〕
Eastwood, Clint. *Pale Rider*. 1985.〔クリント・イーストウッド監督『ペイルライダー』〕
――. *Unforgiven*. 1992.〔クリント・イーストウッド監督『許されざる者』〕
Ford. John. *My Darling Clementine*. 1946.〔ジョン・フォード監督『荒野の決闘』〕
――. *The Searchers*. 1956.〔ジョン・フォード監督『捜索者』〕
Greenwald, Maggie. *The Ballad of Little Jo*. 1993.〔マギー・グリーンウォルド監督『リトル・ジョーのバラード』日本未公開〕
Howard, Ron. *The Missing*. 2003.〔ロン・ハワード監督『ミッシング』〕
Stevens, George. *Shane*. 1953.〔ジョージ・スティーヴンス監督『シェーン』〕
Lee, Ang. *Brokeback Mountain*. 2005.〔アン・リー監督『ブロークバック・マウンテン』〕

南　部

Agee, J. and W. Evans. *Let Us Now Praise Famous Men*. 1941. Boston: Houghton Mifflin, 1988.
Faulkner, William. *Absalom, Absalom!* 1937. New York: Modern Library, 1993.〔ウィリアム・フォークナー『アブサロム、アブサロム！』高橋正雄訳、講談社文芸文庫〕
Mason, Bobbie Ann. *In Country*. 1985. London: Flamingo, 1987.〔ボビー・アン・メイソン『イン　カントリー』亀井よし子訳、ブロンズ新社〕
Stowe, Harriet Beecher. *Uncle Tom's Cabin*. 1852. Oxford: Oxford UP, 1998.〔ハリエット・ビーチャー・ストウ『アンクル・トムの小屋』小林憲二訳、明石書店〕
Styron, William. *Sophie's Choice*. 1979. London: Picdor, 1992.〔ウィリアム・スタイロン『ソフィーの選択』大浦暁生訳、新潮文庫〕
Willson, Edmund. *Patriotic Gore: Studies in the Literature of the American Civil War*. 1962. London: Hogarth, 1987.〔エドマンド・ウィルソン『愛国の血糊――南北戦争の記録とアメリカの精神』中村紘一訳、研究社、一九九〇年〕
ウォーカー・エヴァンズ『アメリカ：大恐慌時代の作品』（リブロポート、一九九四年）

【映画】

Apted, Michael. *A Coalminer's Daughter*. 1980.〔マイケル・アプテッド監督『歌え！ ロレッタ 愛のために』〕

Fleming, Victor. *Gone with the Wind*. 1939.〔ビクター・フレミング監督『風と共に去りぬ』〕

Griffith, D. W. *The Birth of Nation*. 1915.〔D・W・グリフィス監督『国民の創生』〕

Jewison, Norman. *In the Heat of the Night*. 1967.〔ノーマン・ジュイソン監督『夜の大捜査線』〕

Mulligan, Robert. *To Kill a Mocking Bird*. 1963.〔ロバート・マリガン監督『アラバマ物語』〕

Needham, Hal. *Smokey and the Bandit*. 1977.〔ハル・ニーダム監督『トランザム7000』〕

Reisz, Karel. *Sweet Dreams*.1985.〔カレル・ライス監督『ジェシカ・ラングのスウィート・ドリーム』日本未公開・ビデオ発売〕

Rosenberg, Stuart. *Cool Hand Luke*. 1967.〔スチュアート・ローゼンバーグ監督『暴力脱獄』〕

Scott, Ridley. *Thelma and Louise*. 1991.〔リドリー・スコット監督『テルマ&ルイーズ』〕

【CD】

Carter Family, the. *The Carter Family 1927-1934*. Jsp Records. 2002

Carter Family, the. *Wildwood Flower*. Not Now. 2008

Rodgers, Jimmie. *Recordings 1927-33*. Jsp Records. 2002

エルヴィス・プレスリー『ELVIS: 30 ナンバー・ワン・ヒッツ』（BMG JAPAN、二〇〇二年）

ハンク・ウィリアムス『ジャンバラヤ：ハンク・ウイリアムス・ベスト・セレクション』（USMジャパン、二〇〇九年）

第6章

ジェンダーとセクシュアリティ――古い回路を断ち切って

一八九三年のシカゴ万国博覧会についての論評の中でアラン・トラクテンバーグは、女性館がテーマ館と娯楽会場とのあいだに設置されていて「現状についての公認の展示場から魅惑的な娯楽場への移動の中間点にある」と述べた。女性館の位置に関するこのアイロニーは、万博当時のアメリカ女性の位置を示していたといえよう。女性は道徳と家庭と家政の守護者として敬われてはいたものの、一方では所有物であり、政治とは無関係で、悪くすればちょうど娯楽会場の見世物であった「魅惑的な」女性のように、男性から見られる対象物とみなされていたのである。女性は万博の主流に組み入れられるべきだったのだろうか。それとも別個の建物を構えるべきだったのだろうか。女性は別の場所を確保しなければ、その活動や成果は優位に立つ男性の展示品によって圧倒され、消されてしまうのだろうか。一八九〇年代からのこういった疑問は、二十世紀をとおしておこなわれたジェンダー、権力、アイデンティティに関する議論の重大なポイントを示している。これらをどうとらえるかが、文化戦略におけるジェンダーの重要性を示すことになる。そして権力、アイデンティティ、民族性、階級といった問題とジェンダーおよびセクシュアリティとの相互関係を明らかにすることにもなるはずだ。

バーバラ・メロシュ（Barbara Melosh）の言葉をかりて説明すれば、本章の狙いは、いかに「性別に関する文化の成り立ちが歴史を根本的にかたちづくるか」を検証し、明示することにある。また次の事柄をもとりあげてゆく。

- いかにジェンダーのディスコースがセクシュアリティと家族と職場において男女の言動を規定するのか。
- いかにジェンダーのディスコースが戦略を秩序だて、あらゆる種類の階層のあり方を維持しているか。
- いかにジェンダーのディスコースが男女の差異について基本的な理解をもたらし、他の差異に絡む関係——権力と不平等の絡む関係——を組織し、生みだしているか。

コロンブスによる新世界発見四〇〇周年を記念し、進歩と最新の発明をテーマとしたシカゴ万国博覧会は一八五三年五月から十月まで開催された。この女性館は、マサチューセッツ工科大学から建築学の学位を授与された最初の女性ソフィア・ヘイデンが設計を担当した。

ジェンダーとは「男らしさ」、「女らしさ」とされるもので、生まれながらに備わっているものではなく、成長し人生を経験するにしたがって生じるものである。成長段階においてわれわれに四方から影響を及ぼすさまざまな力のネットワークをとおして作られる定義なのである。これらの文化のディスコース、「一貫したテーマと、従来共有されてきた知識」は、社会秩序の中の対象としてのわれわれをかたちづくり、組み立てる。特権をあたえられた側のディスコースは、どの時代においてもそのときの文化においてどのグループがより大きな権力をもつかを決定する。このようにして、ジェンダーとセクシュアリティは社会内の有力で精巧な組織の一部であり、それらを考察してこそ、われわれの生き方の形成への影響を正しく理解することができるのである。

本章では、二十世紀と二十一世紀のアメリカ文化におけるジェンダーとセクシュアリティの成り立ちの過程と影響のいくつかの例を探ってゆく。また社会派フェミニストや急進派フェミニスト、男性の同性愛者といった種々のグループがどのような疑問を投げかけてきたのかについても論じる。男性優位社会、男性が決定する社会の中での女性の位置づけに基づいた権力の掌握にたいして、フェミニズムがさまざまなかたちで挑戦してきたのであり、ジェンダー研究はこのようなフェミニズムからの疑問が主導してきたのである。たとえば、「標準」とみなされる普遍的で一般的な言葉は、実は男性によるものなのだが、それを求めるという傾向は、家父長的な権威を意味するに他ならない。もしあらゆる事柄がこの「標準」から始まるならば、女性は社会の中心から追放され、その価値や地位は引き下げられてしまうであろう。そのため、紙幅がかぎられていることもあり、本章の大半において女性のジェンダーを考察することになるが、同様に重要なアメリカにおける男性性の問題をも重視したい。男性性もまた文化の中でジェンダーとセクシュアリティのディスコースのもとに築かれるからである。シドニー・スミス（Sidonie Smith）は次のように述べている。

ジェンダーのイデオロギーは、明白に「自然な」とか「神から付与された」とされる特質にしたがってアイデンティティや差異について柔軟性に欠けた表し方をするのだが、こういった差異についての表現は内部から矛盾を突かれやすく、またその一貫性や特権にたいして攻撃し異議を唱える外部からの議論を受けやすい。

本章ではこのような「文化に関する表現」のいくつかを明らかにし、それらが優位になった過程を示し、スミスが述べているような優位性や特権の崩壊の可能性について再検討したい。

十九世紀におけるルーツ――文化に関わる政治

すでに一八三七年に、精力的な奴隷制廃止論者アンジェリナ・グリムケ（Angelina Grimké）は、奴隷制度とアメリカ女性の抑圧された立場との重要な類似性を明示した。「たんなる性別に関わる状況のみが、女性よりも高等な権利と責任を男性にあたえているのではない」と彼女は述べ、社会において男女が異なった特定の役割を担うことが「自然」なのであるという了解事項に疑問を呈したのであった。さらに「われわれの責務は、性別からではなく、生きてゆくうえでのいろいろな人間関係、われわれに授けられた多種多様な能力や才能、生きている時代時代によって生じるのである」とつづけた。しかし彼女の指摘によると、文化は積極的な「男性」を作りあげてきた一方で、女性は身内に寄りかかり、「黄金と真珠と高価な衣装」で飾り立てた人形のごとく腰を下ろし、身なりの美しさを愛でられ、甘やかされた子ども同然にご機嫌をとられるか、もしくはご主人の都合にあわせあくせく働くだけの存在にさせられてきたのである。

グリムケの言葉は、権力とジェンダーの関係を強調している。女性が人形／子ども／ペットといったさまざまな役割に従属させられ、男性が「主人」として支配している、と述べているからである。このように条件づけがなされた社会的思考のために、男女間における力関係《ヒエラルキー》は明確なものとなり、その結果女性は考え、話し、行動するという基本的な権利を奪われ、「男性の無言の付属物、男性の都合と快楽のための道具、美しき玩具、男性にあやされ陽気にふるまう従順な愛玩動物」と化してしまう。このグリムケの進歩的な考え方はアメリカ国内に広まり、エリザベス・ケイディ・スタントン（Elizabeth Cady Stanton）やスーザン・B・アンソニー（Susan B. Anthony）といった女性を刺激し言葉をあたえることとなり、彼女たちは一八四八年セネカ・フォールズ[★1]で女性権利大会を主催した。この会議が採択した「所感宣言」は一七七六年のアメリカ独立宣言を模倣したもので、女性にたいして「絶対的な専制」を打ち建てた合衆国の民主主義の枠組みの中で女性をあらためて承認し、権利を授ける必要性を力説したのであった。

これはアメリカにおける初期のフェミニズムにとって重大な出来事であり、ここには、それ以来いくつもの女性団体で、形態こそ異なりはするが盛んにおこなわれてきた議論の根源が存在している。すなわちこれから進むべき正しい道とは、既存の制度内で平等を追求することなのか、それともあまりにも男性偏重の家父長制自体をずっと支持すべきか、である。家父長制は、ジェンダー研究では多くの学説や議論の中心に位置する概念で、「男性が女性を支配、抑圧、搾取する社会構造および慣習の制度」と定義される。セネカ・フォールズ大会はおびただしい同種の活動の引き金となり、新しい女性団体活動の中心的な出来事となった。ガーダ・ラーナー（Gerda Lerner）が論じたように、「女性の意識は女性の団体活動や組織の存在と継続から生まれたもので」、その例として婦人キリスト教禁酒同盟（The Woman's Christian Temperance Movement 一八七〇年代）や婦人労働改革協会（Female Labor Reform Association 一八四四年）などが挙げられる。これらの団体をつうじて女性たちは組織運営の技能を実行に移し、自信を深め、女性同士の支援ネットワークを開発した。さらに資金調達や情報の普及、嘆願運動といった政治的な活動に積極的に関与するようになった。一八五一年オハイオ州アクロンで催された女性会議の席上、エリザベス・ケイディ・スタントンは、アメリカ社会では「自立」は男性にとって権力と権威を得るには必須の精神であるのに、「女性からは教育によって抜きとられてしまう」と述べた。彼女によれば、「経験は自己を外界にさらすことでおこなわれる」のだから、女性が家父長制のカーテンの陰にかくまわれてしまってはならないとして、次のように述べている。

女性は身体も精神も十分に成長させられるべきで、人間の作った見本に似せて粘土をこねるようにかたちづくられてはならない。成長とは、教育という名の制度、つまり束縛、抑圧、拷問、歪曲、ごまかしなどとはまったく別物である。

こういった女性の変化と再教育への徹底した要求は十九世紀末に高まり、「敬虔、純潔、従順、家庭的」といった「基本的な徳目」により女性を象徴づけるという、家父長制社会では当然とされていた考えに疑問を投げかけた。「女性が自由と力を得て十分に成長し、誇り高き男性と同等の壇上に立つことがないよう、すべての男性は女性の衝動を制止し、その願望を阻止し、手足に枷をはめようと目を光らせているのだ」と、スタントンはグリムケと同様、女性と奴隷の関連について語った。ジェンダーの定義によって制限を受けていた女性たちは、アメリカ文化の中でより充実した役割を演じるためにはこのような抑圧的なやり方を問い直し、挑戦しなければならなかったのである。

シカゴ万国博覧会では、「女性をめぐる問題」の曖昧さが全国的なレベルで明らかにされることとなった。全世界に向けてアメリカの地位を祝うというこの博覧会において、婦人館、女性建築家、そして女性理事会など女性はさまざまなかたちで認められた。しかしながら、女性をきわめて狭い領域である家庭と結びつけるという従来の考えにより評価が引き下げられることとなった。たとえば男性の評論家たちは、婦人館の設計にあたったソフィー・ヘイドン（Sophie Hayden）の成果について、この建物には「上品なか弱さ、優しさがあり、（男性による）堂々とした付近の建物とは異なり、建築家が女性であることを示している」と表現した。婦人館の開幕時には、女性部門統括者であったバーサ・パーマー（Bertha Palmer）でさえ演説の中で「深刻な話題を論じる」ことは控え、「幸福な家庭をおさめているすべての女性は、女性にとってもっとも立派な役目を果たしているのです」と聴衆に向かって断言した。この言葉を強調するかのように、婦人館にはモデル・キッチンが設置され、隣には子ども部屋と育児用品が展示される子ども館が建てられていた。

にもかかわらずシカゴ万国博覧会は、女性についてのこういった狭い定義づけに反対するいくつもの急進的な声をあげさせ、それ以前のグリムケとスタントンの主張が繰り返されることとなった。女性議会でローラ・ドゥフォース・ゴードン（Laura DeForce Gordon）は、「女性の視点から見た女性の領域」と題した演説で「女性にたいしておこなわれてきた弾圧、抑圧、圧政」を非難し、次のように述べた。

> 女性の人生における領域は女性自身によってのみ明確に決定されるべきである。女性が開花させるべき素質と能力は神が定めたのであるが、これからは自然界における女性の位置は、男性が独断的に決めるのではなく、広範囲で多岐にわたるものとならねばならない。

この急進的な口調は、一八九〇年代の「社会派フェミニズム」の高まりの中でこそ可能であった。社会派フェミニズムは、男性が規定した家庭という領域の外の社会に参加することによって女性の世界を活性化しようとしたのである。女性と家族を対象とした改善と援助をおこなうコミュニティであるハル・ハウス[★2]をシカゴに設立したジェイン・アダムズ（Jane Addams 一八六〇―一九三五年）などが活躍し、家庭での専門的な技術をより広い公の場面に広げようとし、むかしから女性に備わっていた慈愛の心と知的な挑戦とを融合させ、指導者としての支配的な役割を得、家族からの要求を排斥した。このため社会派フェミニズムは「地方自治体の家政」と呼ばれた。「社会派フェミニズム」の理念は一九一一年のマリオン・タルボット（Marion Talbot）の演説の一部に要約されている。

> 家庭は玄関で終わるのではない。個々の人間が出てゆく外の世界にまで広がっているのだ。その広い世界の特色をも作りだし、女性が家庭内で守ってきた支配力を保持することが女性にとっての真の責務である。

しかし、玄関の外に出ることは男性の領域に公然と入ってゆくことで、それ自体物議をかもすのだが、それは解放の過程における不可欠な要素となった。実際、この時期をつうじて女性団体が次々と結成され、婦人クラブ総連合（General Federation of Women's Clubs 一八九〇年）、全国婦人参政権協会（National American Women's Suffrage Association 一八九〇年）、全国消費者同盟（National Consumers' League 一八九九年）、婦人労働組合同盟（National Women's Trade Union League 一九〇三年）、その他多くの団体が従来の慈善活動を進歩的な改革と結びつけていった。こういった多数の団体が女性のネットワークを形成し、女性たちはいくつもの法律の制定に向けて運動を推し進め、ついに一九二〇年に選挙権を女性にも認める憲法修正第十九条が発効した。

十九世紀におけるルーツ——文学と「第一波」フェミニズム

同じような意識は同時代の文学の中にも生まれており、多くの議論や文化的表現の拠り所となった。たとえばケイト・ショパン（Kate Chopin）が一八六九年に発表した「解放」（"Emancipation"）という短篇は、「閉塞的な壁、鉄格子、檻」といった監禁のイメージで始まり、アメリカにおいて男性に境界を定められ、狭い世界に捕えられた、女性の状況を連想させようと意図しているようである。ショパンが描く「動物」は、世話をされてはいるが、檻の向こう側のすべての物、現状以上のものを求め、けっきょく「未知」の世界へと出て行く。家父長という保護者がいなくなり、かつて檻に入れられていた動物は、官能的な世界、すなわち「あらゆるものにたいする視覚、嗅覚、触角」と、「探し、みいだし、喜び、苦しむ」という経験に目覚めるのである。活気に満ちた生き方へのショパンの認識は、息詰まるような檻の世界——家父長制と家事——からの自由につながっている。新しい生き方には苦しみがともなうが、ショパンの描いた当時の女性がおかれた状況、つまり保護下にあり無力な世界よりも好ましいのだ。

その頃の多くの小説と同様、ショパンが用いた監禁のイメージは、女性をきわめて限定された家庭での役割へと隔離する家父長制社会のコントロールの比喩となっている。これはシャーロット・パーキンス・ギルマン（Charlotte Perkins Gilman）の作品「黄色い壁紙」（"The Yellow Wallpaper" 一八九二年）においても然りで、彼女の主たる社会理論書『女性と経済学』（*Women and Economics* 一八九八年）と同じく、男女間の力関係をあつかっている。『女性と経済学』は女性が男性に依存する家庭的な存在であると論じ、「女性を家に閉じこめ、家事を女性にとって『自然』な仕事だとみなす」、セクシュアリティと経済の絡んだ男女関係の基本を明示している。ギルマンはこの関係の外枠を取り去り、家庭という制度がかぎられた狭い空間だという現実を暴いたのである。

ギルマンはジェイン・アダムズの友人で、ハル・ハウスで長期間過ごし、一八八〇年代から九〇年代にかけて活発になった改革運動の中でイデオロギーと政治面での成長を果たした。「黄色い壁紙」においてギルマンはジェンダー関係についてのみずからの理論を劇的に表現し、女性が現実の「狭い空間」の中で夫の（過）保護を受け囚人化する様子を描いている。皮肉なことに、（最後まで名前を明かされない）この女性は子ども部屋に入れられ、窓には鉄格子がはめられ、壁には玩具の輪などが下がっている。彼女はまるで子どものように無力で、医者である夫が支配する拷問部屋／子ども部屋／寝室に閉じこめられる。ものを書くことのできる紙だけがあたえられ、そして壁紙を「読む」うちに自分の生きる姿をそこにみるようになる。表面の模様の背後にぼんやりとしたかたちが日に日に鮮明になってゆくのだ。それは、あたかもかがみこんで這いまわっている女のようである。表面の模様は、彼女の一生を形成した家父長制が強要するもので、従属的でか弱く無口な姿である。だがふたつの姿は混ざりあい、ついに彼女は鉄格子をつかんで力一杯ゆすり、そのあいだから脱出を試みる。語り手である女性と「這いまわる女」が一体となって、壁紙の模様とぞっとするような狭い部屋の空間から自由になろうとしているようである。気を失った夫ジョンのまわりを、檻から出されはしたが野生の世界への準備ができていないかのように、妻がぐるぐる回っている場面で作品は終わり、ギルマンの結末は不明瞭なままである。

ジェンダーをめぐる力関係を想定した点において、この小説はギルマンの理論同様、挑発的で思い切ったものであるが、さらに危険性をはらんだ『目覚め』（*The Awakening*）という小説を一八九九年に発表したのはケイト・ショパンであった。『目覚め』は、独占欲の強い夫のもとでの狭い空間から新たなるアイデンティティと不確かな自由に目覚めるエドナ・ポンテリエを描いている。エドナは夫にとって「高価な個人財産」で、「母親としての場所」に属するたんに「母親としての女性」とのみ規定されている。このような社会的定義が彼女を一定の役割に定着させるのだが、彼女はますます異質感を感じてゆく。そして「順応している外面と、疑問をもつ内面の二重生活」を意識するようになる。これはギルマンが「表面の模様」という比喩を用いて表した緊張感に結びつく。エドナにとって、社会が期待する厳格な生活の向こう側にある生き方は、海の流動性で示され、「誘惑的で、止まることなく、囁くかと思えば轟き、つぶやき、しばしの漂浪へと魂をいざなう」。海に浮いたり潜ったりしていると彼女は解放感を覚え、「それまで自分をしっかとつかまえていた碇の鎖がゆるんで、思いのまま自由な方向へ船を漂わすことができるような気がしたのだ」。

マイラ・ジェーレン（Myra Jehlen）はふたつの状況の境界にいる女性に言及し、「女性の領域には長い境界線があり、女性にとっての自立のイメージは、ひとつの国家ではなく、海に向かって開かれた場所として表される」と書いている。エドナの「自立」にたいする感覚的な認識にはまさにこのような流動性があるのだが、夫にはそれが理解できない――「彼女が自分自身になりつつあり、世間に出るときに着用する衣服のような虚構の自分を日毎に脱ぎ去っていることに、夫は気づいていなかった」。ギルマンの言葉にある「男性が作った」世界の服を脱ぎ、海辺で彼女は裸になる。そして「自殺」という行為によって新たに生まれ変わり、それまで真に知ることのなかった居心地の良い世界に目覚めるのである。

女性大会やシカゴ万国博覧会といった政治的な舞台では、十九世紀末アメリカ文化におけるジェンダーについてのこのように思い切った表現を口にすることはおそらく困難であっただろう。文学が時代を先取りすることは頻繁にみられることだが、家父長制の規範にたいしてフェミニズムが疑問を呈するというのちの明白な動きをも文学は予示していたのである。フランス人のフェミニズム論者エレーヌ・シクスウ（Hélène Cixous）は一九七六年に「生きている女性の息の根を止めようとする偽りの女たちは殺されるべきであり、女性にとって驚異に満ちた課題である自己は解放されねばならない」と書いたが、ギルマンとショパンの作品はこのシクスウの考えに近い。彼女たち作家は、フランスのフェミニズムと同じで、「無言の罠を打ち破る」ためには身体をつうじての表現、主張が重要であると知っていて、「女性は自分の身体をとおして書き、家父長制に潜行し、切り開き、脱出しなければならない」と述べた。シクスウは、女性を鳥や泥棒と同族だとみなしている（フランス語の "voler" には「飛ぶ」と「盗む」の意味があり、飛び立つためには男性から言葉を盗む、というわけである）。彼女によると、「女たちはすり抜け、脱獄する。宇宙の秩序をかき混ぜ、狂わせ、家具の配置を変え、物や価値観を乱し、破壊し、建造物を空っぽにし、礼儀作法を撹乱することに喜びを感じるのだ」。

しかしながら、ギルマンやショパンが作家活動をしていた当時のアメリカ社会は「撹乱される」ことを嫌がり、彼女たちの作品を「不届き」または風変わりな作品、もしくは文化の主流（「男流」というべきか）の周縁に位置するものという扱いであった。彼女たちの活動は、「性別による役割」や男女「別々の領域」という考え方の前提にたいして重要な問いかけをしたとして、アメリカの「第一波」フェミニズムとみなされている。だが、打ち倒すべきジェンダーの権威者となっているのは、ルイザ・メイ・オールコット（Louisa May Alcott）の『若草物語』（*Little Women* 一八六八年）における不在の父親がもつ家父長的な力である。この父親は妻であり娘たちの母親である「かあさん」（Marmee）を代弁者として、留守宅の女ばかりの家族に手紙をつうじて語りかけ支配する。

君にとって娘たちが愛情豊かな子どもとなり、自分たちの務めを忠実に果たし、心の中の敵と勇敢に戦ってみごとに打ち負かすことを願っている。そして私が帰宅するときにはこれまでにも増してあの小さな婦人たち（little women）をいとしく誇らしく思うことができるように。

だがこの小説には、務めや抑圧に抵抗し、シクスウのいう「無言の罠」を身体と文筆によって打ち破ろうと試みるジョー・マーチという人物が登場する。小説では避けられないことだとはされているが、ジョーは社会によるみずからのジェンダー形成を可能なかぎり先に延ばそうとする。「かあさん」や他の姉妹がこなしている役割に自分をもはめこもうとするジェンダーの仕組みに絡みとられず、若いままでいたいと望む。しかしその願いも虚しく結婚することになり、皆と同様の役割に屈しなければならなくなる。

1994年公開の映画『若草物語』のーシーン。戦地からの夫の手紙を読む母親マーチ夫人を囲む4人姉妹。右から2人目が、スーザン・サランドン扮するマーチ夫人。

この小説は、ジェンダーと結びついたきわめて強い力と、社会が男女に課す区別を示している。ジョーの男友だちローリーが将来について語る言葉には、彼の強力な自己と、社会が容認する男性の自由がおのずと語られる――「思う存分世界をみたら、自分の生き方を選びたい。人に邪魔されたくはない。自分の好きなことをして楽しく暮らしたいんだ」。これとは対照的に、ジョーの自己および将来についての認識は不確かで、控えめで、空想に包まれている――「アラビア馬が一杯いる馬小屋がほしいわ。自分のお城に落ち着く前に、なにか立派なこと、勇敢で素晴らしいことをしたいの。それがなにかはわからないけれど」。この「お城」

は監禁、つまり逃げられないと自分にもわかっている家庭の比喩なのだが、この避けられないジェンダーの罠に捕えられる以前でも、ジョーには自信がなく、彼女に許された選択肢はローリーより少なく、家族以外の世界に入る機会もかぎられている。この箇所は、小説の後半でローリーがジョーに駈け落ちしようと説得を試みる場面と関連する。「なんとしてもこの世界から逃げだそう」と彼はいうのだが、ジョーは「娘」としての自分の立場をわかっていて、「私って哀れな娘なのよ、自分の身分をわきまえて家にいなきゃならないの」と答える。オルコットは繰り返し読者に、「現実の」戦争が別の場所でおこなわれているあいだ、アメリカ社会ではジェンダーの「内乱」がつづいていることを思い起こさせるのである。そして、見逃されがちな家父長制と社会支配に関連した権力のいくつかの側面を示す。たとえば、ジョン・ブルックと結婚するメグの運命をジョーが予見するときには、メグが「夫の膝の上に鎮座し、みじめな服従の表情を浮かべている」と表現されるのである。

これまでみてきたように、一八八〇年代から九〇年代にはアメリカの女性たちは「みじめな服従」に反抗して組織を作った。彼女たちの活動は一様ではなく、いくつかの派を形成し、「家庭内の権利要求」にとどまる派もあれば、「女性の領域」をさらに広い社会的次元へと広げようと挑戦する派もあった。ロザリンド・ローゼンバーグ（Rosalind Rosenberg）の論によれば、「すべてのフェミニストたちは、女性が個人の解放を要求するには団結すべきだと信じていたが、解放の意味とその達成方法については意見がわかれていた。その主張の違いに将来の紛争の可能性が潜んでいたのだ」。一九二〇年に婦人参政権が認められ、ひとつの活動の目的は成就されたのだが、フェミニズムの波はたんなる「活動」にとどまらず、「個人的、社会的、政治的な生活のあらゆる面に情報と疑問を投げかける次元」へと拡大していった。組織された既成の体制内での男性との権力と地位の平等を目指すだけでなく、「すべての権力と地位を問い直す」のであった。ジェンダーの問題はいまやアメリカの文化生活の中心であり、その一世紀後にはさまざまなかたちで出現することになる。

ジェンダーと一九五〇年代の「第二波」

不安定な一九三〇年代と第二次世界大戦の社会混乱のあと、戦後のアメリカは社会と政治のイデオロギーにおいて安定への復帰を求めていた。ジェンダーとはあらかじめ用意されたふたつの部屋であり、男女を別々に収容することにより、脅威を感じさせることなく「常態」と秩序を生みだすと思われた。また、理想的なアメリカにたいする当時の国民総意の一致した単純明快な考え方にもあっていた。しかし、この「合意」は幻想であり、その中ですでに多くの重大な議論が起きつつあったのだ。

一九四五年以降のアメリカでは、家庭のイデオロギーが新たに噴出し、女性の居場所についての昔ながらの理想が突発的に復活したのだが、同時に職場でより多くの女性が求められるようになった。家庭生活への回帰と労働市場からの牽引力とは衝突し、一種の分裂をきたした。そして男性にとっては「男らしさ」が脅かされるという恐れが生まれた。特に労働者、「一家の稼ぎ手」、家族の保護者、権威者にともなう男らしさは、この領域への女性の侵略により攻撃を受けるように思われたのである。戦時中には容認できた状況であっても、平和な時代には女性が「みずからの技量の善し悪しを測ることのできる理想的な台本」にしたがって行動すべきとされた。実際、多数の女性が働いてはいたが、郊外での結婚生活に入り家族の面倒をみるようになる前の一時的なものとみられていた。ベティ・フリーダン（Betty Friedan）は女性が学ぶべき台本を「女らしさの神話」と呼び、次のように論じた。

真に女らしい女性ならば、時代遅れのフェミニストたちが勝ちとろうとした自立と機会――職業、高等教育、政治上の権利――を望まないものだ、と当時の女性たちは悟った。幼い少女時代から夫をみつけて子どもを産むことに人生を捧げさえすればよかったのである。

映画『理由なき反抗』（*Rebel Without a Cause* 一九五五年）の舞台はある都市の郊外で、表面上「若者映画」ではあるが、転居を繰り返し危機に直面している家族をあつかいながら、これまで挙げた多くのテーマをあつかっている。彼らの危機の根底には、ジェンダー、特に父親と母親の役割との関わりがある。ちょうどベンジャミン・スポック（Benjamin Spock）の『スポック博士の育児書』（*Baby and Child Care* 一九四六年）が、女性にたいして子どもの過保護と放任の危険性に注意を促し、人々に模範的な育児のあり方を教えていた時期であった。このような育児への熱意と心理学への高まる興味が、『理由なき反抗』に現れている。つまり家庭が不安定であり、子どもがわがままで混乱しているならば、家族のメンバーの役割に原因があるはずだというのである。ジム・スターク（ジェイムズ・ディーン〔James Dean〕）が「みんなで僕をめちゃめちゃにするのか！」と叫ぶ場面で、この映画が中心テーマとして家族の混乱を追求していることがはっきりする。スポック博士は女性に家庭にいるよう勧め、外出するのは「美容院、映画、新しい帽子か服の買物、善良な友達への訪問のみ」といい、また「母親中心主義《マミズム》」にならないよう過保護をも戒めた。男の子を支配し窒息させて、競争社会に生きる個人としての男性の発達を阻害してはならない、というのであった。「理想的な母親とは、つねにそばにいても管理しない」のであり、そのためには強い夫が家庭の権威者となり経済的、性的な支配者として子どもにその地位をしっかり示す必要があった。これはジェンダーにおける社会秩序であり、力と統制のあり方を含め、家族の明確な役割を規定していた。エドマンド・ホワイト（Edmund White）は「男らしさ」を「良質のスーツを着、野望をもち、きちんと支払いをし、理髪店では新しい情報を話せるほど野球を知っていること」と定義している。『理由なき反抗』の父親は弱々しく、「女々しい」――フリルのついたエプロンをかけていて、ジムに母親と見間違えられる場面もある。彼は拘束された優柔不断な小男という印象をつねにあたえる。古典的な男性に備わっていた、すなわち強くて個性的という特性は、攻撃性があり支配的で自己主張の強い母親に移っている。映画の初めの警察署での長い場面では、息子ジムが父親を「王」にしたいと願っている。ジムは王座のような高い椅子に父親を座らせるのだが、うるさくつきまとう母親と祖母の力によって王座から引き降ろされてしまう。後にジムは父親に男性の役割モデルについて忠告を求め、そのモデルに沿った生き方をしていこうとするのだが、父親には確たる忠告をあたえることができず、ジムは嫌悪を覚える。ジムは混乱をきわめ、家出する直前に自宅の階段で両親とはちあわせする。監督ニコラス・レイ（Nicholas Ray）のカメラワークは見事で、傾いたアングルと緊張感あふれるクローズアップと編集により不安定感を打ちだしている。ジムは迫害された人物として描かれ、同盟を組んで母親に対抗できない弱い父親とはもはや同一感をもつことはできない。ジムは両親や仲間との融和を望むのだが、何度も挫折し拒絶されてしまうのだ。彼は貫禄ある母親の肖像画を蹴飛ばし、その顔を破損して部屋を出ていく。

彗星のごとくスクリーンに登場したジェームズ・ディーンは、一年余りの間に『エデンの東』、『理由なき反抗』、『ジャイアンツ』の三本の名作に出演を果たし、内省的で繊細な若者を好演した。一九五五年に自動車事故で二十四歳の生涯を閉じた。

　一九五六年の『婦人家庭の友』（*Woman's Home Companion*）には、郊外の「女性たちは贅沢な動物園の飼育係で、男性たちはその中で飼い馴らされた動物のようだ」という文章がある。ジムの父親のような男性は、英雄になるチャンスを奪われた世界で不安を覚えていた。夢と日常生活とのギャップを目にして、自分は本当に男なのだろうかといぶかるのであった。男らしさが脅かされると、女性にたいして家庭のイデオロギーを要求して伝統的な「英雄的資質」をふたたび獲得したのである。「女らしさの神話」すなわち主婦兼母親、郊外の女神のイメージが戦後の女性にとっての新たな台本となった。『理由なき反抗』の終わりでは社会秩序が回復し、父親はジムとともに立ちあがり（「おまえの望むような強い男になるよ」という）、妻をひとにらみし微笑みかけて黙らせ、生まれ変わった家庭を導いてゆく。しかしこの映画の結末は甘く、リアリズムが歪曲されていて、かえってジェンダーの役割にたいする表面下の不満を暗示している。物語の最後では上手にごまかしているが、社会自体はそんなに容易に癒されるはずはなかった。

女性の生活の中での改善の追求は行きすぎだとみなされ、ジェンダーの役割や力を変えることは社会的な問題を生じると思われていたことを、これまでの例は示している。だが社会の傾向自体に矛盾があったとしても、きっぱりとした決断を提示する必要があった。一九五〇年代のテレビ番組はこういったアメリカ男性の復権の一部を表し、ゴールデンアワーの連続ドラマ、たとえば『ボナンザ』（*Bonanza*）、『ガンスモーク』（*Gunsmoke*）、『ダニエル・ブーン』（*Daniel Boone*）などは女性に干渉されずたくましく生きてゆく無骨者という西部開拓の英雄のイメージを彷彿とさせていた。それはあたかも、滑稽な女性的な男性ジャッキー・グリーソン（Jackie Gleason）が登場する『新婚夫婦』（*The Honeymooners*）などの連続コメディ番組に対抗するかのようであった。男性が男としての権威を再発見するためには女性を家に閉じこめるべきとされ、あらゆる分野から家庭、家族、結婚の重要性を強調するメッセージが寄せられた。女性の領域が狭められ、彼女たちの主要な関心と活動の中心は家庭となった。けっきょく、「おいしい夕食を提供したり、数ヤードの布地とペンキと想像力により部屋を真新しく改装する仕事」、「一日の労働が終わって疲弊し自信を喪失した男性に、休息をあたえて屋敷の君主に回復させる仕事」が、当時承認されたジェンダーの台本で、それが挑戦を受けることになった。戦後のアメリカでベティ・フリーダンがとりあげた「真に女らしい女性」という論調に、エッセイスト・詩人アドリエンヌ・リッチ（Adrienne Rich）も同調し、「結婚し母親になることが真に女性的だと思われていたが」、自分はその生き方に「しっくりせず無力感と根なし草のような感覚」を覚えていたと述べた。時代の特徴といえる「分裂」を彼女はみずからの人生と作品の中に認めたのである。リッチは、詩作活動の中に自己があるのだとする女性と、男性との関係によって自己が定義される女性との分裂について書いた。ジェンダーと家父長制の権力に従属する当時の他の女性と同じく、リッチも自己の分裂と女性に課せられた台本に疑問をもち始めたのだ。みずからを例証として、一九五〇年代の女性の経験をより広い政治的な闘争と結びつけることが彼女の生き方であった。女性のふたつの面を分離してはならない、でないと男性のイデオロギーが決定する政治的なジェンダーの区分を認めることになるからであった。男性のイデオロギーによれば、女性の活動の場はただひとつで、女性の抱える問題は学問があつかう価値はなく瑣末的でなきに等しい、とされていたのである。個人の問題が政治に関連するという認識は、その頃の多くの権力闘争の中心をなしていた。「政治とは遠くにあるのではなく内在しているのであって、自分のおかれた状況の本質なのだ」とリッチは述べている。

1950年代の理想の家族像。大量生産により車を購入しやすくなったこともあり、中産階級の世帯は、急速に開発された郊外の住宅地に移り住むようになった。父親は車で都市の中心部へ出勤し、母親は家事と育児に専念し、家庭を幸福と安息の場とすることが理想とされた。画一的な敷地面積と家屋ではあったが、休日に家族そろって庭でバーベキューを楽しむことは当時のアメリカン・ドリームの実現であった。

こうして一九五〇年代には、家庭のイデオロギーにさまざまなやり方で挑むフェミニズムが再燃した。青写真か道路地図、料理本のように、行動ひとつひとつについて誰がなにをいつ、どこで、なぜおこなうかが規定されていたが、それらが活動家や作家、最終的には一般の人々によって問い直されることとなった。社会の用意する台本が個人の生にそぐわないならば、それはジェンダーに元来備わっている差異に注意を向けない普遍的な視点から作成されているためだった。そして女性にも同性愛者にもあてはまるのだが、排斥され縁に追いやられた者たちのつねとして、みずからの声でその体験を語ろうとするようになったのだ（第3章を参照）。したがって自伝的、半自伝的な作品がジェンダーやセクシュアリティ研究の中心となる。支配的な文化が基準のイメージを打ちだしていたため、それに対抗するイメージをいろいろなかたちで提示しようとする運動が生まれた。「人はイデオロギー色のある台本にしたがう俳優の面と、台本を読んでその中にみずからを投入するかどうかをみきわめる主体《エージェント》の面があり」、この点を訴えようとする私的および政治的な歴史、小説、記事がぐんと増えたことがアメリカにおけるジェンダー研究の特徴である。いかなる場でも様式であってもみずからの声で語る者は、その自己定義の過程をつうじて、他人が規定する客体から主体へと変化するのである。

第一波フェミニズム以来、女性は個人の経験をより広い政治の世界と結びつけるようになり、一九六〇年代までに「個人的なことは政治的なことである」というスローガンができあがった。自伝的な体験を取り入れた主観的な自己を意識した多くの作品は、女性の生き方の新しい台本を提示し、ジェンダーの意味を変えようとする反発的な文化活動であった。これらは特定の業績、経歴、生き方を高く評価する「男流」の作品を拒絶し、「男流」作品は偏っていて、客観的でも人間的でもないことを指摘した。女性の作品は、男性の定めた前提を揺るがし、女性の主観性の社会的、精神的成り立ちを探求することを促した。また女性とは、母親か恋人か妻という家父長制の産物の存在というよりも、自己を表現できる成長と変化の過程にある存在であることを主張したのであった。女性たちは、都市郊外と科学技術と家族によって境界を定められ、漂流者のような特徴づけをされ、家庭内で完璧なキャリアを築くのではなく、みずからの生を再発見しその表現法をみいだしつつあった。

一九五〇年代以降――シルヴィア・プラスの『自殺志願』（一九六三年）

フリーダンの『新しい女性の創造』（*The Feminine Mystique*）と同年に出版された『自殺志願』（*The Bell Jar*）は、シルヴィア・プラス（Sylvia Plath）がみずからの生を題材として分裂の時代における分裂した自我を探る「自己意識的な主観性」の例である。主人公エスター・グリーンウッドは、一九五〇年代アメリカのジェンダーが規定する「こうあるべき」生き方と、「こうありたい」という内面の自我とのあいだで分裂をきたしている。物語の初めのほうで、自分が漂っていて、「私はなにものも、自分さえも操縦していなかった。まるで乗客のいない静まりかえった感覚をもたない路面電車か、喧騒の真っ只中をのろのろと進む竜巻の目のようだった」と表現している。「喧騒」とは家族、教育、仕事というあらゆる声や制度のことで、彼女を「女性」と決めつけて明確な分類にはめようとするのである。特に、プラスは女性雑誌の世界をそのようなジェンダーのガイドラインを形成する例としてあつかっている。エスターの自己は固定され、「私の生きる一年一年は、道路沿いに等間隔に立てられ、電線がわたされた電柱みたい」で、彼女のすべての望みは萎縮し衰弱していたのであった。

小説で目を引く比喩として、従来の家父長制の枠内では女性に認められなかった言語と著述に関するものが挙げられる。プラスは日記の中で「自分の真の内奥の声で書こうとするならば、声にならない麻痺した言葉で正面をガラスのように固めて、感情をダムで堰止めているような気持ちにならないためには、どれほどの決意、どれほど内なる殺人や脱獄を犯さなければならないのだろう?」と問うている。周縁に追いやられた女性は自分の声を出すべがなく、「異質な言葉で語らせ、真実を薄めようとする」男性の言語に拘束されているのである。トリル・モイ（Toril Moi）は、男性が女性に代わって語る状況を「家父長制の腹話術」と名づけた。プラスもまさに腹話術のイメージを小説で用いていて、母親がエスターに速記を学ばせたがる場面では、「どんなかたちであっても男たちに仕えるなんてぞっとした。心が奮い立つような私独自の文章を書きたかった」として速記を拒否する。エスターは「絶対主義国家に似た私生活での奴隷」に成り下がるような結婚をするよりは、自分の一生をとりしきり、自分自身の台本を書き、家父長制が認めるかぎられた役割を拒絶したいと思う。

私には永続的な安全などまっぴら、矢を放つ場所であることは嫌だった。変化と刺激が欲しかった。独立記念日のロケットから発射される色とりどりの矢のように、あらゆる方向へ自分で飛んでいきたかった。

「永続的な安全」が約束された妻／母親という定番の台本を拒否するということは、その基準に代わって自己実現の可能性を打ちだすことになる。闘争的な男性の召使か影となり、他人が書きなぐった文字のようになるのではなく、自分自身を書き表すのだ。一世紀前のショパンの『目覚め』と同様、『自殺志願』も家父長制の包囲網から自己を解放させたいという願いを描いている。世間の基準から逸脱した抵抗は自殺という激しいイメージで表される。『自殺志願』のエスターは「偽りの」自己を切り離す際に、「死んだような娘が写ったピンボケの写真」を破る。自分の奥に密かに埋めこまれていてそこへの到達が至難であるジェンダー社会のおぞましい画一性、その押しつけや規制をその写真は示しているからだ。

家父長制の力を思い切って断ち切っても、エスターのアイデンティティ追求は解決しないのだが、エドナ・ポンテリエや「黄色い壁紙」の語り手と同じく、エスターも男性の設けたガラスの釣り鐘（bell jar）からは自由になる。小説の最後ではエスターは「凝り固まったアイデンティティ」に囚われているのではなく、山ほどの疑問を抱えて戸口に立ち、「まだ定まっていない将来を前にしている」。これは男性による、またはフリーダンなどのフェミニズ

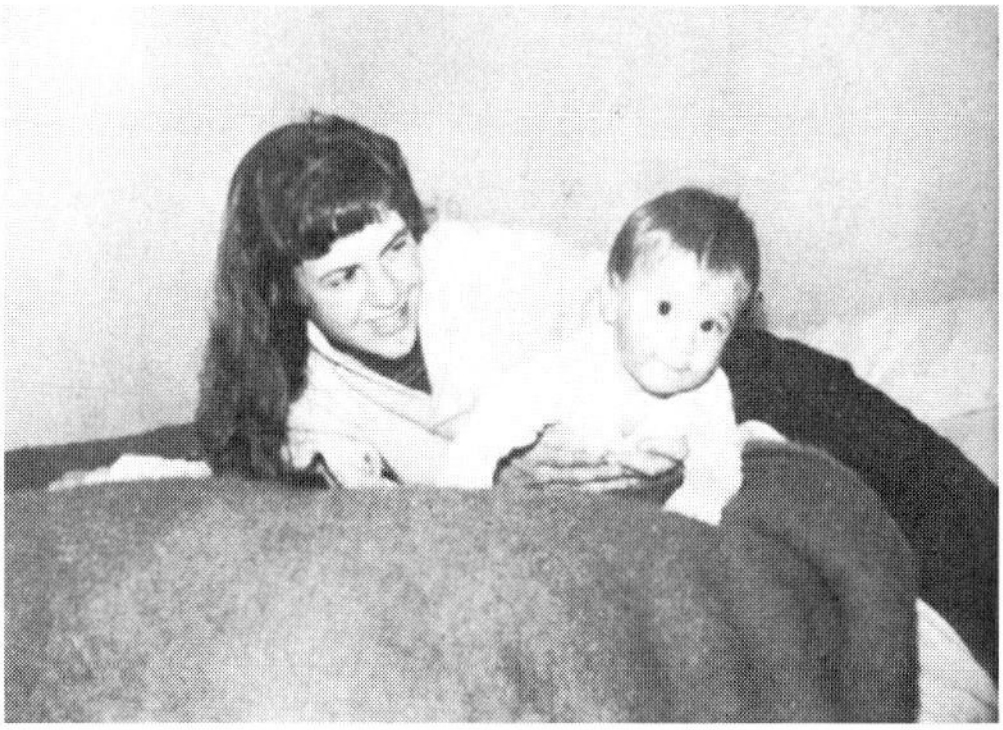

一九六二年、詩人である夫テッド・ヒューズとの間に生まれた第二子ニックと幸せそうな表情を浮かべるシルヴィア・プラス。過去から自らを解放するために書かなければならなかった、とされる自伝的な面の強い小説『自殺志願』はこの頃執筆中であった。

ム論者による従来の女性についてのかぎられた定義に反発するものであり、つねに暫定的で移ろいやすい主観的なイメージを提示している。世間の当然とされた秩序がわずかでも変化し新しい局面に入ったかのように、プラスは不変性の代わりに流動性、家父長制的な女性の見方の代わりに相互に絡まったいくつもの疑問を示しているのである。

プラスの小説には、一九六〇年代フェミニズム運動におけるフリーダンの全米女性機構（NOW）★3と他の女性解放運動との葛藤と関連する部分がある。『自殺志願』は男性支配世界の外側での自己発見をあつかっているからである。エスターの個性は、男性による全体主義的で残忍な既存の権力構造の中では存在しえないからである。エスターは、自分の身体を征服する男性の「植民地主義」からみずからを解放し、小説の結末で選択と行動をとおして自分の力を表明する。束縛と支配の場となってきた身体の解放は重要である。出産の可能性のために女性の身体は女性の生き方を限定し、家庭と育児の場というもろい世界に女性を閉じこめてきた。プラスの身体へのこだわりは、一九六〇年代と七〇年代のフェミニズム論者たちの姿勢とつながる。彼女たちは、女性の身体を失われた領土、つまり男性（医者、教師、恋人、夫）に占領されていて、再発見し取り戻すべきもの、とみなしていた。文筆はそのための手段であった。女性の身体を言葉で表し、封印された広大な領域を解放することができるからである。

『自殺志願』で暗示された事柄は、一九七〇年代の急進的なフェミニズムの発展の核心となり、差異を、ときには分離を認めさせようとする要求となった。これは、女性が男性偏重の体制の一員となれるか、あるいは女性にとって別の居場所が必要か、という第一波フェミニズムの時期の問題に立ち返るものであった。家父長制の価値観は非常に根深いので、女性が本来の女性文化を十分に表現するにはその価値観の外に出なければならなかった。実際、フランスのフェミニズム運動においては、女性の身体と差異を言語で主張する女性文学《エクリチュール・フェミニン》の必要性が求められてきている。

こういったジェンダーへの疑問が出たことで、他の多様性に関わる問題、特に階級、人種、セクシュアリティについても公然と議論できるようになった。初期にはジェンダーの問題から除外されることの多かった黒人女性は、自分たちの抑圧状態をジェンダー、人種差別主義や貧困などと結びつけて考えるようになった。初期のフェミニズムの危険性は、フリーダンの『新しい女性の創造』にもみられるように、女性を普遍化して白人の中流階級の女性を対象とすることであった。そのため、アフリカ系アメリカ人、アメリカ先住民、レズビアンを含めた広い政治的な公民権運動は、それまでとりあげることが不可能であった多様性に注意を向けたのである。白人女性があたかも全女性を代弁しているかのような単一人種文学に挑戦したという点で、チェリー・モラガ（Cherrie Moraga）、グロリア・アンサルドゥーア（Gloria Anzaldúa）、マキシン・ホン・キングストン（Maxine Hong Kingston）、アリス・ウォーカーの作品は非常に重要である。同様に、ジュディス・バトラー（Judith Butler）は容認されている分類を攪乱することの重要性を力説し、フェミニズムの礎となっている「ただひとつの、あるいは長くつづいている土台」を受け入れることを拒否している。彼女によれば、ジェンダーは思考として構築されるだけでなく実行もされていて、「硬直した規定の枠組み」はすべて疑問を呈する力によって定着させないことが不可欠なのである。「われわれ」フェミニストをファンタジーであるとみなす考え方を阻止するには「動員し、破壊をもたらす混乱を起こし、活動を増大させる」行為がある。より大きな文化研究の枠内でのスタートとしての、また「攪乱」するものとしてのジェンダー研究は、トニ・ケイド・バンバラ（Toni Cade Bambara）がいうように「われわれすべてをとりこむ」活動を生み、抑圧に絡むすべての要素を分析し変化させようとするものである。ある急進的なグループは「われわれは人種、性別、異性愛、階級による抑圧との戦いに積極的に関わってゆく。主要な抑圧のシステム同士は相互に関連しているという事実に基づき、完全な分析と実践を進めてゆくことを特にわれわれの任務だと考えている」と主張している。

セクシュアリティとジェンダー

ジェンダー研究に多様性が導入され、アイデンティティの構築と再構築の主要な要因としてセクシュアリティが問題となってきた。「単一の性愛」とか「正常な」セクシュアリティではなく、さまざまなセクシュアリティが存在し、文化の秩序の一部をなしていることを認めなければならなくなっている。プラスの小説のエスター・グリーンウッドは、セクシュアリティという競技場でジェンダーが突きつける特徴に包囲されているといえよう。男性らしさとは活発さと攻撃性であり、それを示す例として作品中のレニーの店には大きな白い熊の毛皮、バッファローの角などが飾られ、「カウボーイブーツがピストルの銃声のような音を響かせている」一方で、女性は消極的で「矢を放つ場所」となっているのだ。女性がみずからのセクシュアリティと結婚や育児とのバランスをうまくとらなければ、社会から除け者にされるといった時代の二重基準にエスターは囚われていたのである。異性愛は一九五〇年代の合意事項のひとつであり、一種類の性的表現だけが承認され、他は排斥されていた。アドリエンヌ・リッチはこの状況を「審問に付されない異性愛中心主義」と称し、ひとつのイデオロギーとみなした。表現と選択の可能性を制限し、また自主性と選択を妨げる家父長制が支持されていたからである。異性愛という強制的な基準を再検討し、画一性へ後退せずに、より広い意見を認め、多様性に新たな時代を開くことをリッチは求めたのである。

一九六九年グリニッチ・ヴィレッジのゲイバー、ストーンウォール・インというバーへの警察の手入れは、同性愛者が偏見と嫌がらせにたいして立ちあがるきっかけとなり、この後、同性愛者権利グループが積極的に活動を開始した。その産物である団体「ゲイ解放運動」(“The Gay Liberation Movement”)はいくつかの抗議行動の調整を図るようになった。直接的な行動もあれば、セクシュアリティに関する中央集権的で視野の狭い考えにともなう問題を広い立場から議論しようとするものもあった。レズビアニズムは急進的なフェミニズムの発展における決定的な要素となり、レズビアニズムがフェミニズムの唯一の真の表現であり、家族、結婚、出産という家父長制の因習を拒絶すべきだと考える者もあった。また、女性の存在の重要な決定要素は生態であり、自分たちこそ女性の身体をよく知っていて、女性は生まれつき攻撃的ではなく養育に適していると考える者もいた。

一九七四年六月、ニューヨークのグリニッチ・ヴィレッジでの同性愛者支援団体によるパレード。プラカードには「カミングアウトしよう」、「私にはゲイの息子が誇りだ」などと書かれている。

アドリエンヌ・リッチは、性的なものだけを意味するのではない「レズビアン連続体」★4を主張した。つまり、「男性の圧政」にたいする「女性ならではの経験」、真に女性中心の文化の理想に基づいて家父長制を否定、抵抗することであった。

一九五〇年代にかぎられたことではないが、当時セクシュアリティはフェミニズムと並行して論じられることが多く、実際このふたつの事柄は関連づけられ、性の基準から逸脱した母親は子どもを同性愛者にしたり、早熟にさせるとしばしばいわれていた。すでにとりあげた映画『理由なき抵抗』では、ジムに愛着を感じて行動を共にするプレイトーという少年の家庭は崩壊していて、「同性愛者を子どもにもつ親のすべては重度の情緒的疾患を抱えている」という当時の大多数の考えにつうじるところがある。プレイトーが最後に死ぬことには意味がある。彼は家族の現状と、男性が占める社会の境界を脅かす危険な「反逆者」であるからだ。家父長制が設けた規定枠の外にいる女性と同様、ゲイもレズビアンも秩序の回復のためには排斥されるべきなのである。映画の結末で家族は救済され、ジムとジュディによる新しい家族が予示され、異端者を排斥し絶滅させようとする社会の力、世論の合意が証明されている。すなわち異性愛が強調されているのである。

エドマンド・ホワイトの小説『ある少年の物語』(*A Boy's Own Story* 一九八二年)と『美しい部屋はからっぽ』(*The Beautiful Room Is Empty* 一九八八年)は一九五〇年代に設定され、ある少年の異性愛文化との衝突をめぐる問題を描いている。ホワイトとプラスの小説には多くの共通点があるが、特にジェンダーとセクシュアリティの構造が個人に及ぼす致命的な影響を示している。名前は明らかにされないホワイトの小説の「男の子」は、エスターと同じく社会への順応を強いる圧力に取り囲まれていて、次のようにいう。

一九五〇年代半ばには、外見、信条、行動の面で差異はなかった。全員が同じ物を食べ、同じ服を着ていた。もっとも忌むべき三つの犯罪とは共産主義、ヘロイン中毒、同性愛であった。

このように同性愛と国家の安全問題を結びつけることはアメリカの冷戦時の被害妄想であり、家族と「正常な」

性行動へのいかなる脅威にも反米主義の危険があると思われていた。プラスの小説は一九五三年六月の、ローゼンバーグ夫妻がソ連スパイの容疑のもとに処刑された日に始まり、彼らの電気椅子での死とプラス自身が受けた「ショック療法」とは明らかな並列関係をなしている。社会の秩序を確保し、順応しない者を隠してしまうために、女性の役割とセクシュアリティは取り締まられ管理されたのであった。ホワイトの「少年」が語るには、彼の一生は「決められた役割を演じる無言劇で、本心を偽っていたにすぎず」、「小羊の皮をかぶった狼の子どものように」虚偽のアイデンティティを装い、分裂をきたし押し黙っていたのだ。

エスターと同様、この「少年」も表現することを望み、「無言劇」の台本にしたがわずにみずからの存在について書くことを望む。異性愛というディスコースの中に囚われている彼は、書く行為を自分の主観性を表す方法だと考え、「ジェンダーの意味づけがされた言葉の産出への反抗、異性愛者がタブー視するものの永続化への反抗のための手段」として言語をとらえている。しかし彼はふたつの表現形態のはざまで身動きできないままである。

自分の体験について書く、徐々に襲ってくる現実の苦悩を表すためには、一部の人間にしかつうじないぞんざいな言葉ではなく、自分の感情を高め奔出させる方法が必要だと思った。同時にぼくの気持ちは別の方向へも引きずられた。自分の生についてありのままに書けたからといってどうなるというのだ?

自分について書くには社会のタブーと、役割にあわせた演技という障害を打破しなければならなくなる。ホワイトは自分のまわりに他人が設けたいくつもの密かな仕組みに気づくのだが、そのひとつは、同性愛とは病気であって教育、精神医学、宗教によって治すことができると彼に迫るのだ。作品の中では主人公はいくつもの「治療」を受けさせられる。だが父親に告白し、教師を裏切り、教会を拒絶した後、ようやく自分を取り囲んでいた大人の世界を乗り越えて夢にみた力のいくばくかをつかむのである。フランスの精神分析医リュース・イリガライ（Luce Irigaray）は女性の状況について次のように述べている。

（女である私は）彼らのイメージ、言葉、幻想にまわりを固められ、麻痺している。凍りついている。彼らの利益のために私はばらばらにされ、立ちすくんでいる。だから私にはまったく「自己」などない、もしくは彼らの必要性や欲望にあわせて彼らにいいように使われる多数の「自己」からなっているといった現状なのだ。

この状況はゲイやフェミニスト文学の読者にもあてはまる。異性愛者を優遇する家父長制世界においてアイデンティティをもちつづける緊張感そのものを表しているからである。世間が設けたスクリーンの向こう側へ行くと危険人物、部外者になり、社会の秩序と正常性を脅かす存在となるなのだ。

エドマンド・ホワイトなどのゲイ作家たちの作品は、ジェンダーと性のアイデンティティ形成にともなうジレンマを探求し、意識の向上を目指すのだが、アメリカでのエイズの広がりによってさらにその激しさを増した。同性愛について臆せずに意見を述べる必要性は、メディアのエイズ報道、特にエイズを「ゲイの病気」としてあつかうことから生じた。ゲイの生活様式はメディアの全面的な注目を浴びることとなり、一九七九年の『タイム』誌の表紙には、二人の男性（と二人の女性）が手をつないでいる写真と「同性愛者《ゲイ》はどれほど陽気《ゲイ》なのか?」（"How Gay Is Gay?"）という文が掲載された。アメリカの同性愛者が自分たちのイメージを国民に示し、メディアがあつかう恐怖に立ち向かうことが重要になったのだ。エイズという「疫病」は周縁の人々の異常な行為が生みだした、とするメディアの観点に反抗して、多くの同性愛者は自分たちの性嗜好に関して誇りと仲間意識とアイデンティティを強調する意見を述べることを望んだ。『ロングタイム・コンパニオン』（*Longtime Companion* 一九九〇年）などの映画は、エイズという危機に面した同性愛者の生活が、親密で愛情に満ち幅広いものであることを描きだした。また、ACT―UP（AIDS Coalition to Unleash Power）★5といった活動は「立ちあがれ！ 抵抗しろ！ エイズと戦え！」や「沈黙＝死」など力強いスローガンを作った。より急進的な作家ゲイリー・インディアナ（Gary Indiana）は、同性愛者のやり方を表し、「イデオロギーへの服従」やアメリカの「全体主義の可能性」について論じ、「自分たちを処刑する者」にたいする態度には慎重さが必要だと述べた。フェミニズム運動と同様、同性愛者の仲間のあいだでも自己表現についての議論は盛んである。その解決策は複数の表現を認めることであり、インディアナはこれを「意識の複数性」と呼び、レズビアンのフェミニストであるオードリー・ロードはこの状況を「ひとつの特殊な差異の保障よりむしろさまざまな差異の包容」と表現している。

この「複数性」を表すおそらくもっとも良い例は、NAMESプロジェクトがコーディネーターとなったエイズ・キルト★6であろう。エイズで死亡した同性愛、異性愛の男女を追悼して製作されたもので、そのスローガンは「覚えておこう。理解しよう。わかちあおう」であり、犠牲者をひとつの範疇に統括し普遍化しようとする表現に対抗して、キルトの各部分は一人ひとりの個性を強烈に浮かびあがらせている。それでいながらそれぞれの部分は全体と結びつき、統一性と多様性の両方を示し、エイズの歴史を印象的に作りだしているのだ。この象徴的なキルトは、目にみえない歴史についての読み物となっていて、エイズをめぐる状況をそれ以前の女性やアフリカ系アメリカ人などの苦闘と関連させている。

言葉を所有する者は権力をも所有する。キルトはエイズ患者の団体（People with AIDS〔PWA〕）が言葉を取り戻し、物語を記す機会を得ることになり、たんなる犠牲者となってしまうのではなく尊厳と地位を獲得することを目標としている。

エイズは同性愛者の活動、コミュニティ、そして表現に関わる問題点——異性愛社会がアメリカの家庭にエイズと同性愛者の生き方のイメージをどのように示しているか——を結集させる機会をあたえることとなった。広告のエイズのあつかい方などについて多くの議論が湧きだした。特に活動家デイヴィッド・カービー（David Kirby）がエイズで死ぬ様子を描いた一九九二年ベネトン社の広告は、異性愛社会の不興を買うこととなった。たんに死をあつかっただけでなく、同性愛の男性を家族関係の中におき、さらにキリストのような姿に描いたためであった。一九九四年にはジョナサン・デミ（Jonathan Demme）監督がハリウッドのスタジオ、人気俳優のトム・ハンクス（Tom Hanks）とデンゼル・ワシントン（Denzel Washington）の演技、ロックスターのブルース・スプリングスティーン（Bruce Springsteen）のテーマ曲を用いて、大衆市場に向けてエイズを題材に映画『フィラデルフィア』（*Philadelphia*）を製作した。この映画はトム・ハンクスをとおして同性愛者の生き方を正常なものとして示し、エイズを取り巻く状況をよりわかりやすくした、と同時にこの問題が周縁的ではなく、アメリカ人の生活の中心に存在することをはっきりさせたのである。兄弟愛の町、民主主義の発祥地フィラデルフィアは新たな闘いの場となり、問題はたんに同性愛者をめぐる事柄にとどまらなかったのだ。

　一九九〇年代半ばには、エイズの影響と、フェミニズムから生じた長年の議論の結果、ジェンダーとセクシュアリティの問題は話題の中心を占めた。アメリカ人は、自分たちがさまざまな肌の色、民

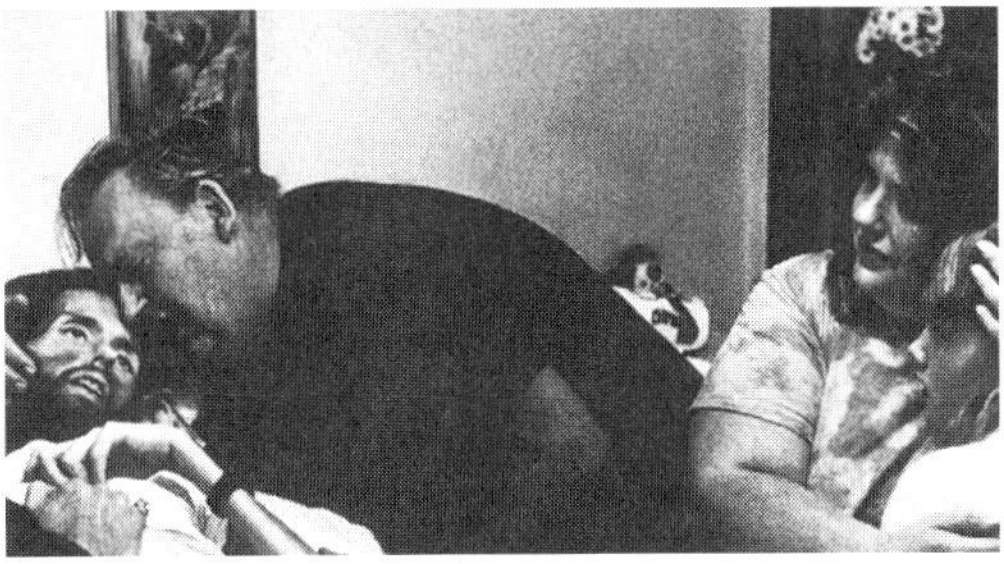

数多くの社会事象を広告に取り上げていたベネトン社が、1992年に発表したポスター。エイズ患者D. カービーの死の直後に撮影したモノクロ写真に着色を施した。同性愛者を企業利益のために利用したとして、ロンドンのベネトンの店舗には同性愛者の権利団体のメンバーが乱入し、商品を散乱させるという騒ぎとなった。

族、階級ばかりでなく異なったセクシュアリティやジェンダーからなる多面性を有する国民であることを知ったのである。白人、異性愛者、男性社会が主流だとする閉鎖された考え方は多方面から攻撃され、昔の神話、物語、台本は異なった評価があたえられ、別の言葉で表現し直されることになった。

結論

自業自得ってことよね。

（映画『テルマ&ルイーズ』）

ベティ・フリーダンの『新しい女性の創造』の中で、インタビューを受けた女性の一人が「もう救いはないわ。自分には人格のかけらもないような気がしているの。食べ物を出して、ズボンをはかせてあげて、ベッドメーキングをして、家族がなにか欲しいときには呼びつけられるわ。でも私ってなんなの？」と語る。これは一九六〇年代の女性の声ではあるが、かなり最近のものであってもおかしくはない。相変わらず女性たちは、家庭という家父長制社会の中での絶望的なほど限定されたアイデンティティと闘っているのである。この「絶望」とそれに関連した葛藤が、それまでとは異なった表現領域であつかわれ大きなインパクトをあたえた一例が、連続ホームコメディ『ロザーン』（*Roseanne*）である。

『ロザーン』――崩壊した世界

一九八八年に初めて放映された『ロザーン』は、ジェンダーとセクシュアリティをめぐる葛藤を主流の文化が取り入れたものである。一九五〇年代の『ビーヴァーにおまかせ』（*Leave It to Beaver*）や『新婚夫婦』などで人気を博したジャンルの形式を用いながらも、幸せな郊外の家族の神話を意識的に壊し、期待されるジェンダーと基準のセクシュアリティを撹乱する「抵抗の場」となっている。このドラマは「女性中心」で、女性解放に向けての抵抗と活力の源として破壊性を有している。「私は舞台をみつけて、そこで自分の生活の真実を話すようになりました。そこ以外では無理でしたから。そうするとまたたく間に世界が崩れだしたのです」と、主演女優ロザーン（Roseanne Conner）は語っている。この章でみてきた他の多くの例と同じように、『ロザーン』も人生を語り、実体験をフィクションに用いている。ロザーン本人と同様、ドラマの人物ロザーンも文章を書きたいと願っている。書くことはいつの時代にも自己表現と権力への欲求を意味する。しかしこの番組はすべての面で連続ホームドラマの従来のしきたりを覆し、「世界を破壊する」。たとえばロザーンは太っていて声は甲高く、夫に敬意を示さず、子どもには無関心、家事にはだらしない。完璧な妻、母とは反対に、手に負えない女というイメージを打ちだしたわけである。このドラマは複数の世代、人種、地域間の女性の関係を描き、さまざまな女性の場（家庭、美容院、レストランなど）を次々ととりあげている。有名人を数人登場させたある回では、ロザーンの台所は典型的な中流階級の主婦たちによって占拠されていた。家にとどまって子育て、掃除、料理にたずさわる、というかつてのテレビドラマで主婦役をつとめたジューン・クリーヴァー（June Cleaver）（『ビーヴァーにおまかせ』）やドナ・リード（Donna Reed）（『ドナ・リード・ショー』*The Donna Reed Show*）である。彼女たちが示した「規範」をロザーンが破壊していることをはっきりさせるかのように、ロザーンは彼女たちを自由なやり方で「教育」し、ドラマの中の人物を演ずることでしたがっていた「台本」から彼女たちを解放する。戦後のアメリカで確立されたジェンダーとセクシュアリティについての台本が、近年疑問視されていることを、このドラマは指摘したわけである。一九五〇年代の母親たちを一九九〇年代のドラマで意識的に用いて、女性の役割の仕組みを示し、またユーモアとアイロニーをもって問い直してみせるのだ。ロザーンは、自分の使命とは「あらゆる社会の規範を破り、それを笑い飛ばすことです。なぜって私が軽蔑する人たちは私をひどく怒らせるんですもの」と書いている。

『ロザーン』はさらに階級、人種、セクシュアリティなどの問題もジェンダーの枠組みの中に導入している。たとえば明らかに同性愛者であるナンシーとレオンという人物にある程度の時間を割いて、視覚的にも科白の面でも彼らのセクシュアリティを表現させている。ユーモアを生みだす点では他の登場人物と変わらず、二人とも「変人」とはみなされていない。どちらも仕事と力と恋人をもっていて、別の人たちとの人間関係も築き、情緒も豊かである。また評判の悪かった回では、異性愛者ロザーンがマリエル・ヘミングウェイ（Mariel Hemingway）とキスをし、レズビアンの関係に近づいた場面があり、コメディという媒体をつうじて意図的に社会の不安やタブーと対峙している。ロザーンの番組における「権威」、支配力は多様性をはっきりと打ちだし、アメリカのテレビの慣習や固定観念に抵抗し、家族生活や価値観についてより広く議論を交わせることになった。番組のオープニングで流れるロザーンの甲高い笑い声は、秩序のとれた日常生活を動揺させ、理性を撹乱させる。シクスウのいう、破壊力が掻き立てられたメデューサや、フロイトがとりあげた、ヒステリー症状で家族の絆を乱したドーラ★7の笑い声に似ている。以前なら「手に負えない」女性はコミカルに規定の型に同化させられ、じゃじゃ馬ぶりも家族によって抑えられていた。『奥様は魔女』（*Bewitched*）はその一例だが、『ロザーン』はまったく異なっている。彼女が家族を破壊することはないが、家族は中心を失い、疑問が生まれる。ロザーンは絶対に型にはまることなく、挑戦的で破壊的である。

『ロザーン』は独自のやり方でジェンダーとセクシュアリティの違いを示し、ジュディス・バトラーの精神にならいポストモダン的なジェンダーとセクシュアリティを示している。つまり、従来の定義は「現実の社会慣習において崩壊し矛盾をきたしている」のであり、「すべての本質的な女らしさ、男らしさを拒絶した、唯一の真のジェンダーの定義など無い」のである。このドラマは家族の内外でのジェンダー、セクシュアリティ、力関係をめぐるやりとりを次々と映しだす。しかし、『ロザーン』にはポストモダン的な感情という要素はあったのだが、そのような力関係と階級や人種、ジェンダーとの関わり、また公的に適正とされていた言葉への影響をも非常に意識していたのであった。従来のように世間の建前というスクリーンの背後に隠れず、現状を人々にみせておおいに楽しませ、身体を力の源として用い、アイデンティティの強力な押しつけを遮り、正当と認められてきた虚構の文化をお祭り気分の中で掻き乱そうとしたのである。ジェンダーとセクシュアリティはいまや中心的なテーマとなり、ドラマの不協和音の一部となっていた。『ロザーン』はその後、『エレン』（*Ellen*）、『アリー my Love』（*Ally McBeal*）、『セックス・アンド・ザ・シティ』（*Sex and the City*）といったさまざまな番組に大きな影響を及ぼしたのである。

注（＊＝原注、★＝訳注）

★1　フェミニズム発祥の地とされるアメリカ・ニューヨーク州の町。ウェスレー系チャペルに約三〇〇人（うち約四〇人が男性）が集まり、宣言文と女性参政権を含めた一二の決議文からなる「所感宣言」を可決した。

★2　社会改革者ジェイン・アダムズが一八八九年シカゴの貧民街に設立したセツルメント。貧しい移民の避難所となり、そこにアダムズ自身も晩年まで住んだ。保育所、運動場、集会場、さらに料理や裁縫などを教える学校としても機能した。芸術活動をつうじて地域の生活と文化の中心となったばかりでなく、すべてのアメリカ国民のための平等な権利と社会運動の拠点となった。

★3　National Organization for Women。アメリカ最大のフェミニスト組織。ベティ・フリーダンなど女性二四人により一九六六年に結成された。男女同権、女性の完全な社会参加を目的とする。雇用平等や教育の機会均等などの問題を全国的に唱道し、各地方で意識改革運動をおこなう。特に一九七七年から五年間は男女平等憲法修正条項（ＥＲＡ）の批准に向けて盛んな活動をみせた。現在会員数五〇万以上（男性を含む）、国内に五五〇の支部を有している。

★4　女性同士の性体験や性欲だけでなく、豊かな内面生活の共有、男性の専制にたいする結束、政治的支援など、女性間のさまざまな強い結びつきを意味し、アドリエンヌ・リッチはこの語を「女性の経験のあらゆる多様性を最大限に許容できる語」と呼んだ。

★5　一九八七年三月、主に同性愛者によりニューヨーク市において結成された。エイズ問題解決を目的とし、政府および保健担当者と会合をもち、最新の医療情報を供給している。抗議、示威行動もおこなう。

★6　サンフランシスコのゲイ権利拡張運動家クリーヴ・ジョーンズ（Cleve Jones）の発案により、一九八七年六月NAMESプロジェクト基金が設立された。ニューヨーク、ロサンジェルス、サンフランシスコの市民からキルトへの作品（各ピース・九〇×一八〇センチ）が寄せられ、同年十月首都ワシントンで最初に展示され、一九八九年ノーベル平和賞にノミネートされた。現在のキルトのピースは四万八〇〇〇を超える。NAMESプロジェクトは現在アメリカ国内に二一、海外に四〇以上の支部をもつ。

★7　精神分析医フロイト（Sigmund Freud 一八五六―一九三九年）が「あるヒステリー患者の分析の断片」（"Fragment of an Analysis of a Case of Hysteria" 一九〇五年）で紹介した症例。フロイトは一九〇〇年に一一週にわたり一八歳のドーラを治療した。夫婦仲がよくないドーラの両親には親友K夫妻がいたが、K夫人は父親の愛人であった。ドーラは一四歳と一六歳のときK氏から性的な関係を迫られて拒否したものの、失声、神経性の咳、失神などのヒステリー症状が始まり、鬱状態、引きこもり、自殺未遂を起こした。ドーラのK夫人への同性愛感情が根底にあるというのがフロイトの診断であった。

参考資料リスト

Alcott, Louisa May. *Little Women*. Harmondsworth: Penguin, 1989.〔ルイザ・メイ・オールコット『若草物語』松本恵子訳、新潮文庫〕

Chopin, Kate. *The Awakening and Selected Stories*. 1899. Harmondsworth: Penguin, 1984.〔ケイト・ショパン『目覚め』瀧田佳子訳、荒地出版社〕

Cixous, Helene. "The Laugh of the Medusa." *New French Feminisms: An Anthology*. Elaine Marks and Isabelle de Courtivron, eds. New York: Schocken, 1987.〔エレーヌ・シクス『メデューサの笑い』松本伊瑳子他訳、紀伊國屋書店〕

Evans, Sara M. *Born for Liberty: A History of Women in America*. New York: The Free Press, 1989.〔サラ・M・エヴァンズ『アメリカの女性の歴史――自由のために生まれて』小桧山るい・竹俣初美・矢口祐一訳、明石書店〕

Friedan, Betty. *The Feminine Mystique*. 1963. Harmondsworth: Penguin, 1982.〔ベティ・フリーダン『新しい女性の創造』三浦富美子訳、大和書房〕

Gilman, Charlotte Perkins. "The Yellow Wallpaper." *Four Stories by American Women*. C. Griffin-Wolff, ed. Harmondsworth: Penguin, 1990.〔シャーロット・パーキンス・ギルマン「黄色い壁紙」富島美子訳『女がうつる——ヒステリー仕掛けの文学論』勁草書房〕

Irigarai, Luce. *This Sex Which Is Not One*. Catherine Porter, tr. Ithaca, NY: Cornell UP, 1985.〔リュース・イリガライ『ひとつではない女の性』棚沢直子・小野ゆり子・中嶋公子訳、勁草書房〕

Lerner, Gerda, ed. *The Female Experience: An American Documentary*. Oxford: Oxford UP, 1977.

Millett, Kate. *Sexual Politics*. London: Virago, 1977.〔ケイト・ミレット『性の政治学』藤枝澪子他訳、ドメス出版〕

Moi, Toril. *Sexual/Textual Politics: Feminist Literary Theory*. London: Routledge, 1985.

Plath, Sylvia. *The Bell Jar*. 1963. London: Faber and Faber, 1972.〔シルビア・プラス『自殺志願』田中融二訳、角川書店〕

Rich, Adrienne. *Of Woman Born*. London: Virago, 1979.〔アドリエンヌ・リッチ『女から生まれる——アドリエンヌ・リッチ女性論』高橋芽香子訳、晶文社〕

Rosenberg, R. *Divided Lives: American Women in the Twentieth Century*. New York: Hill and Wang, 1992.

Showalter, Elaine. *The New Feminist Criticism*. London: Virago, 1986.〔エレイン・ショーウォーター『新フェミニズム批評』青山誠子訳、岩波書店〕

Trachtenberg, Alan. *The Incorporation of America: Culture and Society in the Gilded Age*. New York: Hill and Wang, 1982.

Tuttle, Lisa. *Encyclopedia of Feminism*. Halow: Longman, 1986.〔リサ・タトル『新版フェミニズム事典』渡辺和子監訳、明石書店〕

White, Edmund. *A Boy's Own Story*. London: Picador, 1983.

——. *The Beautiful Room Is Empty*. London: Picador, 1988.

有賀夏紀『アメリカ・フェミニズムの社会史』勁草書房、一九八八年

江原由美子・金井淑子（編）『フェミニズム』新曜社、一九九七年

キース・ヴィンセント・風間孝・河口和也『ゲイ・スタディーズ』青土社、一九九七年

渡辺和子（編）『アメリカ研究とジェンダー』世界思想社、一九九七年

【映画】

Demme, Jonathan. *Philadelphia*. 1993.〔ジョナサン・デミ監督『フィラデルフィア』〕

Ray, Nicholas. *Rebel without a Cause*. 1955.〔ニコラス・レイ監督『理由なき反抗』〕
Rene, Norman. *Longtime Companion*. 1990.〔ノーマン・レネ監督『ロングタイム・コンパニオン』〕

第7章

自由の普及

世紀の最初の戦争の中で、まさにいま、アメリカの新しい世代が、われわれの国と自由を守ろうとしている。この戦争は、二〇〇一年九月十一日にわれわれの国で起こったものだ。その日の午前、テロリストたちがわれわれの国を陥れようとする破壊を、われわれは目の当たりにした。彼らがもう一度攻撃しようとしていることは、われわれの知るところにある。そしてわれわれは明白な選択をした。この許されざる、全人類にたいする脅威に立ち向かう意志が、われわれにはある。そしてテロとの戦争に勝つまで、不撓不屈の姿勢を貫く覚悟がある。

ジョージ・W・ブッシュ大統領、二〇〇五年十一月十一日

二〇〇一年一月の最初の就任演説で、ジョージ・W・ブッシュ大統領は、紡がれゆくアメリカのナラティヴの中に、ブッシュ政権の第一歩を書き記した。「長きにわたる物語――われわれが記しつづける物語――において、われわれすべての者に役割があるが、その物語の結末は誰にもわからない。それは旧世界にとっての友、また解放者となった新世界の物語であり(中略)、支配するのではなく保護するために、また征服するのではなく、防衛するために世界へ乗りだした、強国の物語である」。自由の普及をアメリカの国際戦略の目的と結びつける認識が、彼の政見に内在していた。多くの点で、彼の演説はアメリカの大統領就任演説の伝統的レトリックにふさわしいものであったが、それからわずか数カ月後に、9・11の同時多発テロによって、彼の演説の意味と大統領職の真価が問われるという劇的な事態となった。その夜、ブッシュ大統領はテレビ放送の演説で、いま、アメリカは「自由、そしてわれわれの世界における善であり正義であるすべてのものを守るため、前進しなければならない」とアメリカ国民に言明したが、まもなくそれは、国内外両方にとって計り知れないほどの重要性をはらんだ問題を強調した公約であることが明らかになった。国境を越えて自由を広めることに、いかなる責任をアメリカが負っているのか。他国と協調し、アメリカは自国の価値観を促進しようと努めるべきなのか。あるいは、必要ならば独力でそれをお

こなう準備をすべきなのか。起こりうる攻撃から自国を守ろうとする中、どのように自由と安全のバランスを保つべきなのか。アメリカは世界にたいしてどのように行動するべきなのか。こうした質問にたいして、月日をまたいで、ブッシュ大統領みずからがさまざまな答弁をおこなったが、「この国を導いて、世界をよりよいものにすること」が自分の職責であるという主張が、その答弁の核心にあった。対テロ戦争の遂行におけるブッシュ政権のこの方針は、アメリカをさらに安全にし、世界をさらに自由、かつ平和にすることを望むものであった。地球上でもっとも強大な力をもつ国として、アメリカは自由の普及を支援するという義務を担っていたのである。

アメリカの国章。ハクトウワシの右足には十三枚の葉のついたオリーブ、左足には十三本の矢が握られ（独立時の州の数）、嘴にはラテン語で「多からなる一」と書かれたテープが咥えられている。

ブッシュ大統領の演説は、世界におけるアメリカの役割についてのものだったが、いうまでもなく、主に9・11の直後におけるアメリカ国民に向けられたものであった。しかしながら、彼の演説は世界各国にも知れわたり、国際世論調査によって、「よりよき世界にする」というアメリカの運動は、世界から反感を招く結果となったことが明らかとなった。二〇〇五年六月、イギリスを除く、世論調査をおこなった西ヨーロッパ諸国において、アメリカに好意的な世論をもつ国は、その半分にも満たなかったのである。イギリス国内でさえ、アメリカにたいする肯定的な世論は、一九九九年から二〇〇〇年にかけて八三パーセントから五五パーセントまで落ちこんだ。他国ではさらに低い比率が示された。パキスタン、ヨルダン、トルコといったイスラム圏諸国では、アメリカを肯定的にみる世論が、わずか二〇パーセントを超えるほどであった。また、ヨーロッパと中東の大多数の国が、それらの国の利益を考慮せずにアメリカが外交政策を打ちだしていると考え、また、アメリカが一方的な外交政策を遂行しているという強い感情も、世論調査によって明らかになった。アメリカ国外では、大統領の演説を、自分たちの意見を軽視している証拠としてみなしたのである。イラク戦争のあいだ、アメリカ主導の連合軍に参加していた国の中で、唯一オランダの世論だけがアメリカの介入を支持した。イラク戦争への参加を拒否した国々の中でも、ヨーロッパ諸国やイスラム圏諸国の大多数の人々は、自国の政府がこの紛争から距離をおくことを、依然として確信していた。二〇〇一年の非難と同様の酷評を受けたブッシュ大統領は、「我が国についてこのような誤解がある」ことにたいし、驚きを隠せないことを表明し、「ほとんどのアメリカ国民同様、そのような誤解があることをまったく信じることができない。なぜなら私はわれわれがいかに善良であるかを知っているからだ」と反論したのである。

アメリカの無欲を強調する公式声明と、正反対のことを示す外部からの批判との隔たりは、アメリカが認識している現在の自国の立場についての興味深い議論を提示する。本章では、この隔たりが暗示するいくつかの点について考察しようと思う。まず、ブッシュが掲げるアメリカの明白な「善意」についての主張と、「自由」の公約を、アメリカ外交政策のイデオロギーにおける重要な主題の文脈に照らしあわせる。議論の対象となるかもしれないが、ブッシュ政権のいいまわしや文化的前提と、それ以前の政権のそれらとのあいだに、本質的な一貫性を、ある程度みいだすことができる。しかし、それと同時に、鍵となる用語を繰り返し使用することで、それらの言葉の意味が時代の流れの中で変化してきた点を、アメリカと他国間の相互理解が困難であることを説明してくれるような意味で、隠蔽しているのかもしれない。世界におけるアメリカが担う役割にたいする批判的な意見は、アメリカの無類の力の本質についての当今の議論によっても、明らかに左右される。というのも、多くの研究者が——とりわけ政治の修辞学的な正当性ではなく、政治形態の手段に焦点をあてるならば——一貫性というよりも、変化をブッシュ政権の特徴として考えているからである。対テロ戦争は、アメリカの外交政策の遂行の重大な出発点であるということを示唆する。ブッシュ政権を特徴づける一貫性と変化をめぐる議論において興味深いのは、それぞれの論拠を補強するために、帝国の概念にたいして新たな注意が払われたことである。一方でアメリカの歴史は、つねに帝国主義的衝動によって特徴づけられてきたという議論があるが、他方では9・11の反動のひとつとして、帝国へと劇的に転換したのである。本章ではアメリカ本国における近年の政治が暗示するものについても考察していく。国内外はつねに密接に繋がっている。では、9・11があたえたアメリカの政治と文化にとっての影響とは、どのようなものなのだろうか。

自由の伝道

アメリカは伝道とともにある国であり、その起源は「われわれは支配欲も、帝国的野心ももたない」というもっとも基本的な信念にあると、ブッシュ大統領は二〇〇四年の一般教書演説の中で宣言する。たしかにアメリカは民主的な平和——すべての男女の尊厳と人権に依拠する平和を目的としていた。「この運動において、アメリカは友好国や同盟国と行動を共にする。しかし、この偉大なるアメリカこそが民主化運動を主導していくという、特別な天命は、われわれの理解しているところである」とブッシュ大統領は述べる。世界におけるアメリカの歴史的宿命の展望は、それに付随するすべての曖昧性とともに、アメリカ文化に深く根づいたものであり、そして国家の価値観に関わる神話的な領域の中へとふみこんだものである。この展望は、アメリカの歴史の注目すべきテーマである、国家の例外性を強調する傾向と関連する。この点において、アメリカは他国とは違った道を歩んできた。アメリカが歩む道において、アメリカが独自に公にしてきた理想こそが、その道標であった。これまで頻繁に「国内の事件は、他国の、つまりアメリカよりも劣る国の中の事件よりも、より深い重要性を秘めている」と考えられてきた。マイケル・ハント（Michael Hunt）が述べるところのアメリカの外交戦略イデオロギーの中心にあるものは、伝道

一般教書演説を行うブッシュ大統領（二〇〇四年一月二十日 photo by Eric Draper）。

事業におけるこの例外主義的感覚であり、その出所は共和国の初期にまでさかのぼる。一八三五年、アレクシス・ド・トクヴィルは次のように書き記した。アメリカ人は「知らず知らずの内に成長した。そして人類の関心が他方へ向けられているあいだに、突然他国を先導する地位に成りあがったのである」。彼らは「容易かつ機敏に、果てしなくつづく道を進みつづけてきた」。そして、「神の意志に選ばれ、地球の半分の運命を左右するまでになった」のである。偉大なる未来のアメリカに関するトクヴィルの予言と、世界におけるアメリカの伝道者的役割についての言及は、一八三〇年代に十分に浸透していた――二十一世紀にいたるまでアメリカの外交戦略に影響をあたえつづけた――政治的レトリックの特質を利用したものだった。「われわれは世界をふたたび切り開くために尽力しなければならない」と、トマス・ペイン（Thomas Paine）は、一七七六年の独立記念日の前日に「コモン・センス」（"Common Sense"）[★1]と題する小論文に書き綴った。イギリスが担ってきた役割の崩壊は、アメリカ大陸が「地球上の栄誉をもたらす場所」になるような、「新世界誕生」の機会を招いたのである。

ペインは言葉に説得力を加えて主張する際、宗教的かつ共和主義的思想の伝統を利用した。アメリカの伝道を強く意識する国家としての観念は、一六三〇年に大西洋をまたいで新世界へとわたったジョン・ウィンスロップ（John Winthrop）のアーベラ号の船上での有名な説教[★2]などにみられる、古くから伝わる通念に依拠したものである。ウィンスロップはアメリカを特別な場所にみたて、中でもマサチューセッツを、聖なる場所「丘の上の町」と称し、全人類の模範として存在する場所であると言及した。このように彼は、初期植民地時代から、世界におけるアメリカの役割の重要性を強調したのである。ウィンスロップはアメリカの模範的な目的を強調した。こうした彼の意図は、後のペインの出現にみられるように、彼につづく人々の伝道的な趣向に影響をあたえたのである。ウォルター・ラフィーバー（Walter LaFeber）の説にあるように、ピューリタンは間もなく丘を下り、外部の世界に自分たちの価値観をもちだし始め、不信心者〔先住民のこと〕を支配し領土を拡大した。このプロセスもまた詳しく例証できる。たとえば、ジョン・アダムズ（John Adams）は一七六五年の日記の中で、「アメリカの植民地について考えるとき、いつも崇敬と驚嘆の念を抱く。それは壮大な光景と神の計画の幕開けだ。無知なる者に光をあたえ、この世のすべての奴隷を解放するのだ」と書いている。

この展望において、アメリカには特別な目的——救済のプロセスと密接に結びついた特別な目的——がある。アメリカは闇を光で照らし、奴隷の地に自由をもたらし、世界を不治の病から救うことに固執した。アメリカは長きにわたる成功に必要不可欠な美徳を例示しようとしただけではなく、その同じ美徳を他の人類に適用し、それに基づいた未来における国際関係を構築しようとした。十九世紀にアメリカが、領土拡張と経済力とその影響力において急速に成長していくにつれて、世界におけるアメリカの歴史的な役割についてのペインの全体的な主張はさらに広まっていった。アメリカ大陸における領土拡張は正当化された。というのも、アメリカの領土拡張は、大陸に共和政体の設立をもたらしたからである。つまりアメリカの拡張政策が、性質的に他国の拡張主義的戦略と異なったかたちでおこなわれたのである。一八〇三年のルイジアナ買収から、一八四六年から一八四八年のメキシコ戦争によるカリフォルニアと南西部の獲得といった、十九世紀前半における領土拡張のあいだ、そのプロセスを、慈善に基づいた自然な成りゆきであると、多くのアメリカ人は考えていた。この考え方は、「明白な運命」（Manifest Destiny）［★3］というレトリックに、きわめて鮮明に表れていた。一八三九年、ジョン・L・オサリヴァン（John L.

ウッドロウ・ウィルソン第二十八代アメリカ合衆国大統領（一八五六―一九二四年）

O'Sullivan）は「アメリカは世界の国々に向けられた神聖な使命を担っている。国王、聖職者や独裁者たちの圧政を打倒し、平和と親善を告げる晴れやかな知らせを、まさにいま、野生の獣よりも過酷な生活を堪え忍んでいる万人のもとへともたらす使命である」と言明した。

　このような国際的なアメリカの役割についての考え方が十九世紀を席巻した。しかし、ヨーロッパやアジアの政治に介入するほどまで勢力を拡大する二十世紀初頭においても、アメリカはその影響力を維持しつづけたのである。合衆国を第一次世界大戦へ導いたウッドロウ・ウィルソン（Woodrow Wilson）は次のように表明した。正義は平和よりも尊く、正義のもっとも核心に近いところにある「民主主義のために、政府に選択の権限を委ねる人々の正義のために、弱き国の正義と自由のために、すべての国家に平和と安寧をもたらすために、自由なる世界の構築を目指す自由なる人々が手を結ぶことによって成される自由の世界統治ために」戦う意志がアメリカにはある、と。ウィルソンは一九一九年の国際連盟加盟運動の際、戦死した兵士を聖戦の戦士と評した。彼らはアメリカの力を証明しようとしたのではなく、正義の力を証明しようとした。これは彼らにとって超越的な偉業であった。「アメリカは国家の宿命をまっとうし、世界を救済するという広大な特権を有していた」とウィルソンは言明した。また、一九六〇年代におけるアメリカのヴェトナム介入を正当化しようとしたリンドン・ジョンソン（Lyndon Johnson）は、アメリカは「南ヴェトナムの人民がみずからの手によって国を導くことが許されることだけを望んでおり」、自国のためになにも求めていない、と主張する。イラク戦争への機運が高まる最中、使命的観念もまた繰り返し議論の中にもちだされた。二〇〇二年の国家安全保障戦略の声明は、「自由と正義を守る」アメリカの義務を強調した。「なぜならこれらは全人類にとって正しく、また真実たる原則であるからである」と主張したのである。アフガニスタンでの戦争は、タリバンによる男性中心主義的圧政から女性や子どもを解放しようとしたものとして、ある程度正当化されたが——エミリー・ローゼンバーグ（Emily Rosenberg）が主張しているように——これは「ライバルの男性や国家によって虐待されている人々を救うという、父性的役割を担う男性的な国家状態によって影響を受ける、社会的心象」の概念と一致するものである。二〇〇三年イラク戦争勃発直後、ロンドンを訪問したブッシュ大統領は、ウィルソンの正義を追求する理想主義を引きあいに出し、世界に自由を普及させるというアメリカの使命を明確に正当化したのである。

文化的優越

十九世紀のあいだ、アメリカは人種的優越の見地から、しばしば暗に示された文化的優越を想定し、それと自由の権利の拡張を関連させるような思考回路によって他者や他国について評価したが、それにつれて、しばしば自由の伝道という義務にたいして新たな定義づけがなされたのである。建国初期からの人種にたいする意識は、世界におけるアメリカにふさわしい役割についての議論の的となっており、また頻繁に具体的な外交政策の判断に影響を及ぼしていた。十九世紀また二十世紀に入ってからも、アメリカの指導者は、よく領土拡張論的な外交政策を正当化した。彼らは人種的価値による階級を想定し、未来において国際的に文明社会が成立するためには、恵まれない世界にアングロ・アメリカ人の価値観と社会的慣習が普及しなければならないと主張した。たとえば、アメリカ人の多くは、自分たちの肌の色や身体的特徴には、特有の道徳性や精神的また行動的素養がともなっていると考えていた。白人や、アングロ・アメリカ人は、人種的階級の頂点にあり、指導者的素質、活動力、忍耐力、自主性といった特性を体現した人種であると考えられていたのである。十九世紀末、ジョシア・ストロング（Joshiah Strong）は、この人種はヨーロッパではなくむしろアメリカにおいて「より有力な」存在となり、その比類無き活動力によって世界中で繁栄するだろう、と主張した。

こうした姿勢は外交政策の立案に強く影響を及ぼした。マイケル・ハントは「これら政策を議論し決定する者たちの思考を支配することによって、またマスコミにたいし影響力をもつことによって、そして有権者たちを掌握することによって、人種にたいする意識が有効的に他国民との関係性のあり方を形成したのである」。この観点において、人種にたいする意識は、北アメリカ大陸の内部においても外部においても、明確かつ効果的に他者を分類する手段となったのである。それによって、アメリカ先住民やアフリカ系アメリカ人にたいする姿勢は、アジアやヨーロッパ、ラテン・アメリカの人々にたいする政策と結びつけて考えられるようになった。またそれと同時に、人種の意識はアメリカの政策立案者たちを得意がらせた。というのも、彼らの大半がアメリカ国内のアングロ・サクソン的伝統の出であり、また同時に、白人の歴史的な宿命にまつわる訴えに影響を受けやすい多数の一般国民の考え方にも一致する意識であったからである。これらの姿勢の多くが、十九世紀前半におけるアメリカの執拗な太平洋進出と、十九世紀後半におけるアメリカ内陸部への入植の様子に、明確に見てとれる（第5章を参照）。先住民にたいして、破滅をもたらし、強奪をおこなったことについて、弱き人種の本分として、優れた文明を前にして、彼らは「消滅する」運命にあったと主張することによって、それらは正当化された。また十九世紀末に向かって、和睦と居留地政策によって、先住民にたいする保証が明確になったとき、彼らの滅亡に悲劇的な側面をもたせようとする誘導がおこなわれた。彼らは未熟であったのではなく、むしろ彼らの純朴さや、時折みせる勇壮さは、彼らより優れた進軍する人種に道を譲らなければならなかったという具合に、無力なインディアンというイメージには、生き残りに失敗した高貴なる野蛮人という、よりセンチメンタルなとらえ方が付随したのである。合衆国が西部へ進出するにつれて、先住民にたいするこのような姿勢は、他の人種との遭遇の際にも繰り返された。一八三〇年代において、アメリカ人は南西部のラテン・アメリカ人と接触したとき、同様の観点から、領土の横領や、あるいは彼らの営為に干渉することを正当化する弁明を並べ立てた。ラテン・アメリカ人は先住民と同じように、偏屈で自堕落である点で、後ろ向きな人種であって、政治的責務には適さず、幼稚で洗練されていないために、アメリカ人による訓練と教育が必要であるのは明らかである、と弁明したのである。つまり、どれもアメリカ人の優性とヒスパニックの劣性を強調したものであったのである。

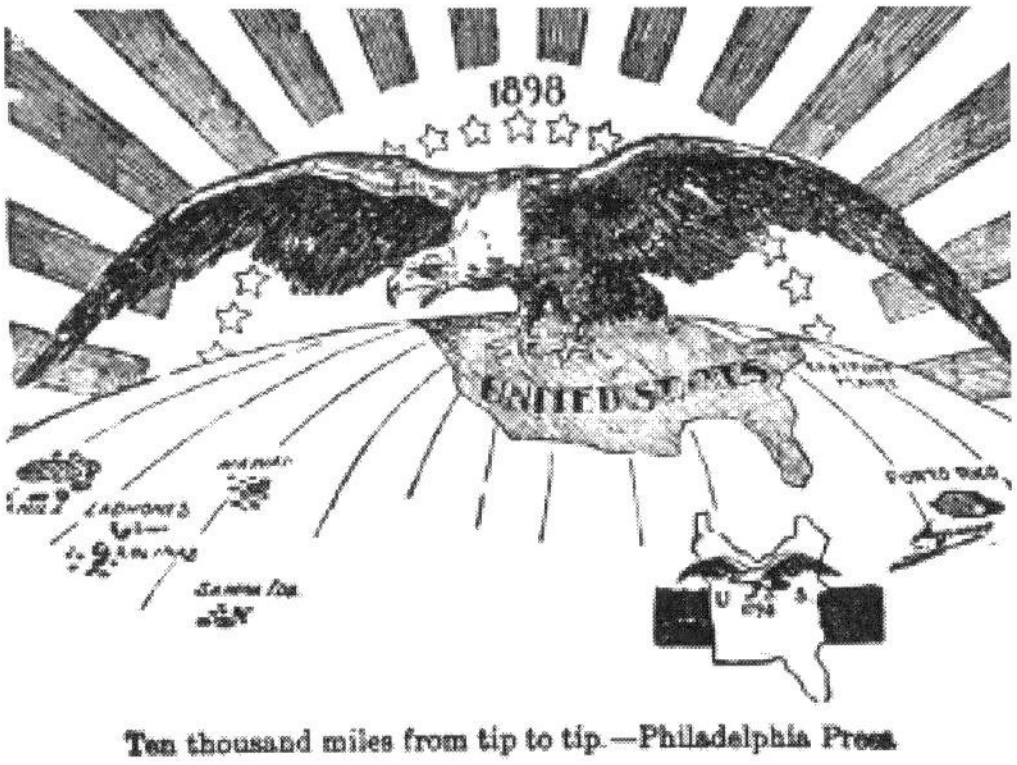

アメリカの領土拡張を描いた風刺絵（作者不詳、フィラデルフィア・プレス、一八九八年）

このような姿勢は、二十世紀をつうじて、露骨な人種差別的な考え方を問い直すことによって次第に抑制されたが、他国への干渉がどのような文化的枠組みの中で表れているかを考えるためのフィルターとして、外交政策の指導者や多くの大衆のあいだで機能しつづけた。第二次世界大戦期、残存するヨーロッパ帝国主義にたいして、アメリカは公式かつ非公式に反感を示していた。それにもかかわらず、多くのアメリカの政治家、軍の高官や正規軍人にとって、アジアの敵国や侵略者たちにたいする人種差別的な考え方を捨てることは困難であった。クリストファー・ソーン（Christopher Thorne）は、一九四一年から一九四五年の太平洋戦争は人種戦争であり、それが直接の原因となったわけではないものの、西洋は、戦前と戦時における日本人の性格にたいする露骨な人種差別的な議論に影響されて、彼らのふるまいにたいする疑念を抱いていた、と述べている。アメリカの対東アジア政策は、アメリカが長く掲げている自由と平等にたいする使命と比較して考察しなければならない偏見に、頻繁かつ多大な影響を受けていたのである。アメリカは、二十世紀をつうじて関わったアジアの多くの国々と同様、自民族中心主義をヴェトナムにもちこむこととなった。一九四〇年代から一九五〇年代のあいだ、アメリカ当局は、ヴェトナムにおける「白人の」植民地戦争にたいし警鐘をならしていた。しかし、一九五〇年代末から一九六〇年代初頭における一連の圧力によって、これらの危惧は——アメリカ人がこの地域にたいしてとるべき最良の選択であると主張するところの——本来の基本的方針に道を譲ることとなった。リチャード・スロトキン（Richard Slotkin）は、アメリカの言語や姿勢と十九世紀の西洋の拡張運動の背後に存在する西洋の驕りとのあいだに、強い継続性がみられると主張している。アメリカ兵は、彼らの敵であるヴェトナム兵をインディアンと、また彼らが縦横無尽に行動したジャングルをインディアンの土地と呼んだ。このことは、第二次世界大戦期に日本兵にたいし蔑称を用い人間性を貶めたことと同じように、アメリカ兵がヴェトナム兵を「つり目《スロウプ》」や「土人《グク》」と呼んだことと一致する。クリスチャン・アピー（Christian Appy）が戦時中の軍隊についての分析の中で述べているように、「重要なのは、敵を理解することではなく、軽蔑することにあった」。また、軍隊演習は、相手がヴェトコンであろうと、非戦闘員であろうと、すべてのヴェトナム人への敵意を煽るものであった。ある退役軍人は次のようにふり返っている。「ヴェトナム人について、軍がわれわれに教えた唯一のことは、彼らが汚い奴らで、殺さなければならないということだった。誰も周りに座って、文化や歴史的な背景を教えてくれないのさ。奴らは敵だ。殺しまくれ、といわれるだけだった」。二〇〇三年のアブ＝グレイブ刑務所[★4]のイラク人捕虜の屈辱的な姿勢を撮影した写真には、同様の傾向がみられる。こうしたイメージ自体に責任を負うべきは、ごく一部の在郷軍人であったが、暴動の情報を引きだすために身体的威圧と性的陵辱を用いることが戦略の一環であったことは、明らかであった。フレッド・ハリデイ（Fred Halliday）がいうように、下級の人間であるという理由で、彼らは拷問にかけられたのである。

模範としてのアメリカ

伝道者としての使命や文化的優越という観念に加えて、他国の状況を判断するとき、アメリカを発展させる方向性を他国にも普遍的に適応できるという考えを、アメリカ人はもっていた。エミリー・ローゼンバーグ（Emily Rosenberg）は「多くのアメリカ人が、アメリカの経済また社会の歴史を万人の規範としてみなすようになった」と、指摘する。近代化を目指す諸外国の中でもヨーロッパ圏外の国は、アメリカの経験を見習おうとしただろう。アメリカの政策指導者は、とりわけこのことによって、経済成長に必要不可欠な地盤を脅かす急進的な政治の転換を危惧したのである。合衆国は革命的な苦闘の末誕生したが、かならずしもすべての革命が良好な状況を招くことにはならなかった。というのも、革命によって、民間企業や豊富な低賃金労働者、自由な土地開発といった近代化を促進する条件を損なう危険があったためである。特に一九一七年のロシア革命後、アメリカが一時的に反ボルシェビキ派[★5]の勢力に加勢した際、多くのアメリカ政府高官は、革命運動をアメリカの影響力にたいする障壁としてみなしたのである。たとえば革命運動家の反植民地主義者的野心に共感しているときでさえも、彼らはそのように考えるようになった。当然この事態は政策上の問題を招くこととなった。「アメリカの模範に基づく（しばしば「文明化」や「近代化」と呼ばれるところの）「発展」に抵抗した外国にたいして、その「自由」を侵害することなく、かつ対立する思想や手段を分離するために、どのように対処できたであろうか」と、ローゼンバーグは問う。そうした国に手を差し伸べ、啓発し、彼らの視界を遮る目隠しを取り除かなければならないと主張することによって、こうしたジレンマを回避する方向性が定められた。アメリカは、使命的な役割を担う絶対的権利を保持しているという信念によって、アメリカのやり方を他国に模倣させることを正当化しようとしたのである。

アラン・ブルームは、ベストセラーになった著作『アメリカン・マインドの終焉』(*The Closing of the American Mind* 一九八七年)の中で、「アメリカの計画」はアメリカ人にとって正当なものではなかった、と主張する。また、「アメリカ人が真剣に政治について語るとき、われわれは自由と平等の原則とそれに基づく権利は、道理にかなったものであり、それはどこでも適用できるという」と、論じる。ブルームは第二次世界大戦を、たんなる危険な敵を打ち負かすための戦いとしてみなしてはいない。それは、「実際、彼らの原理を受け入れない人々に、それを強要することを目的とした教育的な計画であった」。第二次世界大戦後のアメリカによるドイツと日本の統治は、この見地からみることができる。ブッシュ自身はこの両国の例を引きあいに出し、イラク再建を正当化した。「第二次世界大戦後、われわれは敗戦国日本とドイツを復興させ、代議制政治を構築する彼らに賛同した。われわれはこの目標に時間と資金を費やした。そして、その努力は三世代にわたる友好と講和関係のあいだ、幾たびも報われたのだ」と言明する。しかしながら、国家再建に問題がともなった負の前例もあった。一九五〇年代と一九六〇年代のあいだ、アメリカは多大な労力を費やし、共産主義拡張の防波堤として南ヴェトナムに独立州をつくろうとした。しかし、その計画は、部分的には失敗に終わったのである。その主要な発案者であったロバート・マクナマラ(Robert McNamara)が後に議論するところによると、自由と民主主義への切望とそれを死守しようとする決意を含有する、彼らの経験に基づいたものの見方で、アメリカ人は南ヴェトナムの人民と指導者をみていたのである。そして、そうする曲解によって、ある程度その計画は失敗に終わったのである。「思いどおりにすべての国をかたちづくるという、神があたえた権利は、アメリカ人にはなかったのだ」とマクナマラは結論づけた。グレアム・グリーン(Graham Greene)は、初期段階におけるアメリカのヴェトナム介入を非難した著作、『おとなしいアメリカ人』(*The Quiet American*)の中で、さらに辛辣に書いている。物語の中心部で、イギリス人ジャーナリストはCIA工作員のアルデン・パイク(Alden Pike)について、「これ以上の立派な動機でみずから混乱を引き起こした男を、私は知らない」と批判的な意見を述べる。

世界の規範国アメリカという概念は、新保守主義系シンクタンク、アメリカ新世紀プロジェクトの基本方針にも投影された。一九九七年、彼らは、国家は「われわれの安全保障、幸福、原理にあわせて、友好的に国際的な秩序を維持し発展させるというアメリカ独自の役割にたいする責務の正当性を認めなければならない」と主張した。このシンクタンクの中には、ジョージ・W・ブッシュ政権の主要メンバーとなった人々——国防長官のドナルド・ラムズフェルド（Donald Rumsfeld）や副大統領のディック・チェイニー、国防副長官で、後に世界銀行の頭取となったポール・ウォルフォウィッツ（Paul Wolfowitz）——も含まれていた。国家安全保障戦略の序文で——同じような内容が仄めかされていることは、意外ではないだろう——「自由と全体主義とのあいだで起こったおおいなる闘争は、自由の力、そして自由、民主主義、自由企業といった国家を維持し成功へと導く原則の決定的勝利によって終結した」と言及されている。

このことが暗示するように、またエリック・フォウナー（Eric Foner）が指摘しているように、アメリカ人が自由の概念に付与する意味は、時代とともに定期的に変化していった。自由は一定の概念ではなく、アメリカの歴史において一貫して議論されつづけているものである。アメリカの自由というレトリックは、自国の歴史の中で自由という言葉が実際に意味する内容と、国際関係の中で意味する内容との不一致の隠蔽を可能にした。ヘンリー・ルース（Henry Luce）の「アメリカの世紀」（"American Century"）と題された論文をつうじても明らかなように、外国の「他者」との遭遇は、「自由」の特性を強調し、また同時に他者の地位を落とすこととなったのである。第二次世界大戦期、フランクリン・D・ローズヴェルトは「四つの自由」——言論の自由、信仰の自由、貧困からの解放、恐怖からの解放——を掲げた。ここから合衆国は、ある意味異質な国際主義的役割、つまり世界の構築に関わる役割を担うこととなった。一九四二年、副大統領ヘンリー・ウォレス（Henry Wallace）は二十世紀を「一般市民の世紀」となると予測し、この展望には社会正義の強い要素が必要であると力説した。

冷戦期のソ連との闘争のあいだ、「言論の自由」が依然として重要視されていた一方、「貧困からの解放」は、おそらく社会主義的に聞こえるという理由で、繁栄と幸福を保証する主要な概念としての消費の自由という理念に取って代わられた。冷戦終結直後、ロナルド・レーガンは定期的に自由の理念の普及というアメリカの使命を唱えたが、その自由の理念が、現在にいたるまでに小さな政府と自由企業と反共主義を組みこんだのである。これらすべての事例において、自由が意味する内容は、特定の歴史的状況にそれを適用しようする試みの中に、明確に示されているだろう。

アメリカの力

このように、ジョージ・W・ブッシュの世界にたいする観点とアメリカの歴史的な使命感への執着との関連性、アメリカの優越性、その画一的規範をみてきたが、これらは物語の一部分にすぎない。言葉はそれ自体において役に立たないものであるが、ブッシュの言葉に重要な重みを加えたのは、アメリカの力の規模そのものであった。ソ連崩壊によって、アメリカは他の競合国との緊張から解放され、世界はアメリカの独壇場となった。しかしながら、単一的な世界でのアメリカの新たな役割が定まらないことによって、アメリカがおかれた立場の潜在的重要性が、その後しばらくのあいだ、表に出ることはなかった。逆説的なことに、アメリカのもろさの象徴となった二〇〇一年九月十一日のニューヨークとワシントンにたいするテロ攻撃によって、アメリカの支配的立場について熱く議論されることになったのである。9・11にたいする反応をつうじて、アメリカ政府はその軍事力の規模とそれを特定の状況で使用する意志を公にすることとなった。この作戦の必要不可欠な構成要素として、アメリカ議会は軍事予算を、二〇〇一年の三一〇〇億ドルから二〇〇六年の四四一六億ドルまで大幅に補填するという予算案を承認した。二〇〇四年までに合衆国の軍事予算は世界の軍事予算の四三パーセントを占めたのである。これはアメリカに次いで軍事予算を費やしていたロシアの六倍にあたる規模である。二〇〇五年には、アメリカは、不特定の秘密基地に加えて、本土に九六九、海外に七二五の軍事基地を所有していた。またロシアの核兵器の備蓄の減退によって、アメリカは世界を凌駕するもっとも巨大な核兵器所有国となった。さらに、二〇〇四年の大統領選挙で明らかになったように、多くの国民と両政党の政治的支援を受けて、アメリカの軍事施設が増設された。軍隊は下層階級の階級移動の手段として有用であることが、社会的理解につながった。リオグランデシティの貧しい一家で育ち、テキサスA&M大学で教育を受けた対イラク連合国軍司令官のリカルド・サンチェス（Ricardo Sanchez）陸軍中将が良い例である。ハリウッド映画や軍の式典での風格が世間の目に触れることによって、軍隊への敬意もまた高まった。

経済的な点においても、一層議論されるところではあったものの、アメリカの力は依然として重要な意味をもっていた。国際経済におけるアメリカの地位は、かつて世界の約半分のGDPを占め、世界の七〇パーセントの資金を調整した第二次世界大戦末期のものに比べて、その支配力を弱めていた。しかし、二〇〇五年のアメリカ経済は他の競合国よりも、四〇パーセントほど抜き出た力を保っていた。それによって、巨額の資金を軍事予算に費やしていたにもかかわらず、他国を上回るGDPの割合分を国防費に充当することができたのである。また、他の経済大国を相手にして、必要不可欠なエネルギー資源や天然資源の需要の供給源や供給路の規制に関しても、アメリカは大きな影響力を保持した。9・11以前から、アメリカは戦争に適応するように国家形成をおこなっているということが、すでに論じられている。特に冷戦が、イデオロギーや偏った指導者、官僚主義的な放送網や経済的利権、また軍事力の維持に固執する集団的体質を助長させたのである。

アメリカの政治にみられる継続性と変化――先制と単独推進主義

9・11はアメリカの安全保障の認識に大きな衝撃をあたえた。多くのアメリカ人にとって、このテロ攻撃は、比較的地理的に安全であるという長年享受してきた認識を打ち砕くものであった。「9・11はわれわれの脆弱性を明示した。それによって、全アメリカ国民の生活と、合衆国の戦略的展望は変化を強いられたのだ」と、テロから二年後にコンドリーザ・ライス（Condoleezza Rice）は振り返る。また、ブッシュ大統領は二〇〇二年、国家安全保障戦略の序言で、「われわれは新たな世界を迎えたが、平和と安全保障にいたる道こそが、われわれが進むべき道である」と言及した。このときまでに、彼はすでに攻撃的姿勢を継続させていた。まず彼はアルカイダの追跡だけではなく、彼らを支援していたアフガニスタンと対峙することを決断した。9・11の事件を引き起こしたテロリストと、彼らをかくまう者たちを、同等の存在としてみなしたのである。二〇〇一年九月二十日の議会演説で、「われわれはテロリズムに荷担し、テロリストをかくまう国を追い詰める。全世界における全国家は決断しなければならない。われわれにつくか、テロリストにつくかという決断を。今日より、テロリズムに荷担するいかなる国家も、アメリカは敵国とみなすことになる」。この主張は二〇〇一年のアフガニスタン侵攻の決定に投影されたが、引きつづき二〇〇三年のイラク攻撃を正当化する際にも利用された。この戦略の中心には、将来的なアメリカの安全保障のためには戦争抑止力という認識だけでは不十分である、という理由があった。その代わりとして、将来の脅威にたいして、先制しなければならないと考えたのである。政府の見解としては、これはただたんにテロリストグループそのものの壊滅を目指すことだけではなく、彼らを保護する国家に軍事行動を起こすことを意味していた。この点に関して、ジョン・ルイス・ギャディス（John Lewis Gaddis）は、「先制という構想が、国防の考え方と結びついたのだ」と論じている。しかしながら、先制攻撃は、国際法に基づいて、攻撃をしかけようとする国にたいして行動を起こす権利を必要とする。二〇〇二年の国家安全保障戦略において、「敵対者による敵意のある行為を妨げる」アメリカの先制的行為の権利について言及されたが、テロ攻撃の予測が徐々に困難となっていた世界情勢ゆえに、アメリカはテロリストを保護する国家を追い詰めようとしたのである。しかしながら、予防と先制の融和は、国家主権の原則に基づいた国際秩序に深刻な混乱を招くものであった。ギャディスが言及するように、「世界でもっとも強大な国家が突然、国家の安全保障のために、自分たちのやりたいときにいつでも他国の主権を侵害するという声明をだせば、世界中の全国家が不安に陥ることは当然のこと」である。この事態はイラク戦争で明らかとなった。というのも、アメリカ国民だけでなく国際社会をも恐怖に陥れた、好戦的で破壊的な独裁国家としてみなされていた国家を、アメリカは転覆させようとしたのだが、期待していたほど、それにたいする支持を得ることができなかったのである。それどころか、アメリカの動向にたいする他国の疑いは助長された。こうしたアメリカの動向は、アメリカの傲慢な姿勢、また国連や多岐にわたる国際機関の承認を受けずに、必要となれば単独行動も辞さないというアメリカ政府のあからさまに横柄な姿勢として、またもや諸外国の目に映ったのである。自由の普及の必要性とアメリカの本質的美徳を唱えたブッシュ大統領の主張は、いかに感慨

マイケル・ムーア（Michael Moore）監督の『華氏911』（*Fahrenheit 9/11* 二〇〇四年）のポスター。アメリカ同時多発テロをめぐり、ブッシュ政権を批判したドキュメンタリー映画。カンヌ国際映画祭でパルムドールを受賞するなど世界中を席巻した。なお、映画に登場するブッシュ大統領はゴールデンラズベリー賞の最低主演男優賞を受賞している。

深く感じられたとしても、アメリカの利己主義にたいするたんなる口実にすぎないものとしてみなされた。のちに、イラク侵攻の名目となった、イラクとアル＝カイダの関係と、アメリカの安全保障を脅かす大量破壊兵器の情報が（実際には間違っていたのだが）、諜報に基づいていたことが暴露され、他国からの疑いが強まるだけとなったのである。

ある影響力のある議論では、第一期ブッシュ政権におけるこれら一連の出来事は、長期的な目標というよりも、それを達成するために用いた方法において、アメリカの外交政策を変革することになった、と主張されている。とりわけこの事態が多くの同盟国を警戒させ、国際世論をアメリカの敵にまわしたと考えられる。国家安全保障戦略に概説された、その変革は、「国際法よりも、むしろアメリカの軍事力の単独行使」にたいする信頼によって成立したのである。

これは抑止と牽制に取って代わる先制という先見的方策の挑戦であった。アメリカは大量破壊兵器の拡散を防ぐための手段として、国際法に背き、代わりに軍事攻撃とより精巧なミサイル防衛システムの普及促進を選んできた。また、直接交渉を犠牲にし、アフガニスタンやイラクにたいしてしてきたように、政権交代を訴えてきた。この目的を達成しようとする試みにおいて、現存する正式な同盟国ではなく、本質的には単独推進主義的戦略を支持するために利用してきた特別な提携を、アメリカは当てにしていた。

先制を強調したこの戦略には「まったく新しい観念と原理」が含まれており、そこから一九四七年のトルーマン・ドクトリン（Truman Doctrine）[★6]と同じぐらい重要である「アメリカ外交政策の新しい概念」が生みだされたと、ジェームズ・マン（James Mann）は論じ、さらに次のようにも議論する。「これらの概念は、基準の設置や脅威の裁定、正義の分配といった世界の役割を思いのままにするアメリカの新帝国主義的展望を形成している。アメリカはパートナーである国々や国際ルールから離れ、テロリストを攻撃し、無法国家と対峙する中で、さらに単独的で先行型の役割を担うことになる。アメリカは無類の軍事力を行使し、国際秩序を管理するようになるだろう」。

一方で、ブッシュ大統領のイデオロギー的展望は、急進的な変化である点と同様、一貫性がある点にも特徴があり、ブッシュ政権の展望はこれまでの政権の観点との――二十世紀における政権だけではなく、建国当初の政権までさかのぼってみても――強い関連性を含んでいるということが同様に強く指摘されている。ウォルター・ラフィーバー（Walter Lafeber）は、「過去二百年にわたるアメリカの外交政策に関して、外交にたいする行動の自由と軍事行動が考慮されていた」ように、アメリカの政策にはつねに単独推進主義的性格がつきまとっている、と考える。二〇〇二年に表明された国家安全保障戦略で用いられている言語の多くが、アメリカの国際社会での役割についての過去の声明の論調――たとえばクリントン政権の国家政策についての声明など――と類似していた。メルヴィン・レフラー（Melvyn Leffler）もまた、戦略としての先制は、カリブ海域中米諸国に干渉した二十世紀初頭までさかのぼる歴史のある戦略であることを指摘し、「単独推進主義はアメリカの典型である」と述べる。冷戦は多数の国からなる同盟や機構の設立を必要としたが、万が一必要を迫られる情勢になれば、アメリカは単独推進主義的手段をとらなければならないという考えが、つねにアメリカ大統領の頭の中にあった。一九五〇年代半ばにおいて、「共産主義国の領土拡張を防ぐために、また国家の安全を保証するために明らかに必要な行為であるならば、たとえ同盟諸国の反対にあったとしても、アメリカは核兵器の使用を含む行動を禁じられるべきではない」と、アイゼンハワー政権は言明した。一九九四年、当時の国連大使で、後にクリントン政権の国務長官を務めたマデレン・オルブライト（Madeleine Albright）は、アメリカが可能であるときは多国間主義に則るが、必要性が生じた場合、単独推進主義に則り行動するだろう、と断言した。

アメリカが抱えるイラク問題とそれについての国際社会の世論の両方を理解するために、レフラーは違う側面からアプローチする。国家が安全保障を脅かされる危機に直面したとき、現実的な利害計算より優先して、価値観や理想的観念を表面化する傾向がある、とレフラーは論じる。これは、その理想を現実化する手段があるということを強国が示しているようなときに、特にみられる事例である。その結果、具体的な政策が含意する詳細な意味をかならずしもいつも査定することはせず、根強く信じている信条に関連するもっとも重要な目標に向かって政策を練りあげようとする働きが作用する。この点に関する実例として、対テロ戦争は、「善」対「悪」、「解放運動」対「圧政」、「進歩」対「過去」、「自由」対「独裁」といった二項対立によって表現されたことが挙げられる。たとえば二〇〇二年六月、ブッシュ大統領は「正義と悪という言葉」の重要性を強調し、「正義と残虐性、無罪と有罪のあいだはなく」、アメリカは「善と悪の闘い」をしているのだ、といった。「対テロ戦争」というフレーズそのものも、どうすればこの戦争を成功裏に遂行できるのかという点を指し示す具体的な目標にたいする明確な認識がないまま、無制限の責任感を助長させたのである。その結果として、イラクでの軍事的勝利によってすぐさま戦前に表明された目標が実現化されるだろうと想定され、また必要となるだろう戦後復興の規模の過小評価を招くことになった。本章ですでに議論してきた類の価値観や信条を過度に強調したために、単独推進主義の長期的な危険性と、戦争の余波が静まらぬ中、民主化運動を進めることにともなう潜在的な問題にたいして、政策立案者の判断力が失われたのであった。

帝　国

アフガニスタン・イラク侵攻に内在するアメリカの単独推進主義が、決定的な変化という特徴をもっていたにせよ、そうではなかったにせよ、それはすでに本章で概説したアメリカ政策にたいする不信を助長する一因となった。アメリカ国外の多くの人々にとって、アメリカ政府が国連の承認や多くの同盟国の支持を得ずに、明らかに独自路線を決断したことは——元ドイツ首相ヘルムート・シュミット（Helmut Schmidt）の代表的な批判で述べられているように——増長する帝国主義者の進路をとっているようにしかに思われなかった。「帝国」という言葉が現代のアメリカの支配的立場を言い表すのにもっともふさわしいのか、あるいはそうでないのかという問題に関する新たな議論とともに、この見解はアメリカ国内外で、特に伝統的に強調されてきたアメリカ例外主義を糾弾するように、繰り返し唱えられた。アメリカは他国に適応している基準を自国にも課さなければいけないと議論された。自分たちは特別であるが、そのような主張はアメリカの力にたいする判断に基づくものではなく、むしろ国家アイデンティティを部分的に表現したものとして理解されなければならない、と考えるアメリカ人もいるのかもしれない。例外主義は、アメリカが世界の歴史から「逸脱」したことを主張する。多くの批評家が主張するように、問題なのはアメリカを更正させ、「世界の歴史のメインストリーム」へと引きずりこまなければならないということである。

もちろん、例外主義者は、アメリカをひとつの帝国としてみなすことはしない。アラブ衛星テレビ放送アルジャジーラのインタビューで、アメリカは中東に帝国を建設しようとしているのか、との質問にたいして、国防長官のドナルド・ラムズフェルドは「われわれは帝国を追求しているのでもなければ、帝国主義者でもない。いままでそうなったことは一度もない」と返答した。これが公になると、アメリカ国民は帝国という言葉に拒否反応を示すようになった。その言葉が軽蔑的であり、独立宣言や建国声明文の中で表明されているような公的な信条と矛盾すると感じられたからである。「帝国」は公民の美徳を脅かす力の誘惑に屈することを意味していた。歴史上の有名な例として、ローマ帝国が挙げられるが、アメリカはその運命をどんな犠牲を払っても避けなければならなかった。アメリカ国民が帝国主義を認めることはアメリカの終わりを告げるシグナルであったといえよう。しかしながらエイミー・カプラン（Amy Kaplan）のような批判者は、そのような「帝国主義にたいする否認こそが、アメリカの帝国主義のイデオロギー的土台として、またアメリカ例外主義の主要な要素として長く役立ってきた」と非難している。最近では、ニール・ファーガソン（Niall Ferguson）のようなアメリカの力を擁護する者でさえ、アメリカは「自認なき帝国」であると、述べるようになっている。

こうした見解が示すように、さまざまな方向性から帝国主義の概念が引きあいに出されている。そのひとつの側面として、アメリカの過去・現在・未来に関する論争が国内で生じていることが挙げられる。ある一連の議論の中で、アメリカの権力は世界にとってもアメリカ自体にとっても脅威である、と主張されている。世界が必要としていることは、継続的で効果的なアメリカの関与である、という意見もある。アメリカの国際的役割に関する批判の中で、たとえばチャルマーズ・ジョンソン（Chalmers Johnson）は、アメリカ帝国主義は「世界の全要所への軍事力の分散や、アメリカ資本や市場を利用することで、他国がどれほど損害を被ろうとも、思いどおりに国際経済を調整していることに基づいている」と指摘する。彼はこの帝国主義を変則的なものとして、また領土支配に基づく過去の帝国主義とは異なるものとして定義しているが、それは独裁者にたいして秘密裏に見境なく攻撃することや、また逆に定期的に支援するといった、秘密主義的な操作をおこなっていることを特徴としている。アメリカの指導者は、実際の方針を隠蔽しながら、「唯一の超大国」や、「絶対不可欠な国家」「不承不承の保安官」「博愛主義の干渉」「グローバル化」といった婉曲語法で、自分たちの外交政策をごまかしてきた。しかしながらジョンソンによれば、ジョージ・W・ブッシュ政権の台頭にともない、これらの虚偽は暴かれ、ローマ帝国の再来が断定されることになった。この政権の合衆国乗っ取りによって、「終わりなき戦争と、憲法上の自由の損失、財政破綻」が引き起こされることになったのである。アンドリュー・ベイセヴィッチ（Andrew Bacevich）は「今日のアメリカはローマ帝国だ」と、完全にアメリカの軍国主義を非難するかたちで、同調する。一方、マックス・ブート（Max Boot）

は帝国主義の考え方を受け入れながらも、まったく異なる主張を唱える。彼は、過去の貪欲な旧帝国主義と比較して、アメリカの「自由主義的帝国主義」は、かけ離れたより野心的な目標を追求したものである、と説く。それは「独裁政治をおこなっている国に民主主義を浸透させる」ように意図されたものであり、「そうすることによってテロリズムや軍事的侵略や、兵器の拡散を防ぐ狙いがあった」とブートは主張する。ヨーロッパ帝国主義は「現地人」を手なずけるために戦ったが、アメリカは「民主主義と法の支配をもたらすために戦う」のだとし、この見地からみれば、アメリカの帝国主義は肯定的な美徳であり、それによって国際社会に計りしれない利益をもたらすことになるだろう、とブートは述べる。アメリカ帝国主義は自由の安定と発展を促進させることにおいて積極的役割を担っている、とニール・ファーガソンはブートに同調する。世界は有力な自由主義的帝国主義を必要としており、アメリカはその役目にもっとも適した候補である、とファーガソンは主張する。しかしながら、その役目が意味する人的負担や経済的負担をアメリカが進んで引き受けるかどうかについて、彼はブートほどの確信をもっていない。

この種の議論を打開する方法として、帝国という言葉をもっと客観的に用いることが有効であろう。ジョン・ルイス・ギャディスはこの言葉を効果的に定義している。彼は一九四五年以降のソ連とアメリカの帝国主義的競合を再評価した際、「ひとつの国家が——直接的であれ、間接的であれ、また部分的であれ、全体的であれ——徹底的な権力行使から威嚇行為、保護政策、誘導操作、煽動工作までにいたる手段を用い、他国の行動を単独で操作するという力をもつ国」を、帝国の定義としている。この観点からみれば、アメリカが建国以来ほとんど帝国主義的に振る舞ってきたことは否定しがたいが、その本質と影響に関しては、もっと熟慮したうえでの判断の余地が残される。アメリカの帝国主義を良かれ悪しかれひとつの権力としてみなす議論には、アメリカの影響力が実際に作用していることを前提としているという問題がある。たとえば、ジョンソンは、アメリカの世界でのほとんどの役割を、帝国主義的支配の現れとしてみなしているが、その一方でマイケル・コックス（Michael Cox）は、「現代の世界情勢では、ひとつの国がつねに強大な影響力を行使するのは」、アメリカのように力をもった国でさえ、「困難極まること」である、と主張している。帝国の概念を正確に把握しつつ、帝国主義的なアメリカの力のこうした側面を説明することは、例外主義の議論をするとき、もしくはアメリカの政策にたいし無差別に批判したり、肯定したりする中でなされるよりも、アメリカがもつ影響力を評価するときにおいてより効果的であろう。イラク戦争開戦までの合衆国は帝国主義的な姿勢をとったが、明らかに権力をもつ国であったにもかかわらず、サダム・フセイン(Saddam Hussein)に敵対するよう同盟国を説得することでさえ、アメリカにとって困難であった。また、アメリカの国家体制と国内世論もまた、帝国を揺るがすように機能している。すべての「帝国」の大統領は、その帝国の相談役とともに、特定の時間内に辞任しなければならないが、一方で、即座に良好な成果が生まれない場合、世論は長期間の軍事戦略を支持することを拒む傾向にある。9・11の同時多発テロは未曽有の団結力を国民に助長させたが、それを干渉主義にたいする長期的な信任に帰することができるかどうか、あるいは対テロ戦争に勝利するまでいくら時間を費やそうとも、アメリカ国民がその団結力を維持しつづけることができるかどうかは、予測不可能であった。イラク戦争終結からわずか二年後において、四二パーセントのアメリカ人が、アメリカは「国際社会における役割について、もっと慎重に考えるべきであり、できるかぎり他国が独力で発展する様子を見守るべきだ」という考えを示したのである。

結論

本章冒頭で引用した、ブッシュ大統領のアメリカの世界規模の目的についてのレトリックをあらためて考えてみれば、「民主主義の推進」には、効果的な政策とアメリカの信望にたいして、実にさまざまな困難と曖昧な要素が含まれていることは明白である。政策遂行にたいする美化されたいいまわしと世界の辛辣な世評とのギャップによって、アメリカは偽善的で不公平だといった非難に晒されている。多くの批評家が指摘しているように、間違いなく、この非難を簡単に退けてしまうことは非生産的である。アイヴォ・ダールダー(Ivo Daalder)とジェイムズ・リンジ(James Lindsay)が指摘するように、「他国がアメリカの権力、目的、優越性に疑義を唱えれば唱えるほど、アメリカはその影響力を失っていく」のである。協同機関や条約によって組織される国際秩序に依拠する外交政策運営へと多角的に立ち戻ることによって、アメリカに長期的で最良の国益がもたらされるということが、ここに暗示されている。一方で、そのような展望において、G・アイケンベリー(G. Ikenberry)が述べるところの、――国家不安という強力な感情によって維持され、またアメリカ特有の運命を強調するイデオロギーの枠組みをつうじて正当化される――帝国主義へと向かう潜在的な衝動に打ち勝つことが必要となるのである。

注(＊＝原注、★＝訳注)

★1　一七七四年一月十日にフィラデルフィアで刊行された論文。ペインはこの論文の中で、植民地アメリカをイギリスの君主制から脱却させ、民主国家設立の必要性を説いた。これが入植地の独立の気運を高めることとなり、アメリカ独立戦争の発端となった。

★2　この説教において、ウィンスロップはアメリカを「新しいカナーン」に擬《なぞら》えて、入植を神との契約とみなし、入植者たちの新世界建造という特別な使命を強調した。ウィンスロップのこの説教は、しばしばアメリカ例外主義のルーツとしてみなされる。

★3　「イントロダクション」★1を参照。

★4　イラクの首都バグダッドから西に位置する収容施設。フセイン政権期は反体制派の刑務所であったが、イラク戦争時にはイラク捕虜兵収容所として使われた。なおイラク兵捕虜拷問のスキャンダル発覚直後の二〇〇四年五月、ブッシュ大統領は、このスキャンダルについて謝罪を述べつつも、同時にアブ＝グレイブ刑務所をフセイン政権の「死と拷問の象徴」であるとし、この施設の破壊を宣言した。

★5　ボルシェビキ（ロシア語で「多数派」という意味）はウラジミール・レーニン（Vladimir Ilyich Lenin）を初代指導者とする左翼の一派である。

★6　反共産主義勢力の支援し共産主義体制の拡張を妨げる目的で打ち出された、ハリー・S・トルーマン大統領による共産主義封じ込め政策。

参考資料リスト

Bacevich, Andrew J. *American Empire: The Realities and Consequences of U.S. Diplomacy*. Cambridge: Harvard UP, 2002.

Bloom, Allan. *The Closing of the American Mind*. New York: Simon and Schuster, 1987.〔アラン・ブルーム『アメリカン・マインドの終焉——文化と教育の危機』菅野盾樹訳、みすず書房〕

Chomsky, Noam. *Hegemony or Survival: American's Quest for Global Dominance*. London: Penguin, 2004.〔ノーム・チョムスキー『覇権か、生存か——アメリカの世界戦略と人類の未来』鈴木主税訳、集英社新書〕

De Tocqueville, Alexis. *Democracy in America*. London: Oxford UP, 1965.〔アレクシス・ド・トクヴィル『アメリカのデモクラシー』全二巻、松本礼二訳、岩波文庫〕

Gaddis, John Lewis. *We Now Know: Rethinking Cold War History*. Oxford: Clarendon, 1997.〔ジョン・ルイス・ギャディス『歴史としての冷戦——力と平和の追究』赤木完爾・齊藤祐介訳、慶應義塾大学出版会〕

Greene, Graham. *The Quiet American*. London: Heinemann, 1955.〔グレアム・グリーン『おとなしいアメリカ人』田中西二郎訳、早川書房〕

Johnson, Chalmers A. *Blowback: The Costs and Consequences of American Empire*. London, Tine-Warner, 2002.〔チャルマーズ・ジョンソン『アメリカ帝国への報復』鈴木主税訳、集英社〕

——. *The Sorrows if Empire: Militarism, Secrecy, and the End of the Republic*. London: Verso, 2004.〔チャルマーズ・ジョンソン『アメリカ帝国の悲劇』村上和久訳、文藝春秋〕

MacNamara, Robert S. *Argument without End: In Search of Answers to the Vietnam Tragedy*. New York: PublicAffairs, 1999.〔ロバート・S・マクナマラ『果てしなき論争——ベトナム戦争の悲劇を繰り返さないために』仲晃訳、共同通信社〕

Mann, James. *The Rise of the Vulcans: The History of Bush's War Cabinet*. New York: Viking, 2004.〔ジェームズ・マン『ウル

カヌスの群像——ブッシュ政権とイラク戦争』渡辺昭夫監訳、共同通信社〕
Stolkin, Richard. *Gunfighter Nation: The Myth of the Frontier in Twentieth-Century America*. New York: Atheneum, 1998.
Thorne, Christopher. *Allies of a Kind: The United States, Britain, And the War against Japan, 1941-45*. Oxford: Oxford UP, 1979.〔クリストファー・ソーン『米英にとっての太平洋戦争』全二巻、市川洋一訳、草思社〕

【映画】

Moore, Michael. *Fahrenheit 9/11*. 2004.〔マイケル・ムーア監督『華氏911』〕

第二版への編訳者あとがき

本書の日本語版初版が公刊されたのが二〇〇〇年、増補版は二〇〇二年のことであった。その間、二〇〇一年九月十一日に、同時多発テロ事件が発生し、世界情勢は劇的に変化する。当時のジョージ・W・ブッシュ政権は、テロ支援と大量破壊兵器保有を根拠として、二〇〇三年三月、イラク戦争に着手し、その勢いで二〇〇四年の大統領選にて再選を果たした。しかしながら、周知のように、大量破壊兵器がみつかることはなく、国際連合の意向を無視するブッシュ政権の強引な姿勢は、世界中でさまざまに反米感情を引き起こし、アメリカ国内にも多数の反対論者を生み出すこととなる。そうして二〇〇八年の大統領選において、はじめてのアフリカ系アメリカ人大統領として、バラク・オバマが選出されたのであった。それはアメリカの変化を告げる象徴的な出来事ではあったが、のちに期待は幻滅に変わってゆくこととなる。

他方、現代日本はどこにむかっているのだろうか。昨今、世代を問わず、右傾化の流れがあるように思えてならない。そのこと自体は、ひとつの思想的立場の表明であり、むろん、かまわないのだが、自国文化の価値観だけを基にして、他の文化を批判することは、倫理的にいって慎まなければならないだろう。世界の多文化、他文化を理解したときに、あるいは理解しはじめたときに、はじめて自文化のアイデンティティを認識できるようになるのだから。アイデンティティとは、本来的にいって、他者との関係のなかで成立するものなのだから。そうした意味で、現代日本が善かれ悪しかれ無視できない、アメリカの過去と現在を知ることは、依然として重要な主題であるといえるだろう。

アメリカは、つねに、激しく、揺れ動いている。だからこそ、二〇〇六年、アメリカの現在形を捕捉するために、本書の原著書の第二版が刊行された。本書は原著のヴァージョンアップに対応して編集されたものである。とりわけ「9・11以後」という意識が、全体をつらぬく編集方針となっている。編訳者のメンバーも一部交替し、すべて訳し直した章もあれば、新しく訳出したイントロダクションのような章もある。いずれにせよ、どの章も、アメリカの文化と理念と現実を考える上で、とても重要なものばかりである。若い世代に、広い視野で、おおいなる知的好奇心をいだいてほしい。編訳者たちはそれを願うのみである。

なお、各章の編訳担当者は、目次等で明記したとおりである。思わぬ誤訳や行き届かない表現もあるものと思われるが、それらの責はすべて各編訳者に帰せられる。また、全体を通しての訳語・表記の統一等の調整や、原綴の重複のチェック、および「人名・作品名索引」「事項索引」の項目の選定・チェックは橋本が行った。

初版、増補版のときと同じように、萌書房の白石徳浩氏には、細かな編集作業も含めて、多々ご尽力いただいた。記して謝意としたい。

二〇一二年八月二十二日

編訳者一同

■編訳者紹介

徳永由紀子（とくなが ゆきこ）
早稲田大学大学院文学研究科博士課程修了。大阪国際大学現代社会学部教授。『アメリカ社会を眺めて――女性軸とエスニシティ軸の交差点から』（共著：関西学院大学出版会，2004年），『語り明かすアメリカ古典文学』（共著：南雲堂，2007年），『北米の小さな博物館2――「知」の世界遺産』（共著：彩流社，2009年）他。〔**第５章**〕

橋本 安央（はしもと やすなか）
1967年生まれ。東京都立大学大学院人文科学研究科修士課程修了。関西学院大学文学部教授。『高橋和巳 棄子の風景』（試論社，2007年），『異相の時空間――アメリカ文学とユートピア』（共著：英宝社，2011年），『しみじみ読むアメリカ文学』（共訳：松柏社，2007年）他。〔**第１章，２章，人名・作品名索引，事項索引**〕

藤本 雅樹（ふじもと まさき）
1953年生まれ。龍谷大学大学院文学研究科博士課程満期退学。龍谷大学文学部教授。『フロストの「西に流れる川」の世界――新たな抒情を求めて』（国文社，2003年），『黒船の行方――アメリカ文学と「日本」』（共著：英宝社，2009年），『ロバート・フロスト――哲学者詩人』（共編訳：晃洋書房，2012年）他。〔**第4章**〕

松村 延昭（まつむら のぶあき）
1953年生まれ。同志社大学大学院文学研究科英文学専攻修士課程修了。同志社女子大学表象文化学部英語英文学科教授。「Elysian Fieldsを追われて：ブラック・ソックス・スキャンダルをめぐる二つの小説」（『同志社女子大学総合文化研究所紀要』第13巻，1996年），『フィクションの諸相：松山信直先生古希記念論文集』（共著：英宝社，1999年），「遅れて登場した人種隔離論者：ジョージ・ウォレス再考」（*Asphodel*，第45号，2010年）他。〔**第３章**〕

田中 紀子（たなか のりこ）
神戸女学院大学大学院文学研究科英文学専攻修士課程修了。大手前大学現代社会学部准教授。『酔いどれアメリカ文学――アルコール文学文化論』（共著：英宝社，1999年），「映画『タクシードライバー』と1970年代」（『大手前大学論集』第11号，2011年），「*Smoke*における母親と母性」『大手前大学論集』第12号，2012年）他。〔**第6章**〕

大川 淳（おおかわ じゅん）
1982年生まれ。関西学院大学大学院文学研究科博士課程後期課程単位修得満期退学。関西学院大学非常勤講師。「法，食，文字――“Bartleby”における法の饗宴」（『テクスト研究』第5号，2009年），「Tommoを喰らう親善と歓待―― *Typee*におけるカニバリズムをめぐって」（『関西アメリカ文学』第47号，2011年）他。〔**イントロダクション，第7章**〕

人名・作品名索引

ア　行

カ　行

タ　行

ハ　行

マ　行

ヤ・ラ　行

ワ　行

事項索引

ア　行

カ　行

サ　行

タ・ナ　行

ハ　行

マ・ヤ　行

ラ・ワ　行

アメリカン・カルチュラル・スタディーズ〔第二版〕
——ポスト9・11からみるアメリカ文化

2000年5月10日　初版第1刷発行
2002年2月25日　増補版第1刷発行
2012年11月5日　第二版第1刷発行

編訳者　徳永由紀子・橋本安央・藤本雅樹
松村延昭・田中紀子・大川淳
発行者　白石徳浩
発行所　有限会社　萌《きざす》　書　房
〒630-1242　奈良市大柳生町3619-1
TEL（0742）93-2234 / FAX 93-2235
［URL］http://www3.kcn.ne.jp/~kizasu-s
振替　00940-7-53629
印刷・製本　共同印刷工業・藤沢製本

ISBN978-4-86065-069-8